科學理論 與
教育學發展

國家講座教授
楊深坑 ◎著

心理出版社

作者簡介

本書著者**楊深坑**教授，現任國立中正大學講座教授兼教育學院院長、教育部國家講座教授、亞洲比較教育學會副會長。曾榮獲第一屆、第四屆教育部國家講座教授、教育部學術著作獎、國家科學委員會傑出研究獎四次等殊榮。主要著作包括《孔子和亞里斯多德倫理思想上的中道》（希臘文）（Athens: Hermes, 1978）、《柏拉圖美育思想研究》（台北：水牛，1983）、《理論・詮釋與實踐》（台北：師大書苑，1988）、《溝通理性・生命情懷與教育過程──哈伯馬斯的溝通理性與教育》（台北：師大書苑，1997）、《Comparison, Understanding and Teacher Education in International Perspective》（Frankfurt am Main: Peter Lang, 1998）、《知識形式與比較教育》（台北：揚智，1999）及中、英文論文三百餘篇。

轉以可知者攝之，以費知隱，重
玄一實，是物物神神之深幾也。

—方以智，*物理小識自序*

ἐπεὶ οὖν ἡ παροῦσα πραγματεία
οὐ θεωρίας ἕνεκά ἐστιν, ὥσπερ αἱ ἄλ
λαι (οὐ γὰρ ἵνα εἰδῶμεν τί ἐστιν ἡ ἀρ
ετὴ σκεπτόμεθα, ἀλλ᾽ ἵν᾽ ἀγαθοὶ γεν
ώμεθα, ἐπεὶ οὐδὲν ἂν ἦν ὄφελος αὐτ
ῆς), ἀναγκαῖον ἐπισκέψασθαι τὰ περὶ
τὰς πράξεις, πῶς πρακτέον αὐτάς

— Aristotle, *Nicomachean
Ethics*, 1103b 27-29

So schätzbar aber auch ein
jeder Versuch, einzeln betrachtet,
sein mag, so erhält doch seinen Wert
durch Vereinigung und Verbindung
mit andern.

— J. W. Goethe, *Der Versuch
als Vermittler von Objekt
und Subjekt*

致知不易，真知之探索尤難，常人之患在
於常誤以一偏之見為真知，未能體認莊子所謂
「耳目鼻口皆有所用，不能相通」（莊子‧天
下篇）以致陷入了「觀於道之一隅而未能識

也。」（荀子‧解蔽篇）。古希臘哲學家德謨克里特斯（Democritus, 460-370, B. C.）亦以為訴諸耳目口鼻感官經驗所得僅為晦暗之見（σκοτίη γνώμη），欲臻真知仍有待於其他官能（ὄργανον）作更為細緻（λεπτότερον）之探究。

然則透過何種官能，運用何種探究方式方可獲致真知？赫拉克里特斯（Heraclitus, Ca. 500. B. C.）即曾指出理性思辨能力普遍為人所有，惟如未經適當訓練與運用，眼睛和耳朵仍為最壞的證人。質言之，感覺經驗所得到的雜多印象，須賴理性分辨，才能尋繹現象背後之統一原理。西歐啟蒙運動以來，理性高揚，透過人類內心理性秩序之重建，當可掌握世界之數理結構，為啟蒙諸子之共同信念。笛卡兒（R. Descartes, 1596-1650）的普遍學（Mathesis Universalis）與萊布尼茲（G. W. Leibniz, 1646-1716）的普遍符號學（Characteristica Universalica）均為啟蒙精神的產物，認為人類理性的適切運作，當可將世界運用數學符號象徵，加以處理，進行演算，以對世界作完全的控制。

這種數理化的世界觀，益之以觀察與實驗技術之進步，更助長了十七、八世紀科技蓬勃發展，影響所及，不僅自然現象企圖以嚴格的科學探究方式，建立足以進行因果分析的命題

系統，即或人文與社會現象之探究，亦試圖統諸自然法則，教育現象之研究也不例外，想以自然科學的研究方法，建立嚴格的科學。1780年，德國特拉普（Ernst Christian Trapp, 1745-1818）刊行《教育學探究》（Versuch einer Pädagogik），即提出「實驗社會」（Experimentalgesellschaft）的概念，意圖以類似自然科學的實驗方法，建立嚴密的教育學體系。1789年，英國伊茲華斯父女（Richard Lovell Edgeworth, 1744-1817 & Maria Edgeworth, 1767-1849）出版《實踐教育》（Practical Education），也提出觀察與實驗已促進物理學知識相當大的進步，用之於教育科學當可以有同樣的成功，因而為促進教育藝術（Art of education）之進步，須以耐性將之轉化為實驗的科學（Experimental science）。法國朱利安（Marc-Antoine Jullien de Paris, 1775-1848）在1816-1817年間刊行的《關於比較教育工作的計畫與初步意見》（Esquisse et vues préliminaires d'un ouvrage sur l'éducation comparée）也以比較解剖學為典範，透過比較方法將教育科學導向更為完善之境。十九世紀末、二十世紀初隨著自然科學飛躍的進步，實驗心理學、心理物理學以及統計技術的發展，教育的量化分析及因果法則的建立成為教育研究中的主流傳統，直到1960、1970年代這種量

化分析與因果處理的探究方式仍主宰教育研究。

　　然則，單就自然研究而言，量化處理即已隱含著內在的危險，更何況教育研究對象係人為的社會文化現象，與自然現象釐然有別，是否可以化約為數量，進行因果分析，有待審慎的探討。1964 年馬古色（Herbert Marcuse, 1898-1979）在其《單面向的人》（One Dimensional Man）中就曾指出：「對自然的量化以對其作數學結構的解釋，會使得實在與內在目的分離，其結果導致真與善、科學與倫理學的斷裂。」就教育研究而言，早在 1888 年狄爾泰（Wilhelm Dilthey, 1833-1911）刊佈〈論普效性教育科學的可能性〉（Über die Möglichkeit einer allgemeingültigen pädagogischen Wissenschaft）一文就已指出教育不可能像自然一樣建立超越時空之上，適諸任何民族與文化的普效性科學理論。實然與應然不能完全割離，理論命題與實踐命題均須本諸生命整全性意義，才能彰顯其規範性的內涵，因此，詮釋學的研究是必要的。狄爾泰的科學理念成為德國 1940-1960 年代精神科學教育學（Geisteswissenschaftliche Pädagogik）的理論依據，也是當代教育詮釋性研究方法論的重要根基。

　　精神科學教育學研究立基於文化傳統，對於傳統與語言未加批判的接受，有流於受意識

型態宰制的危險。1930 年代，崛起於德國法蘭克福（Frankfurt am Main）的批判理論（Kritische Theorie）針對資本主義、科學主義，甚而至於語言、知識、主體、社會體制所隱含的意識型態糾結提出批判性的反省，對於教育研究也產生重大的影響。當代批判理論的集大成者哈伯瑪斯（Jürgen Habermas, 1929- ）所提出的溝通行動理論，對於批判的教育科學（Kritische Erziehungswissenschaft）影響尤屬深遠。

在詮釋學與批判理論的激盪下，實徵主義的主流傳統也產生內在變化。建立在經驗檢證與邏輯一貫的科學命題系統，須再加以檢討。科學建構論者即以為這些命題系統有脫離生命世界的危險，因而主張科學應由日常生活語言出發，以建構科學的基本敘述，再以邏輯規則形成高度形式化之科學理論語言。教育科學就為實踐性的科學而言，亦須在具體的實踐情境中，探索一種規範描述的方法，以建立具有規範導引之教育科學命題系統。

本書的主旨即在針對上述科學理論的發展，以歷史探究與後設理論分析交互為用，探討其對教育科學理論結構及研究方法之影響。第一章首先就科學理念的發展做一個探源溯流的歷史解析；第二章探討詮釋學與精神科學教育學的理論與方法；第三章論述邏輯經驗論和批判

的理性主義對於經驗—分析教育科學之影響；第四章則就批判理論之歷史脈絡及重要理念，探討其對當代教育科學之衝擊；第五章著眼於耶爾蘭格學派（Erlanger Schule）科學建構論後設理論基礎之探究並析其在教育科學理論建構之意義；第六章則分別就科學研究對象、研究方法、語言運用及體系建構四個層面檢討前述四種科學理論，並就科技的發展可能對教育科學的衝擊，提出一個前瞻性的展望。

　　本書係作者所開教育部國家講座課程「科學理論與教育學發展專題研究」授課講稿整理而成，首須感謝教育部兩度給予國家講座（第一屆和第四屆）的經費補助，得以延聘助理人員，協助資料蒐集、錄音講稿整理及各項訂正工作。本課程之醞釀則歸功於行政院國家科學委員會兩度（1985-1986；1991-1992）資助赴德研修，除了與德國學者當面討論外，也蒐集不少資料，運用這些資料陸續出版《理論‧詮釋與實踐》（台北：師大書苑，1988）及《Comparison, Understanding and Teacher Education in International Perspective》（Frankfurt am Main：Peter Lang, 1998）兩本書，並有相當多篇論文刊行於國內外期刊，較具系統性的成果則是本書的出版。些許成果相信已不負國科會資助研修之雅意，謹此敬向國科會申致謝忱。國家講

座課程進行期間，承蒙國立台灣師範大學教育系甄曉蘭教授、社會教育系王秋絨教授曾以一整年期間參與，在課堂上與研究生相互論辯，在此特別感謝兩位教授及歷來研究生的熱烈討論，使得本書若干問題之論述得以作更周延的考慮。

　　本書從錄音到成書，數易其稿，前後延續將近六年，歷年來研究助理魏媛真、王蔚婷、許彩嬋、徐振邦、洪滋遠、黃翔瑜、姚甫岳及台灣師大博、碩士研究生楊忠斌、高毓坤、黃文定等先生、小姐，或作課堂錄音，或轉錄文字稿，或進行校讀及編輯索引，均備極辛勞，謹此致謝。心理出版社總經理許麗玉女士慨允本書的出版，併此敬致感悃。最後也應感謝家中兩大老闆——內子秋絨，及小兒祁諶共同營造「和而不同」的家庭氣氛，和樂之餘，不時有批判性的對話出現。因此，養成不管在學校或家庭，笑談中也不敢亂發誑語之習慣，本書的出版一再延期，以力求嚴謹，與此不無關係。

 謹識

2002 年季夏

目
次

導　論

導 論

　　自有人類以來，就有教育活動。惟對教育活動加以思考省察，並明確筆之於書的，中國始之於《周禮》對古代教育制度之記載，以及《禮記‧學記篇》對教學方法原則之說明。西洋則始自古希臘學者普魯塔赫（Plutarch, 45-120 A. D.）所著之《論兒童的教育》（περί παίδων ἀγωγῆς）。不管是中國的《周禮》、《禮記》或古希臘明確以教育為書名之著作，均含對教育過程運作之原則或規則之敘述，惟其思辨成分多於科學論證。雖是前科學的思辨，然已隱含某些原則或規則，教育學的科學化發展過程，即在於試圖將此原則或規則轉化為可作科學證驗之理論體系，以作為教育實踐之依據。

　　這種教育的科學理論探索，可以遠溯西方啟蒙諸子。啟蒙運動中的「機械唯物論者」（Mechanical Materialists）對於教育實徵科學化，尤有重大影響。拉‧梅特葉（J. O. de La Metrie, 1709-1751）所著《人是機器》（L'Homme Machine）即以為人可以像機器一樣完全的控制。從教育學的觀點來看，如果人類的生長發展有機械法則可循，則教育過程的設計將甚為容易，透過教育過程的精心設計，當可引導人性朝向所欲的方向發展，而使人臻幸福境界。教育學的早期發展深受此啟蒙精神的影響，不管是康德（Imm. Kant, 1724-1804）的《教育論》（Über Pädagogik）或特拉普（E. Chr. Trapp, 1745-1818）的《教育學探究》（Versuch einer Pädagogik）均

承啟蒙運動之流風餘蔭，試圖建立教育科學理論體系。以康德的《教育論》而言，其基本立論在於，教育中有一些藝術性，也有一些規則性的成分，將這些規則性成分整理成一個理論體系，才可使每一代的教育有嚴格的科學根據，不至於再以嘗試錯誤的方式來進行。探索這些規則並將之體系化，也就是科學理論探討之核心課題。

康德之後，特拉普於 1779 年就任哈勒（Halle）大學教育學講座。哈勒大學為德國第一所具有學術自由精神的大學，其教育學講座亦為大學設置教育學講座之始。特拉普上課的講稿經整理，次年出版《教育學探究》。在本書中，特拉普將人性的變化，比擬為四季氣候的變化。但四季中的某一天的天氣會如何仍無法明確掌握，人性亦然，個別的人性仍有其特殊性。揆諸特拉普之用意，在於整體教育過程有不變性、規則性，但教育活動的對象是具體的個人，個別差異還是要顧慮到。康德和特拉普都受到啟蒙運動的整個學術氣氛的影響，希望建立起一套嚴密的科學體系（Shen-Keng Yang, 1998: 200），此科學體系是啟蒙運動下的科學概念，此套科學概念雖在整個學術的發展史上有其重要貢獻，但事實上仍極為粗疏。

康德、特拉普之後，對教育學體系建立具有承先啟後重大貢獻者，應推赫爾巴特（J. Fr. Herbart, 1776-1841）。一般以為赫爾巴特為教育學之父，其實未必正確。明確地講，第一本系統化的教育學著作應是 1780 年特拉普的《教育學探究》，而非 1806 年赫爾巴特的《普通教育學》（Allgemeine Pädagogik）。不過赫爾巴特在教育學發展史上的重要性，不僅是理論層次，也是實踐層次的。赫爾巴特以為，教育學作為一門科學的話，不只是一副眼鏡，更是具有銳利眼光的眼

睛，亦即將教育規則看得很清楚。在實踐層次上，赫爾巴特採取了康德的「判斷力」概念，發展出所謂的「圓熟的教育智慧」（Pädagogischer Takt），用以聯結教育理論（Theorie）與實踐（Praxis），使得教育學的體系更為完備。問題是赫爾巴特的理念受到康德先驗哲學的影響極大，因此先驗演繹的成分還是相當濃厚，教育學仍未臻嚴格的科學體系。

十九世紀末至二十世紀初，學術爭論激烈。科技蓬勃發展的結果，助長實徵主義的盛行，孔德（A. Comte, 1798-1857）、涂爾幹（E. Durkheim, 1858-1917）與彌爾（J. S. Mill, 1806-1873）皆為典型代表。另一方面，也有一股反實徵論的思想潮流出現，尼采（Fr. Nietzsche, 1844-1900）和祈克果（S. Kierkegaard, 1813-1855）均揭示反體系化哲學。狄爾泰（W. Dilthey, 1833-1911）更以為人類精神生活，不能訴諸自然科學的因果說明，而應就生命的意義作深度詮釋。

質言之，十九世紀末在自然科學的解釋方式擴展於人文現象時，首先出現自然科學和人文科學兩種文化的爭衡與統合的問題。新康德學派（Neo-Kantianism）主張自然科學可以訴諸普遍法則來說明，文化與歷史科學則訴諸個別描述。就心理學界而言，也有類似的爭論，馮德（W. Wundt, 1832-1920）的實驗心理學、費希納（G. T. Fechner, 1801-1887）和韋伯（E. H. Weber, 1795-1878）對知覺的研究，均在於以自然科學的方法探究人的心理現象。這種探究方式，卻引致布倫坦諾（Fr. Brentano, 1838-1917）、狄爾泰，以及格式塔心理學等的批判。

就教育學領域而言，也有類似的爭論。雷伊（W. A. Lay, 1862-1926）和繆曼（E. A. Meumann, 1862-1915）即於教育的領域應用實驗心理學的原理，以實驗的控制情境，希望將教

育學變成像物理學、化學般的嚴格科學；他們也希望在大學中建立獨立的教育學講座，擁有自為完足的一套學術系統，但為精神科學教育學者斯普朗格（E. Spranger, 1882-1963）所反對。斯普朗格之所以反對，是認為教育應該要從人格和文化陶冶的觀點來看，教育不是一門嚴格的科學，作為一位教師須具備特殊的人格氣質，特殊人格之涵育並非訴諸嚴格的探究，因而教育過程不能像實驗心理學一樣，進行嚴格的科學控制。教師人格之培育須在一個特殊的環境中，斯普朗格因而建議應建立一個很特殊的學校來進行師資培育。

師資培育與教育學研究之科學化與人文化之爭論仍延續至今。究竟教育是否為一門科學？教育成為科學研究旨趣為何？對於這些問題仍有極為紛歧的看法。受到維納（N. Wiener, 1894-1964）操縱學的影響，馮庫伯（F. von Cube）提出了操縱的教育學（Kybernetische Pädagogik）之構想，希望整個教育過程都可以數位化。如此一來，不管教什麼，都以電腦的公式來處理，建立一個套裝軟體。依此推演，未來的教師一點地位也沒有，教師變成電腦的操作員。另一方面，受批判理論（Kritische Theorie）影響下的批判教育學則對教育學自然科學化，可能造成的宰制意識蔓延提出批判性的反省。建構論（Konstruktivismus）則試圖從日常生活語言做出發，建立科學體系。凡此均對教育學系之建立有極重大之影響。教育學的學術體系也亟待從科學理論之爭論，進行深度省察，以釐清教育學的整體面貌。

科學理論（Wissenschaftstheorie）一辭首見於 1878 年杜林（Karl Eugen Dürhing, 1833-1921）所著《邏輯與科學理論》（Logik und Wissenschaftstheorie）。惟科學理論在杜林的用法只是邏輯學的擴充。杜林以科學理論來取代當時習用的形上

邏輯學或邏輯形上學，來說明對於整體世界的掌握所依據的邏輯學基礎。不過其所謂的邏輯學，並不是亞里斯多德（Aristotle, 384-322B.C.）的形式邏輯學，而是擴充的實質邏輯學。科學理論就杜林而言，係指探討科學進展先決條件的學說，也因此其所涉及的問題包括科學的分類、知識明確性程度、科學知識的進展到底決定於天才或制度化的精神，透過邏輯、透過體系的知識傳遞與接受，科學發展的障礙與促進方法等重要問題（K. E. Dürhing, 1878: V-VI: 7-8）。

從科學知識的形式探討，連克（Hans Lenk, 1986: 11）將科學理論遠溯至亞里斯多德對於「存有」之基礎形式原則及其掌握方式之研究。連克以為兩千五百多年來，哲學所探討的主要一直是知識的可靠基礎、知識的證明及其驗證的過程。近代哲學自笛卡兒（R. Descartes, 1596-1650）起，更試圖找尋知識明確無誤性的最終基礎。康德嘗試為自然科學找尋形上學基礎。受到康德影響之狄爾泰也試圖為歷史科學或文化科學探索確切不移的基礎。

然而正如米特思特拉斯（Jurgen Mittelstraβ, 1989: 167）所云，科學理論不可誤解為哲學對於科學事業介入探討的最新形式而已，這種觀點忽略了一個事實：在科學的黃金時代，即已經有科學理論之省察（Wissenschaftstheoretische Reflexionen），省察科學理論形式、科學方法、有效性與科學之應用等問題。米特思特拉斯進一步指出，科學理論分析所記錄的並非遠離科學（Wissenschaftsfernes）之哲學旨趣，而是科學問題，這些問題就理論形式、理論動力與理論說明而言，首先涉及了科學知識的形式，其次涉及了科學探究的形式。科學理論之發展可預見的係由理論形式，導向研究形式，進而切近科學實踐（ibid.: 177）。質言之，科學理論探討的主

要面向是有關於人、社會與自然之理論與系統化知識之整體、科學知識生產、傳布與應用之活動、科學作為社會制度及其功能等。析言之，科學理論之探討有下述四個主要問題：

一、科學研究對象問題

科學研究首先面臨的是研究對象之性質問題，每一門科學均有屬於其自身的研究範圍，科學實在論（Scientific Realism）認為，科學研究對象獨立於科學研究者之上獨立自存，科學探究在於以客觀的方法，恰如其分的掌握對象，並將探索所得形諸不涉主觀價值判斷之形式化語言，以利科學社群之溝通。

然則，是否有獨立於研究者之外獨立自存的研究對象，近年來也引發不少爭論，特別是量子物理學（Quantum Physics）的興起，更使得古典物理學（Classical Physics）之時、空恆定性、物理實在獨立自存性面臨挑戰。透過量度工具所測得的物理實在，就量子物理學觀點而言，不過是量度工具與研究設計所設定的場域之間的交互作用之結果而已。科學實在論所主張的研究主體與研究對象分離，勢須重新檢討。舒茲（W. Schulz, 1972: 841）即以為，實在（Wirklichkeit）既非既與的客體世界（Vorgegebene Objektswelt），也不是主體主觀的設定。實在界毋寧說是主體和客體交互作用條件下聯結在一起的事件關係（Geschehenszusammenhang）。在此事件關係中，主體既決定了研究客體，也受研究對象所決定。質言之，科學研究本身即顯示了科學的辯證性，這種科學研究之辯證性，說明了舒茲將科學研究對象並不視為具有永恆不變的本質來處理，而毋寧視之為變動不居的事件與過程。

既然研究過程是變動不居的事件構作而成，便涉及研究主體和客體對象的雙重省察。一方面省察對象之特質，另一方面也省察研究主體之現狀與未來發展。研究既為動態發展的過程，主、客體之間辯證式的交互作用關係，在科學理論中就顯得特別重要。

研究主體與研究客體之間的關係，由於各種科學理論立場不一，亦因而有不同的論見，本書將對經驗分析、詮釋學、批判理論及科學建構論對於研究對象之性質加以討論。

二、科學方法問題

研究對象之性質決定了研究方法之取捨，科學知識之產生在於以適切的方法對研究對象進行探討，以掌握真相。至於何種方法方足以稱為適切，古典科學理論有歸納與演繹之爭。當代邏輯經驗論者卡納普（R. Carnap, 1891-1970）試圖以或然率來探索歸納的邏輯問題，波柏爾（K. Popper, 1902-1994）則主張以假設演繹法來分析科學的發現。孔恩（T. Kuhn, 1922- ）以科學研究均在研究「典範」（Paradigm）進行「解謎」的工作。在某一典範下所進行的研究中出現了異例才會產生科學革命，而有典範之轉移產生。拉加托斯（I. Lakatos, 1922-1974）提出了「研究方案」（Research Programme）概念，以說明科學研究有其不變之核心，與變遷的外緣部分。

就人文與社會科學之研究而言，更涉及了自然科學的研究方法是否可以直截了當的運用之問題。實徵論者採取方法論上的單子論立場，認為人文世界與自然世界一樣，均用統一的科學方法。凡不能進行量化分析、統計處理與重複實驗

之研究，均難登科學之堂。新康德學派、詮釋學、現象學、象徵互動論（Symbolic Interactionism）與俗民方法論（Ethnomethodology）等認為自然現象與人文現象性質不同，不宜用統一的方法來進行研究。以何種方法來進行研究才較適切，不同理論之間有相當殊異的看法。教育研究亦因不同理論導向，而有紛歧之論見，凡此均有待於從後設理論之探討，加以分析統合。

三、概念之形成與語言之運用問題

運用適切的方法了解或掌握對象後，將之形諸嚴格確實的概念系統，以利推衍、演算、溝通與理論體系之建立。狄默爾（A. Diemer, 1970: 20）指出科學是對於某一個對象進行研究後，所得的語句整體。狄默爾從現代科學理論觀點，認為語句可分為基本語句和理論語句。基本語句透過經驗與實驗，要求其能真實的反映實際情況，理論語句則帶有假設性的性質。狄默爾對於科學的定義，將科學視為「假設—演繹系統」（Hypothetic-deductive System）。語言與科學在狄默爾的科學定義中有極密切的關係。

語言與科學之間的密切關係，在費爾阿本德（P. K. Feyerabend, 1924-1994）（1965: 331）的科學理論定義中，更為清楚：「科學理論是普通知識論的一環，其所討論者為科學語句之建立、檢證與分析。」從此定義可知，科學是透過語言聯結了人類的經驗與知識。對於語言的理解成為科學理論相當重要的部分。不同科學理論對於語言也有分殊的看法，詮釋學和精神科學教育學強調人類存在的語言特質，意義和世界之聯結在語言中完成，說話者對自己和對他人的關係也

透過語言。如嘉達美（G. -H. Gadamer, 1900-2002）（1960: 429）在《真理與方法》（Wahrheit und Methode）中所述，人在語言社會中成為語言社會的一分子，並不像動物被動的適應環境而已，外於語言的世界經驗，並沒有任何一個觀點可以使自己成為討論的對象。經驗分析的科學理論則著眼於建構嚴格確實不涉主觀意義的科學語言。建構論則以科學語言之建構仍須使用日常語言之詮釋，至於批判理論則著眼於語言可能隱含的意識形態。這些分殊的語言觀點在科學以及教育理論建構上的意義，也將於以下各章加以論述。

四、系統問題

系統依康德的說法，係將雜多的現象歸於某一原則，魯曼（N. Luhmann, 1927-1998）則以為系統是「複雜性的化約」（Reduktion von Komplexität），此即相當於《易經》所謂的「天下之動貞夫一」、「易簡而天下之理得矣」。由於有簡約的原則，故可以將現象的雜多整理在一個系統之下，便於解釋，也易使人了解。

狄默爾（1964: 22）就以為古典科學的概念，是將某一個主題範疇內已經證驗的真命題建立成一個整體的命題系統，古典科學概念基本上係依命題有效性的特質，而成立之「範疇—演繹系統」（Categorical-deductive System）。現代科學概念則透過經驗檢證建立邏輯一貫之命題演繹系統。

系統概念隨著不同科學理論導向，而有不同的意義。然而，科學之基本意義，仍不出命題或語言系統，科學理論因而也和系統問題之探討有極密切的關係。

以下各章的論述，主要針對詮釋學與精神科學教育學、

經驗分析的科學理論、批判理論和建構論等對上述四個問題
之基本觀點，逐一加以探究。

導論參考書目

楊深坑（1988）。理論、詮釋與實踐。台北：師大書苑。

Brezinka, W. (1978). *Metatheorie der Erziehung*. München: Ernst
    Reinhardt Verlag.

Diemer, A. (1964). *Was heißt Wissenschaft?*. Meisenheim: Main.

Diemer, A. (1975). Der Wissenschaftsbegriff in den Natur-und
    Giesteswissenschaften. In K. Muller, H. Schepers, & W. Totok
    (hrsg.), *Der Wissenschaftsbegriff in den Natur-und Giest-
    eswissenschaften* (pp. 1-16). Wiesbaden: Franz Steiner Verlag.

Dühring, K. E. (1878). *Logik und Wissenschaftstheorie*. Leipzig:
    Quelle & Meyer.

Feyerabend, P. K. (1965). Wissenschaftstheorie. In *Hdwb. D. Soz.
    Wiss*. Bd.12, Göttingen.

Gadamer, Hans-Georg (1960). *Wahrheit und Methode*. Tübingen: J.
    C. B. Mohr.

Kant, I. (1803). Über Pädagogik. In *KantsWerke* Bd. IX. Akade-
    mieausgabe. Berlin: Walter de Gruyter.

Lenk, Hans (1986). *Zwischen Wissenschaftstheorie und Sozialwi-
    ssenschaft*. Frankfurt am M.: Suhrkamp.

Lorenzen, P. (1974). *Konstruktive Wissenschaftstheorie*. Frankfurt
    am M.: Suhrkamp.

Mittelstraß, J. (1974). *Die Möglichkeit von Wissenchaft*. Frankfurt am M.: Suhrkamp.

Mittelstraß, J. (1982). *Wissenschaft als Lebensform*. Frankfurt am M.: Suhrkamp.

Mittelstraß, J. (1989). *Der Flug der Eule*. Frankfurt am M.: Suhrkamp.

Radnitzky, G. (1973). *Contemporary schools of metascience*. Chicago: Henry Regnery.

Schulz, W. (1972). *Philosophie in der veränderten Welt*. Pfullingen.

Seiffert, H. & Radnitzky (hrsg.) (1992). *Handlexikon zur Wissenschaftstheorie*. München: Deutscher Taschenbuch Verlag.

Trapp, E. Chr. (1780). *Versuch einer Pädagogik*. Paderborn: Ferdinand Schöningh, 1977.

Tschamler, Herbert (1983). *Wissenschafstheorie. Eine Einführung für Pädagogen*. Bad Heilbrunn/Obb.: Julius Klinkhardt.

Yang, Shen-Keng (1998). *Comparison, understanding and teacher education in international perspective*. Frankfurt am M.: Peter Lang.

科學意義的歷史發展及其對教育學的影響

科學活動之主要旨趣可以用《易經》的一句話「易簡而天下之理得矣」加以表示。現象不管如何複雜，人類總有一種心理傾向，想要在複雜的現象背後，找出主導變化的統一原理，再以簡約而可以為人所了解的語言表述出來。問題是人類是否真正的認知現象背後的原理，認知之後是否能用語言加以表述，表述之後是否足以為人明確無誤的加以了解，則是西方科學理念史上爭論不休的問題。

從西方科學理念發展史來看，「確定性」的追求一直是促動人類科學活動的基本動機，問題是有無認知的阿基米德點作為追求確定性知識之準據，則因不同的科學理論而有殊異的看法。本章旨在從歷史發展的觀點，說明科學意義之歷史發展，並略述其對教育學之影響。

第一節　古希臘的科學理念

希臘文的科學 episteme 一辭指的是確切不移的知識，而與浮光掠影的意見（doxa）有別。至於 "episteme" 就古典希臘文而言，至少有三個意思：

一、對於方法的認知，相當於分析哲學家所說的 "know how"。荷馬（Homer）史詩《奧德賽》（Odyssey, XXI, 406）描述奧德賽知道如何拉弓，其拉開巨弓，技術之純熟，就像拉開七弦琴那樣容易，使用的就是 "episteme" 這個字。

二、知道一個事件、一個事實，亦即分析哲學家所說的 "know

that"。在《奧德賽》第四卷第七三〇行說:「你心胸中知道得非常清楚」:索福克勒斯(Sophocles, 496-406B. C.)的《伊底帕斯王》(Oedipus)這一部悲劇作品中,伊底帕斯王曾說,如果找到柯林斯(Corinth)的牧者,我們就可以「知道」(epistemai)得更清楚了。以上《奧德賽》和《伊底帕斯王》中使用 episteme 一辭,指的是事實之知。

三、非常睿智的或訴諸理性的認知。《奧德賽》中所謂 "epistemon voule" 指的是一種訴諸理性的認識,是一種最高級的知識。

　　先蘇格拉底哲學家中最早提出知識等級劃分的是赫拉克里特斯(Heraclitus, 535?-475? B.C.)和巴門尼德斯(Parmenides, 544?-501? B.C.)。前者首先提出了知的深淺高低,後者更明確的說明「睿智」(Noein)和「感覺」(Aisthesis)之別,感官之知徒增紛亂,不足以為真知。其後,柏拉圖(Plato, 427-347B.C.)更本於「理性」與「感覺」之功能劃分,將知識劃分為直觀的知識、推證的知識、意見和想像四個層級(楊深坑,民 72:70-80)。這種知識等級之劃分,仍為後來史賓諾莎(B. Spinoza, 1632-1677)所宗。

　　就「科學」或「知識」一辭的字源義而言,柏拉圖在〈克拉帝勒斯〉(Cratylus)中有極精審的分析;"Episteme" 由 "epetai" 和 "histesin" 組成,"epetai" 的意義是「跟隨著」,"histesin" 的意義即「停留在」,合而言之,也就意味著靈魂跟隨運動中的事物運動,最後停留在某一點並固著於運動中的事物。由柏拉圖字源義的解析中,可以看出科學基本上是一種認知活動,這種認知活動最後認識了確切不移

較固定的對象。柏拉圖認為是永恆不變的 "idea" 〔陳康（1979）將之譯為「相」，是確切不移的對象〕，而靈魂是停駐在確切不移的對象，靈魂的運動根據柏拉圖的想法應是直指事物的本質，認知和人的靈魂有關，靈魂用感覺世界的觀點來說和「看」最直接相關。「看」在希臘文中有兩個不定式 "idein" 和 "eidon"，衍生為名詞形態的："idea" 和 "eidos"，二者皆與陳康所說的「相」有密切關係，看是看到外型，但從心靈之眼來看是指永恆不變的本質（形）。靈魂會隨思維而動，柏拉圖在此隱含了一種分析方法，要將靈魂的形與事物的形作分割，實際上是後來科學理論中所謂的提出假設以進行分析的方法。柏拉圖想要建構一套可以含括一切的，所謂統一的只存在於本質世界的一種絕對明確無誤性認知的科學理論。所以對於柏拉圖而言，意見 "doxa"（相當於分析哲學家所說的 "opinion" 或 "proposal"）在未經過明確無誤的證驗之前，不足以稱之為 "episteme"（科學）。

　　亞里斯多德並未如柏拉圖那樣，將真正的認識僅歸諸超越感覺之上的對理念的認識。本於形質論（Hylomorphism），亞里斯多德可說是最早提出知識論符應說（Theory of Correspondence）的哲學家，他認為人類的感覺功能中的「形式」，恰如其分的對應了外在事物的形式，即構成了真正的感覺。感覺的形式恰如其分的對應了人類理性（Nous）中的形式，就構成了真正的科學知識。

　　這種透過理性所得之科學知識內隱含著嚴密的邏輯結構。亞里斯多德的〈分析後篇〉（Posterior Analytics）就在於探討科學知識邏輯結構的證明問題。既然科學命題的邏輯結構可資證明，就隱含了亞里斯多德科學理論富於重要的教育意義，即科學理論具有可溝通性、可傳遞性〔默頓（R. Merton,

1910-）亦採此說〕，而人類心靈也有容受科學知識的可能性。

第二節　從中世紀到十七世紀科學典範之爭

　　中世紀的科學，正如費貝克（G. Verbeke, 1974: 131）的分析，主要依經典文獻之詮釋研究而形成，其中尤以亞里斯多德作品之詮釋對科學理念之發展具影響力。十二、三世紀亞里斯多德的作品逐漸譯為拉丁文，而成為當時新興起大學中的哲學教育之基礎。

　　由於亞里斯多德的經典詮釋和聖經詮釋之結合，使得亞里斯多德學說影響中世紀的科學理念。外在世界是第二因（Causae Secundae），是意義的負荷者，第二因的探討因而並未取消神的榮光，相反的卻可以導向超越歷史之神聖世界。數學之獨立自主研究即源自於中世紀第二因之探討。數學被視為研究第二因，神學研究的是第一因，由第二因之研究，可追溯第一因，因而數學的研究並未威脅神的榮光。十五世紀的尼古拉斯（Nicholas of Cusa, 1401-1464）則以為人類認知所能及者，僅止於第二因或次級性質，至於第一因則歸諸神，因為神已超越大小等數量之對立，而為「對立之和諧」（Co-incidentia Oppositorium）。到了十七世紀，這種說法進一步的發展，認為第一因不可知，自然科學所研究者因而只是第二因或次級性質而已。

　　依經典文獻詮釋之科學理念，中世紀也開展了將自然視

為一本書來加以解讀的說法。雨果（Hugues de St. Victore, 1096-1141）在論述聖經之解讀時指出，感官所及者僅為外在世界，其認知僅服務於實用目的；智性功能使人體驗深度，探索隱微部分，純屬為知識而知識；神的語言依信仰來探究，使人能夠依真理而生活。世界是一本書，光靠感官不足以解讀其奧秘，只有人的純淨化，受到神的光照，方足以彰顯宇宙之書的奧秘。

　　義大利聖方濟修士波那文圖拉（Giovanni di Fidanza Bonaventure, 1217/1221-1274）更進一步的開展了「自然即書本」的說法。根據波那文圖拉的說法，感官可及的世界是描述外在的書本，是陰影、痕跡；而精神世界是描述內在的書本，是光亮、明鏡。自然也是神之完美之反映。無機的自然反映得較不明晰，至於人的精神所反映的則較為明晰。科學知識也就預設了對於神之原本以及各級反映神的摹本之間的認識。

　　為解讀、研究自然之奧秘，實驗方法也大為進展，尤其培根（R. Bacon, Ca. 1214-1292/94）和格羅塞特斯特（R. Grosseteste, Ca. 1170-1253）對於實驗方法之進展貢獻最為顯著。培根在他的主要作品《Opus Maius》中，首先說明人類未能達到真知的主要原因有四：訴諸錯誤的權威、訴諸流行的偏見、訴諸錯誤的習慣、誤以表象的知識為真知（Copleston, S. J., Frederick, 1962: 166）。他批判當時的神學與哲學，運用非科學的方法，以致真知無法獲得。為求真知須訴諸科學方法，其所謂的科學方法，正如布里吉斯（J. H. Bridges, 1897, Introduction, xci-xcii）的評論，係結合了演繹與歸納。所有真理均存於聖經之中，聖經之探求須借助於規範法則和哲學。哲學之運用即為理性之運用，神即主動理性，可以光照人的心靈，

以達真知。數學則為所有科學的基礎，內在於人心。然由光學之探討，培根發現人類的感覺經驗常有被扭曲的可能，故須借助於儀器來加以校正，才能使觀察更為準確。質言之，培根主張探索隱含在現象之內的自然奧秘，須用實驗的方法，來證驗科學的結論。

然由個別的實驗，如何可以歸納出普遍的法則？格羅塞特斯特將之歸諸科學的直觀。由科學的直觀，人類可以由有限的特殊觀察中掌握普遍原則或理論。歸納基本上以可感事物為基礎，但並不能說所有知識均聯結於感官知覺。神的知識與純粹精神的知識即非取決於感覺經驗。至於人類由於其與軀體的聯結，認知較不明晰，人的理性係神之光照，故理性的發揮，可以超越感官知覺，而由個殊的事實，掌握普遍原理。正如克羅比（A. G. Crombie, 1953: 85）的評論，格羅塞特斯特的實驗科學理念建基在兩個設準：其一為自然呈現統一的形式；其二為在所有事物均等之條件下，解釋自然較佳的方式是能夠引進並說明更多細微因素之解釋方式。

綜合上述，中世紀的學術雖以神為中心，科學研究主要在於彰顯神之榮耀。然而，中世紀晚期的科學理念已漸脫離傳統權威，而加強對於感覺世界之探討，可感世界的研究漸成獨立自主的學科，而實驗方法之抬頭，使科學理念和實在界作更緊密的結合，也更切近實際生活。

學術研究扣緊生命實踐，也正是文藝復興時期（Renaissance）人文主義者所強調的理念。正如史密斯（R. Smith, 1997: 41）的分析，教育與理念並非靜止，中世紀以迄於文藝復興早期雖然仍以經典的詮釋為主，不過邏輯、算術、音樂教學方面已有極大的創新。然而，對於古代文獻的詮釋，文藝復興的人文主義者已不純然將古代作家作為一種體驗的人

格，更將之視為活生生的對話對象；透過對話不僅傳遞了知識，也陶冶了人格。也由於這種對人本身人格的強調，文藝復興時期學者的知識觀主要建基在對人類實際存在之功能意義，較為可靠知識的獲得因而並不訴諸形上學與自然哲學，而是在人的生命關係中獲得。

基於前述之理念，文藝復興時期也開始開展了後來在德語世界所謂的自然科學（Naturwissenschaft）和精神科學（Geisteswissenschaft）對象與方法之討論。薩路塔帝（C. Salutati, 1331-1406）就曾比較醫學和法學的方法，認為法學屬於精神科學，醫學屬於自然科學，法學的基礎法則——正義原則，並不是屬於外在事物，而係內在於人性之中，且其本質係由人類精神所孕育，因此正義法則有最大的明確性；至於醫學的法則屬於外於人之自然，也就是醫學的法則是人的認知心加諸自然而成立，故較不明確，因而薩路塔帝認為法學在認識論上的價值高於醫學（Buck, 1974: 167-168）。

史密斯（R. Smith, 1997: 44）在其《人文科學史》（The Norton History of Human Sciences）中曾經指出，文藝復興基本上仍為宗教的時代，惟已對人性及科學理念的世俗化向前邁進了決定性的一步。科學世俗化的進展則主要建基在人性尊嚴的確認、理性的抬頭，與世俗化經驗的重視。十七世紀以降，科學即處於信仰、理性與經驗的爭衡中發展，尤其在宗教改革以後，面對改革與反改革之間的衝突，引發了懷疑的危機，這項危機對於神學、人文研究、道德研究，以及科學研究等形成重大挑戰。面對這些挑戰，主要有三種回應的方式：

一、訴諸信仰

如夏隆（Piere Charron, 1541-1603）認為任何科學理論實質上都是對神的褻瀆，理論都是對神的力量之侷限。知識的明確性只能得之於神的啟示，信仰在此因而取代了理性的認知。

二、訴諸經驗

培根（F. Bacon, 1561-1626）以經驗為求取確定性知識之不二法門。

三、訴諸理性

笛卡兒超越常識之外，依人類內在的理性，而非事物之次序來掌握世界。

這三種對於確定性知識的追求均帶有強烈的排他性，亦即三者均獨斷的認為世界可以化約為其所堅信的理念：信仰、經驗或理性。凡非以其所堅持的信念——信仰、經驗或理性——為基礎的知識，均非確切不移的知識。亦即三種對知識之信念互相排斥。

十七世紀前述三種追求確定性知識之起源中，宗教啟示性的知識，成為人類意識之另一層面，較少為爾後的科學研究所注意。而笛卡兒的數學化宇宙觀，理性化（Ratiocination）方法之研究典範，也難以成功的解釋自然世界，其後漸為牛

頓（I. Newton, 1642-1727）的研究典範所取代。牛頓的研究典範後分裂為二，其一建基在牛頓的「自然哲學的數學原理」，而帶有數理化約主義的色彩，其與笛卡兒的數理公設系統之不同，在於笛卡兒之公理系統求之於「天賦的理念」或「理性之光」，牛頓則訴諸經驗歸納，而建立嚴格確實的公理系統。其二，建基在牛頓的光學，而開展出可以解釋化學與生物之物質理論，也較切合十七世紀對於神的意象。

對於十六世紀以降的懷疑論採取較為涵容態度者為萊布尼茲（G. W. Leibnitz, 1646-1716）的研究典範，強調對於世界不宜採取信仰、經驗或理性單面向的化約主義之解釋。十七世紀科學理念的發展即在於笛卡兒、牛頓和萊布尼茲三種研究典範的批判性對話中成長。

一、笛卡兒學派（Cartesian）研究典範

笛卡兒學派的數理主義研究典範想把現象含攝在數學法則之下，不討論基礎觀念與原則，真理的規準也很少是經驗性的，強調身心二元，因此，科學形上學基礎也與神學脫離。

二、牛頓學派（Newtonian）研究典範

這種研究典範的中心理念是力，含括直接作用與間接作用的力。力的概念實際上也是萊布尼茲研究典範的重要概念，但力的保存原則並未見諸牛頓：將世界依照具體的分子來描述其間力的作用關係，是牛頓數學原理之形上核心。

三、萊布尼茲學派（Leibnitzian）研究典範

這種研究典範之特質在於聯結身、心、人、神與自然，而以一個一般化的原則來詮釋這種聯結。其預立和諧概念，不僅為理性的科學探究所採取，也為神秘主義者所宗，以之為科學形上學的核心，是世界的統一，強調基礎的實體就是無數的單子。甚少人從科學的角度來加以解釋單子論。事實上，萊布尼茲的單子是力的最終概括與類化，而成為聯結物理世界與精神世界的終極解釋原理。

上述三種研究典範之間批判性的對話，開展了十八世紀科學理念的新綜合，在綜合的努力中最具代表性的是歐勒（L. Euler, 1707-1783）和康德。

第三節　十八世紀科學典範之融合

如前所述，十八世紀科學理論幾乎都是對笛卡兒、牛頓和萊布尼茲三種典範的批判，在批判中加以融貫自己的理論概念。其中較為顯著的是歐勒和康德。歐勒為瑞士的物理學家，其形上學的概念取自笛卡兒，方法論上傾向於牛頓，而整體的科學理論則受萊布尼茲的影響，更重要的是受到啟蒙運動的影響。歐勒想建立一套適合其本身的形上學概念的物理學，他發現牛頓物理學有一道待釐清的鴻溝——從形上學

的觀點來看，若無一個在遠處作用的力存在，如何可能解釋牛頓的物理學？為了克服這個難題，他只好由笛卡兒和萊布尼茲找尋解釋力。從笛卡兒和萊布尼茲找到了反對遠處作用力的理由；從萊布尼茲找到綜合的希望。歐勒提出乙太概念（ether），此概念在當代物理學已放棄。他的乙太理論和引力理論並沒有成功，不過其綜合笛卡兒和萊布尼茲理論之努力，對當代的固態機械學、液態機械學有相當重要的影響，對於光波理論、物質不可穿透論則顯係受萊布尼茲的影響。萊布尼茲的單子無窗戶，單子與單子沒有直接溝通的可能，影響了歐勒的物質不可穿透理論。

歐勒的物質本質主義和物質不可穿透論直接影響到康德。另外，康德在大學時便已詳細讀過萊布尼茲的著作，同時透過他的物理學老師克努琛（M. Knutzen），也熟悉了牛頓的著作以及歐勒的理性機械學的概念。早期康德對自然科學基礎問題有三篇相當重要的論文，這三篇論文事實上是對里斯本大地震的回應：(1)論地球是不是會改變其轉動的軌道；(2)論風的理論；(3)論自然神學與道德的基礎原理（1763 年發表，1764 年出版）。第三篇是應柏林學術院徵文而撰，並未獲獎。在此篇論文中他首先打破了萊布尼茲哲學的數學理想，解決了歐勒的疑問——如何將形上學當作物理學的基礎？也就是形上學與數學是否可分離？形上學與數學的結合是笛卡兒以來相當重要的概念，但是他想如何將形上學與數學分離，且將形上學當作物理學的基礎？實際上，在康德較早期的論文中，〈論活生生的作用力（living forces）〉以及〈論物理的單子論〉中便已反對牛頓取消形上學的論點，而想要追求一套科學形上學的基礎。康德的〈論力的持久性〉想要調和牛頓及萊布尼茲的科學理論，更有一野心要將笛卡兒的理論

也融攝進去，康德是在牛頓和萊布尼茲的對話概念架構中，進行其科學理論的探討，希望把牛頓的數理形式結構和萊布尼茲的形上學基礎融為一體。特別是能量保存原理，此概念是歐勒和萊布尼茲所持的觀點，希望能和笛卡兒的理論融合在一起。

早期康德科學理論認為：科學沒有形上學基礎是毫無用處的，因為科學的觀念，如力的概念等，在用科學方法探討之前，應先有一些形上學的理論基礎來進行了解，不能只靠科學的方法。康德認為牛頓的力的概念實在太粗糙，沒有辦法完整解釋整個世界的生成發展，他認為牛頓的缺失可用萊布尼茲力的概念來補充，因而萊布尼茲力的概念具有更大的解釋力。

1770 年康德的思想才慢慢成熟，在此過程中，休謨（D. Hume, 1711-1776）的作品對他的衝擊尤其重大。在康德、休謨之前，因果性（Causality）概念一直是解釋作用力與反作用力等的主要根據，是內在於自然的性質。休謨卻反其道而行，認為因果概念不是在自然之中，而只是心理的連結，是一種習慣性的期待。這種革命性的概念對康德有非常重大的影響——康德對自然科學研究中相當重要的因果問題，置諸人的理性結構來解釋。因果原理，康德將之涉入人的認知心、人的理性模式來進行解釋，亦即放到人類理性結構中的悟性範疇之一。由於人類悟性中有因果範疇，相應的形成因果判斷。這種理念對於爾後的科學方法論之發展，影響至為深遠。

康德的科學形上學中有兩個直接重要的影響，其一為法國數學家彭加勒（J. H. Poincarè, 1854-1912）及其追隨者的約定俗成主義（Conventionalism）；其二為海森堡（W. K. Heisenberg, 1901-1976）的測不準原理。先就彭加勒而言，他從

知識論上加以批判幾何學和實在之間關係的傳統見解。歐幾里德幾何和非歐幾里德幾何之間雖然基本預設不同，但均可呼應實驗的結果。在描述世界選擇何種幾何，主要根據約定。由於歐幾里德幾何較為單純，因而我們在描述世界常選擇歐幾里德幾何。幾何的公設系統既非先驗的綜合真理，亦非實驗的真理。而「約定」（Convention）的抉擇乃取決於描述的目的，且不能相互矛盾，故亦非任意而為。這種論斷有如康德透過理性的先天原理，將雜多的現象置諸系統來加以把握。

　　前述所謂將自然中的雜多統一在系統之下，所能認知的僅及於現象界，至於本體界可思而不可知，早在《自然科學的形上學基礎原理》中，康德就已懷疑人類是否可以完全通透的了解自然。這種懷疑頗類似海森堡的說法，海森堡並未否定自然和實體的存在，但無論儀器如何精密，均無法完全了解自然本身（Nature by Itself），就康德的哲學脈絡而言，其實相當於「物自體不可知」，但未否定物自體的存在，「物自體可思而不可知」。事實上，康德早已想要探討一般科學中的演繹和實驗間的分野，他發現實在界有一些部分是可以理解的，有一些部分是可思而不可知的。本體界（Noumen）即非訴諸認識的理論理性所能掌握。理論理性所能掌握的只有現象世界，而就科學的角度而言，就是以先天的時間、空間形式來掌握感覺基料，運用悟性十二個範疇形成十二種判斷，運用理性中的先驗理念，將判斷構成知識體系。

　　既然理論理性所能認知的僅及於現象界，本體界僅能透過純粹實踐理性加以直接體認，純粹實踐直接命令主體行所應為。如此一來，康德的理論與實踐便有了鴻溝。這個鴻溝的彌補，康德是透過反省的判斷力（Die Reflektierende Urteil-skraft）來加以彌補，這種觀點影響赫爾巴特教育學至為重

大，赫爾巴特所提出的「圓熟的教育智慧」實脫胎於康德的「反省的判斷力」，「圓熟的教育智慧」須有理論作為依據，但又在實際的教育活動中不斷成長，形成一種對於教育實踐活動迅捷而明智的判斷，使得實踐活動能迫近於教育理論所揭櫫的理想（楊深坑，1988: 89）。

正如歐克思（J. Oelkers, 1989: 44）的分析，在康德影響下的教育學理念有兩項重要的轉變：經驗不再是教育理論之合法性基礎，而相對應的，教育目的也不再單純的僅追求經驗和設準的符應，特別是幸福（Glückseligkeit）設準之符應。康德之前及其同時代受啟蒙思想的教育學者，試圖在實驗的經驗基礎上建立嚴格教育科學體系，據以追求易於達到的教育目的——此世的幸福。拉·梅特葉在 1748 年刊行的《人是機器》即從人的本質和社會改革作出發，探討教育學理論，人的機體如同機器，教育即意味著教學，教學則又如機器的建造，因此教育問題可以如同機器的建造問題。特拉普（1780）的《教育學探究》更試圖以實驗心理學的方法，探索人的法則，以改善教育，而促進人類的幸福，即就康德（1803）也在其《教育論》中提出將教育運作中的技術性成分建立成為科學法則。然而，康德影響下的赫爾巴特、葛萊福林（J. Chr. Greifling）等卻從康德的先驗演繹作出發，探索教育知識的合法性問題。

整體而言，康德雖為啟蒙思想大師，惟其與啟蒙運動哲學最大的不同在於，康德並不全然探索恆定的機械法則，而引進了在時間中的演化概念，並探討變異的規則性，這對於十九世紀的生物學以及波爾茨曼（L. E. Boltzmann, 1844-1906）的物理學有極重大的影響。康德的真實世界係時、空兩個先驗的感性形式所框架之說，更影響十九世紀末葉之心

理物理學（Psychophysics）、視覺與知覺理論，同時也促進了實驗心理學和實驗教育學之發展。而新康德學派所發展出來的文化科學理念、狄爾泰的精神科學理念卻與實驗教育學互相爭衡，形成二十世紀初教育學理論百家爭鳴的一個高峰。

第四節　十九世紀以降科學理念的發展

　　康德雖然突破了啟蒙時期的科學理念，在哲學上做了一個所謂的哥白尼式的革命，想要從人的認識心之結構上，建立形而上的基礎；但基本上他還是以牛頓物理學為主要的立論基點，自然科學仍被當作一個很封閉的系統，也就是因果和時空是固定的。康德將因果關係攝納入主體性中討論，有別於牛頓和萊布尼茲將時、空因果等視為內在於實體的概念，此為康德所做的一大轉折。惟基本上將自然科學理論視為封閉的系統，嚴格的因果分析、量化處理、實體的獨立自存的存在等是嚴格科學研究的重要法門。

　　在十八世紀，除了可用測量工具來量度的某些東西以外，科學家還相信有些不可量度的物質（Imponderabilien）存在，可能有發光、發熱、產生電磁的物質。直到十九世紀的二〇年代，科學家還相信有不可測量的物質存在，到了三〇年代以後才漸漸放棄。雖有此改變，但對「乙太」的存在，仍然深信不疑，認為「乙太」是光及電磁波的負荷者，也就是這種物質可攜帶光與電磁。

十九世紀的二○年代以前，物理科學的研究具有強烈的數理化傾向，也就是用數學的基礎來分析物理學，謹守機械化宇宙觀，直到法拉帝（M. Faraday, 1791-1861）和瑪斯威爾（J. C. Maxwell, 1831-1879）的電磁理論出現，才播下了突破古典物理學機械宇宙觀的種子。

　　法拉帝的電磁場理論，首先引進電磁場的概念，這在當時科學理念上是一大突破；以往化學現象、物理現象須用感官或儀器直接經驗，但「場」則不然，非可直接觸及。「場」之中的作用線並不是數學的抽象，而是真實存在的物理組成分子。

　　瑪斯威爾進一步將電磁場概念用數學方式處理；「場」雖然無法透過感覺經驗直接加以定位，但卻是確確實實的一個物理實在，瑪斯威爾認為在某一個特定的時間、空間所呈現的一個場，是決定於其他在同一瞬間相鄰近的場，也就是場之間有相鄰近的互動關係，此時此刻的場又決定於剛剛消失的那一剎那鄰近的場。換言之，某一個物理場的敘述，可以空間中很多地方驗證，一個成功的驗證只不過是其中一個指標而已，物理實體在很多地方是無法驗證的。如此一來，培根的歸納法在物理研究中便有了限制，古典物理之機械化宇宙觀便產生動搖。

　　瑪斯威爾之「場」概念的提出，使得物理研究不能全賴培根的歸納，在整個科學發展上，可說是機械化的宇宙觀的一大突破，雖然仍堅持時空的連續概念和因果概念；因為如果沒有時空的連續概念和因果概念，便無法由這個場推知遠處的另一個場，但已與以往的思考方式有很大的區別。

　　法拉帝和瑪斯威爾的電磁理論已突破機械宇宙觀，1881、1887 年兩度實驗便證明了無乙太的存在，進一步加速古典物

理學世界觀的危機。愛因斯坦（A. Einstein, 1879-1955）相對論的出現更徹底的瓦解了「時間與空間恆定性」概念，愛因斯坦根本就否定了絕對的時空，而認為時空的量度往往是依照量度者和被量度者之間運動的狀態來決定。1905 年愛因斯坦更利用了普朗克（Planck）常數作為基礎，進行光電效應的實驗，發現原子不一定按照固定的軌道行進，而可能會有跳躍的現象。

1913 年量子物理學的重要學者波爾（N. Bohr, 1885-1962）提出「量子的假設」：一個能量就是一個量子的量，可以產生原子結構和光子之間的關係，此關係透過分光儀呈現許多的數量，也就是量子不是按一定的軌道進行。電子在靜止時不會釋出能量；電子在動態時才能釋出能量，但非按一定軌道，突破了古典物理學的「恆定性」原理。

1927 年海森堡提出有名的「測不準原理」──即使設計再多麼精準的儀器要量度對象時，因為量度對象不是保持在靜止狀態，儀器一接近量度的東西也會產生變化，所以再怎麼測量都無法測得自然本然的樣態。因此，海森堡認為我們所測量到的自然只是實驗架構下所量度的自然，至於真正的自然本身是什麼，是不可知的。類似康德物自體可思不可知的概念。

1927 年在義大利科莫（Como）舉辦紀念伏特（A. Volta, 1745-1827）逝世一百週年的研討會，波爾曾發表〈量子設準與原子理論的新發展〉（Das Quantenpostulat und die neuere Entwicklung der Atomistik），首先提出了「互補性」（Komplementarität）的概念，惟未作明確定義。德國的哲學暨科學家懷茨謝克（C. F. von Weizsäcker），引用海森堡《部分與整體》（Der Teil und das Ganze）一書的說法來解釋，「一種

正確的論點，它的相反是錯誤的論點；但是，一種深度的真理，它的相反仍是深度的真理。」質言之，真理本身無所謂正確或相反，但對真理的描述卻可以由很多角度來說明。對同一對象有很多不同的思考方式，可能提出不同的論見，按照古典邏輯的一個基本假設——一個語句（Sentence）是正確的，其否定句一定是謬誤的，亦即兩個語句互相矛盾（Contradictory）。但從量子物理學的觀點來看，兩個不同的敘述未必是互相矛盾，而是互補（Complementary）。波爾喜歡引用席勒（F. C. S. Schiller, 1864-1937）的詩句：「豐盈導向澄澈，真理藏諸深淵」，來說明其互補性原理。根據海森堡的解釋，所謂的「豐盈」不只是指豐富的經驗，更是對各種各類問題和現象有豐富的觀念。透過豐富的觀念才易於把量子理論中的形式法則和觀察到的現象之間的關係，從不同層面來加以澄清，才能覺知到表面看起來是矛盾的，其實是互補的。換言之，對同一現象的描述，可以有很多種描述方式。每一種描述方式都是在某一時空座標下，不可能完完整整地將之作描述，所以對現象或研究對象的觀察，應從多層面來觀察，由不同的時空座標來進行描述；某一時空座標的描述值可能與另一時空座標的描述值不太一樣，若從古典物理學或古典邏輯的基本預設作出發，會誤以為這兩種描述是矛盾的，但是從量子物理學的觀點來看，兩者是互補的。表面上看起來是矛盾的，但從深層結構來看，每一種描述都是真相的一部分。

　　這種觀點打破了古典物理學的基本預設，古典物理學堅守因果連續性、時空連續性、物理實體獨立自存性，據此對於現象的描述應可作完全不涉主體的客觀描述。社會學中的實徵主義（Positivism）基本預設，就是建基在古典物理學的

時空恆定性和因果恆定性。研究者不應將自己的觀察基點及觀察考慮的角度過度涉入研究對象。

　　教育研究中的實徵主義也一樣，強調量化分析、因果處理，將教室或教育的情境當作獨立自主的客體來進行研究，大量採用實驗的方法，基本上是採取了古典物理學的基本預設：因果性和客體是獨立存在，客體可以作原子式的分割。但量子物理學已經打破了「連續性」的概念，量度的時間和空間、量度的工具和對象，以及量度的場地之間的交互作用都會影響結果。量子物理學的出現也許讓研究者更能採取涵容的態度，來看待不同研究取向所得的結果，都只描述了教育現象的某一層面，不同的描述之間並不矛盾，而是互補的，更可能是共同再建構了新的教育事實。阿佩爾（K.-O. Apel, 1922-1979）在他的《從先驗語用學角度論說明與理解之爭》（Die Erklären: Verstehen-Kontroverse in transzendental-pragmatischer Sicht）中認為，詮釋對象與詮釋主體之間不能截然分割，兩者共同構成了共同主體（Co-Subject），由此共同主體可能產生新的實在。當代科學理論與教育研究方法論的論爭也宜採此觀點，將教育與教育知識視為動態的深層結構，結構的核心不變，不同方法論導向研究出來的結果，並不互相矛盾，而是共同構成了動態的教育知識整體，也共同不斷的開展教育實在（Shen-Keng Yang, 1998: 119-134）。

第一章參考書目

楊深坑（1983）。柏拉圖美育思想研究。台北：水牛。

楊深坑（1988）。理論・詮釋與實踐。台北：師大書苑。

陳康（譯註）（1979）。柏拉圖・巴曼尼得斯篇。台北：問
學。

Apel, K. -O. (1979). *Die Erklären: Verstehen Kontroverse in tran-szendental-pragmatischer Sicht*. Frankfurt am Main: Su-hrkamp.

Bohr, N. (1928). Das Quantenpostulat und die neuere Entwicklung der Atomistik. In *Naturwissenschaft*. Bd. 16: 245-257.

Bridges, J. H. (ed.) (1897). *The Opus Maius of Roger Bacon*. Vol. 2. Oxford: Oxford University Press.

Buck, A. (1974). Der Wissenschaftsbegriff des Renaissance-Humanismus. In *Proceedings of the 2nd International Humanistic Symposium* (pp. 160-178). Athens: International Centre for Humanistic Research.

Copleston, S. J., Frederick (1962). *A history of philosophy*. Vol. 2. Part 2. New York: Image Books.

Crombie, A. C. (1953). *Robert Grosseteste and the origins of expermental science*. Oxford: Oxford University Press.

Elkana, Yehuda (1974). The problem of knowledge in historical perspective. In *Proceedings of the 2nd international humanistic symposium* (pp. 191-247). Athens: International Centre for

Humanistic Research.

Heisenberg, W. (1959). *Physik und Philosophie*. Frankfurt am Main: Verlag Ulstein.

Heisenberg, W. (1969). *Der Teil und das Ganze*. München: Herder.

La Metrie, Julien Offray de (1748). *Der Mensch als Maschine*. Mit einem Essay von Bernd A. Laska. Nürnberg. 1985.

Oelkers, J. (1989). *Die grosse Aspiration. Zur Herausbildung der Erziehungswissenschaft im 19. Jahrhundert*. Darmstadt: Wissenschaftliche Buchgesellschaft.

Smith, Roger (1997). *The norton history of human sciences*. New York: W. W. Norton & Company.

Trapp, Ernst Christian (1780). *Versuch einer Pädagogik*. Paderborn: Ferdinand Schoningh.

Verbeke, G. (1974). Science et Hermeneutique dans la Pensée Médiévale. In *Proceedings of the 2nd International Humanistic Symposium* (pp. 130-159). Athens: International Centre for Humanistic Research.

Yang, Shen-Keng (1998). *Comparison, Understanding and Teacher Education in International Perspective*. Frankfurt am Main: Peter Lang.

詮釋學與精神科學教育學

精神科學教育學（Geisteswissenschaftliche Pädagogik）係
1920 到 1960 年代盛行於德國的教育理論，其思想可以上溯
至雪萊瑪赫（F. D. E. Schleiermacher, 1768-1834）的陶冶理論
（Bildungstheorie），而由狄爾泰的生命哲學、精神科學與詮
釋學理論奠定基礎。狄爾泰的學生於第一次世界大戰後成為
各重要大學之哲學與教育學講座（Lassahn, 1982: 24），使得
精神科學教育學在德國盛極一時。1960 年代實徵主義興起，
與法蘭克福學派（Frankfurter Schule）批判理論（Kritische
Theorie）的科學方法論互相激盪，形成科學方法論百家爭鳴
的局面，精神科學教育學遂告沒落。惟精神科學教育學強調
教育活動植基於生命的整全性，重視教育之歷史性及意義之
詮釋與理解，對於當前教育研究，特別是質的研究，仍有極
為重大的影響。本章將先就精神與精神科學及詮釋學方法的
意義與歷史發展先作說明；再舉述精神科學教育學的代表性
人物述其教育學理論；最後歸納其特色，並說明對於教育學
發展之影響。

第一節　精神與精神科學概念之發展

德文 Geist 一辭，習慣譯為「精神」，惟並不全然符合德
文 Geist 之原意。「精神」一辭，中國古代典籍甚少見及。最
早出現於《淮南子・精神訓》，其註解謂：「精者神之氣，
神者人之守也。本其源，說其義，故曰精神。」由其註解可
見，《淮南子》所說的精神帶有強烈的物質意味，而與「氣」

有非常密切的關係。

「氣」在希臘文為 "pneuma"，其原意為呼吸，英文為 "spirit"，不論是希臘文或英文皆帶有物質性的意味。直到聖保羅（St. Paul）才將聖經中的pneuma轉化成為具有精神意義的「聖靈」（Hagion Pneuma），而脫離其物質性的意義，在這種意義下的「精神」概念，和古希臘的Nous比較接近。

希臘文的 Nous 是人類最高的理性功能，Nous 的動名詞形態 Noein 在荷馬史詩中指的是知覺（Wahrnehmen）、明察（Einsehen）和洞視（Durchschauen）。思聶爾（B. Snell, 1962: 45-46）認為Noein和看見（Sehen）有極為密切的關係，Nous 是 Noein 的機體（Organon），可說是內在之眼（ein inners Auge），然而其精神的意義已經超越了「看見」之感官知覺，而是超越了知覺之上，對事物本質之洞見（durchschauen）。這種精神性的意義在柏拉圖哲學中尤為明顯。Nous 不僅與感覺、與幻象之信念（pistis）和想像（eikasia）有別，也和推證性的認知dianoia有別，Nous可以直指本質——善之理念（楊深坑，1987：70-73）。

近代哲學對精神的概念之討論最為深邃者，當推黑格爾（G. W. Fr. Hegel, 1770-1831）。精神是黑格爾哲學的核心概念，他從兩個觀點來統攝精神的各種不同發展的面向。首先，他把「絕對者」（Das Absolute）界定為精神，這也意味著所有其他實在物均須透過精神來了解。其次，他認為絕對者也可以作為統攝一切的統一體，但不可以說是和有限性相對的無限，如此一來，絕對者仍然屬於相對性的一面，仍非絕對者。因而，絕對者內已含括了有限性，作為絕對者的精神係在不同的發展階段，展現了各種樣相，最後仍導向絕對。

質言之，精神對黑格爾而言是一種實體概念。哈特曼（N.

Hartmann, 1882-1950）卻從本體論上的存有階層論來說明，精神作為一種存有係處於存有的最高階層。哈特曼以為由低而高可以分為四個層級的存有：物質的存有、生物的存有、心靈的存有和精神的存有。高一級的存有係以低一級存有為基礎，在其上加上某些形式（überformen）而形成高一級的存有。從物理學的觀點來看，愈低層級的存有力量愈大，從自由的角度來看，愈高層級的存有自由的程度愈高，以此精神的存有享有最高程度的自由（N. Hartmann, 1962）。哈特曼的精神存有論可以用以下簡圖加以表示：

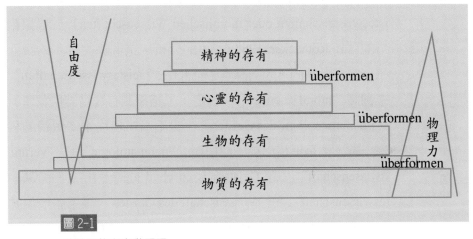

圖 2-1

哈特曼的存有階層圖

　　不管是柏拉圖的最高理性概念、黑格爾的實體概念，或哈特曼的存有概念，雖未完全排除於精神科學教育學者狄爾泰所稱的精神科學探討範圍之外，但其所稱的精神科學所研究的並不僅限於此，而是研究人類的精神世界（Die Geistige Welt）或社會—歷史的實在（Die Geschichtlich-gesellschaftliche Wirklichkeit）（W. Dilthey, 1883：4）。狄爾泰並未直接討論精

神概念本身，但在 1883 年的《精神科學導論》（Einleitung in die Geisteswissenschaften）的開頭就已經對「社會科學」、「文化科學」、「道德科學」作了一些討論，認為這些語辭失之狹隘，並不足以含括其所謂的精神世界或人為的生命世界整體的探究。

狄爾泰雖然認為以「道德科學」來狀述人類精神世界之研究，失之狹隘。惟基本上，精神科學一辭，特別是複數形態，係 1849 年席爾（I. Schiel）將英國彌爾 1843 年出版的邏輯體系第六卷《On the Logic of Moral Sciences》譯為德文以後，才廣泛流行。席爾的德文翻譯為《Von der Logik der Geisteswissenschaften oder moralischen Wissenschaften》。根據羅塔克（E. Rothacker, 1965:6-7）的分析，這個德文譯本的後面三個字是多餘的，因為譯本中全部用 "Geisteswissenschaften" 來翻譯 "moral sciences"。再者，黑格爾雖有《精神現象學》（Phänomenologie des Geistes）一書出版，但從未使用精神科學一辭，倒是黑格爾弟子使用過 "Pneumatologie"、"Vernunftwissenschaft"（和 Geisteswissenschaft 同時並用）、"Geisteswissenschaft" 和 "Wissenschaft des Geistes" 等用語，但其所研究者和彌爾的 "moral sciences" 並不一致。

狄爾泰曾經使用彌爾的邏輯體系為大學教材，其精神科學導論中所述的研究內容也較近於 "moral sciences" 的內容，和狄爾泰同時代的新康德學派則常使用 "Kulturwissenschaft"，由此可見精神科學接近於 "moral sciences"。

精神科學作為 "moral sciences" 而言，可以追溯到柏拉圖學院第三代領導人色諾克拉帝斯（Xenocrates，約 396-314 B. C.），他將學術劃分為三，即邏輯、物理學、倫理學。倫理學係探討人及其行為，不能誤以為專門研究道德問題而已，

而更接近亞里斯多德的實踐哲學。事實上，倫理學的字根
"ethos" 和拉丁文 "mos" 一樣，均含有住所、個性、風俗、
習慣等含義，並不限於道德，而希臘文的 "ethike theoria" 譯
為拉丁文是 "philosophia moralis"。精神科學既為 "moral
sciences"，其探究因而和 "ethos"、"entia moralia" 以及人
類內在精神本質有密切的關係（G. Scholtz, 1991: 19）

　　"moral sciences" 在十八世紀的歐洲各國使用甚多，彌
爾的邏輯體系中的 "moral sciences" 含括了心理學、性格學、
社會學與歷史科學。法國孔德在 1852 年的《實徵哲學問答或
普遍宗教簡述》（Catechisme positiviste ou sommaire exposition
de la religion universelle）中，仍將社會學稱為 "philosophie
morale"，係一種研究人的學術，含括生物學，特別是社會
學以及道德學（Morale）。就制度層面而言，康多塞（Antoine
de Condorcet, 1743-1749）在規畫法蘭西學院即主張設立特殊
的道德與政治科學學院。1795 年巴黎法蘭西學院（Institut de
France）成立，整併了政治與道德科學院（Academie des Scien-
ces Morales et Politique），包括哲學、道德（今日的政治
學）、法律、經濟、歷史和地理六個部門。德國狄爾泰在
1875 年的論文〈論人、社會與國家的科學史之研究〉（Über
das Studium der Geschichte der Wissenschaften vom Menschen,
der Gesellschaft und dem Staate）雖然接受了英國彌爾 "moral
sciences" 譯為 "Geisteswissenschaften"，但對其所稱的研究
仍稱為 "moralisch-politische Wissenschaften"，直到 1883 年
出版《精神科學導論》一書，才使用 "Geisteswissenschaften"
一辭，使得這一語辭成為德國學術的傳統經典，也是精神科
學教育學重要的立基之所在。

　　把研究人的本質及其活動的科學名之為道德科學或道德

－政治科學，正如脩爾茨（G. Scholtz, 1991: 22）的分析，係根源自古希臘的城邦（Polis）生活。對於古希臘人而言，參與城邦生活最主要的有公共集會和法庭的辯論，辯士派（Sophist）所教的演說與辯證即因應城邦生活的需要。亞里斯多德的實踐哲學中，倫理學與政治學究有不可分割的關係，政治學是一種主導的科學（Architektonike Episteme），倫理學的研究也附屬於政治學，均為了因應城邦共同生活或所謂的政治生活（參閱楊深坑，1978: 102）而進行研究。這種把精神科學歸諸道德與政治科學的亞里斯多德傳統，也對當代社會科學方法論有極為重要的意義。嘉達美在其《真理與方法》中特別推崇亞里斯多德的實踐智慧（Phronesis）對當代精神科學的貢獻，哈伯瑪斯（J. Habermas）在《知識與人類興趣》（Erkenntnis und Interesse）中認為，歷史－詮釋科學之形成背景主導的是實踐興趣，阿佩爾認為精神科學探討係以幸福和良善生活為依歸。凡此均可見精神科學中亞里斯多德之倫理－政治傳統之影響。

把精神科學的起源歸之於倫理－政治科學傳統，有些學者認為失之褊狹，無法含括語言學、文獻學、藝術學等學科（G. Scholtz, 1991: 24），因此，有些學者認為精神科學應溯源於中世紀的自由七藝（Artes Liberales）中的三學（Trivium），三學包括文法、修辭與辯證，涉及了語言（Verba）的學科，而四藝（Quadrivium）包括算術、幾何、天文、音樂，涉及數的科學和物（Res）的科學。三學就構成了中世紀大學的文學院（Artistenfakultät）的骨幹，十九世紀轉而為哲學院（Philosophische Fakultät）。三學與四藝之分也預示了後來的人文科學與自然科學之分。

自由七藝給予人的圓通教育或所謂的通識教育（Encyclios

paideia）事實上也源之於古希臘的文法、修辭與辯證。文藝復興以降的通識教育係以古典作品來陶冶人格，通過語言學科的學習以培育健全人格視為首要。也因此格拉西（E. Grassi）以為精神科學作為人文科學或言語科學，應肇啟於文藝復興時期的人文主義，特別是文藝復興時期所謂的 "humaniora"，亦即英文的 "humanities"（參閱 G. Scholtz, 1991: 24-25）。1735 年徹得勒（J. H. Zedler）在其六十四卷通用辭書（Universal-Lexikon）第 十 三 卷，對 "Humaniora" 或 "Humanitatis Studia" 的解釋是自由藝術之學習，可以使人轉向更高的學院就學，這些學習的學科包括了哲學、歷史、古文物（Antiquitäten）、詩、雄辯術、文法與語言。這些學科的學習也是人之所以為人的主要因素。英文的 "humanities"，法文的 "sciences humaines" 之命名，即因這些學科是使人完成其人格的學科（參閱 W. Ch. Zimmerli, 1992: 88）。

　　從精神科學的兩個源頭來看，精神科學含括了當代社會科學與人文學，當代德國文獻中的精神科學也包括了這兩個領域。教育學究竟是人文學還是社會科學？對於這個問題當代學者仍有甚多的爭議，惟可以確認的是精神科學教育學者對於教育學的研究較傾向於人文學，主張以詮釋學方法來進行教育研究。

第二節　詮釋學理論與方法

　　前已說明，精神科學教育學之教育研究主要為詮釋學方

法。詮釋學方法論在不同精神科學教育學理論導向中,已有不同的看法,本節先就詮釋學理論與方法略作分析。

詮釋學的德文為 "Hermeneutik" 、英文為 "Hermeneutics" ,大多數學者認為其字源義來自希臘神話中的赫米斯(Hermes)。赫米斯係傳信之神,也是商業之神,正如赫瑞斯(J. Hörisch, 1988:9)所述,希臘奧林匹克諸神之詭詐、偷竊及各種不榮耀之行為不下於凡人,赫米斯尤為其中佼佼者。赫米斯出生即顯現其富於智巧與詭詐的雙重性格,早上出生,中午即發明、製作七弦琴,晚上就偷竊其舅阿波羅五十頭牛,藏於洞穴,由於阿波羅能美妙彈奏七弦琴,故允以財富及比阿波羅略低的預言能力贖回牛群。詮釋學在意義傳達與交換過程中,易失其本意,由赫米斯之性格可見一斑。赫米斯就為傳信之神而言,所傳達之神諭也往往模稜兩可,予人頗多解釋的空間(Geldsetzer, 1988: 128)。一種意義或信息要恰如其分的傳達,殊為不易,詮釋學亦因而有不同的理論與方法之發展。

至於詮釋學之字源是否源之於赫米斯,也有些學者持保留態度(Coreth, 1969: 8)。較可確定者為其字源來自希臘文 ἑρμηνεύειν,主要意義為說出、宣示、解讀、解釋、翻譯,意義雖多,但共同基礎在於「使人明白」(verständlich gemacht)、「導向理解」(Zum Verstehen gebracht)。亞里斯多德著有《論詮釋》(Περί ἐρμηνείας)一書,即是針對「存有」(das Seiende)被描述為語言文字的分析。古希臘所謂的「圓通教育」(Enkyklios Paideia)中的文法、修辭、辯證,即是對經典文獻進行校正、解讀與判斷,以對之進行修辭、邏輯與辯證之分析,以求完熟人格之培養。這三種也是中世紀自由七藝中的三學(楊深坑,1986: 125-126)。

寇瑞特（E. Coreth: ibid.）雖質疑 "Hermeutik" 源自於 "Hermes" 之說，卻也肯定詮釋之由來與古希臘人求神諭、解讀神諭有關，若與之相對應，詮釋學最早應出現在神學領域。詮釋學作為書名首先見諸十七、八世紀的神學著作，其意義為「理解的藝術」（Kunst des Verstehens）或「正確解讀的學說」（Lehre von der Richtigen Auslegung），亦即探討對聖經的正確解讀。正確解讀並不只限於聖經，後亦擴及語言與文學作品及法律條文，因而開展了世俗詮釋學（Hermeneutica Profana），而有別於聖經詮釋學（Hermeneutica sacra）。

正確的解讀或理解問題如置諸精神科學脈絡或更廣的科學理論脈絡來探討，須考慮其哲學預設（Coreth, 1969: 9）。有關理解的哲學預設可以遠溯啟蒙運動哲學，啟蒙運動諸子高唱理性榮光，傳統、信仰、迷信在理性批判下大大貶值，聖經批判開始抬頭，神的秩序世俗化為自然的秩序、理性的秩序；史賓諾莎的《神學－政治論集》（Tractatus Theologico-politicus）是這種思想的典型代表，基於神、實體與自然三位一體的基本見解，史賓諾莎主張對於聖經應採取一種基於理性的科學詮釋（Wissenschaftliche Bibelexegese），開始開展一種普遍的科學詮釋學（Piepmeier, 1982: 9-42）。

最早從哲學深度探討詮釋學中個別與整體之間的關係，以及作為個體的人類之理解基礎理論者應推萊布尼茲。其「單子論」（Monadologie）認為實體即單子，個別的單子蘊含著無窮的過去與未來發展的可能性，單子以其本身特殊的視野，反映了無窮的宇宙，它是具體而微的小宇宙；單子與單子之間由於視野分殊，個別性差異甚大，因此無法溝通，但所有單子卻統之於預立和諧。質言之，分殊的個體既然兼具個別性與普遍性，因而，殊異的個體之間理解之可能性及其限制，

以及理解是否可能達到客觀性與普遍性，遂成為萊布尼茲哲學亟待解決之課題，也是爾後詮釋學之焦點問題。

洪保德（W. von Humboldt, 1767-1835）進而從比較人類學及語言哲學來加以論述。先就比較人類學而言，「理解」的主體和客體都是人，人有各種知識力量有待開展，因而對其他個體的理解，只有理解者本身開展了和被理解對象相近似的整合動力才有可能。其次，就語言哲學而言，洪保德以為人與人、人與世界之間溝通的媒介是語言，每一種語言活動均屬進個別的世界觀，這個世界觀可能是理解者所無法參透的，因此使得理解的活動益形困難，克服此困難的契機在於人性的普同性以及語言教育的開展。

雪萊瑪赫也從語言的普遍性與特殊性的辯證關係來探討詮釋學。任何「理解」的活動均在於返回說話者本身，語言即為人類生命精神的表現，如果人類精神表現完全一致，根本無須詮釋學，完全殊異，詮釋學亦無成立之可能。基於這樣的論點，雪萊瑪赫開展了兩個層面的詮釋概念：其一，針對語言之普遍性本身而有所謂的文法的理解（Das Grammatische Verstehen）；其二，針對語言表現者本身的個別性而有所謂心理的理解（Das Psychologische Verstehen）。「理解」既在於回溯到表現者本身的思想和意識，故須使用兩種方法以因應語言表現者之雙重性質，以比較方法（Die Vergleichende Methode）重建普遍性的語言文法結構，以「直觀神入」的方法（Die Divinatorische Methode）探索個殊的表現者內在世界，詮釋也就意味著詮釋者和文化產品背後作者的同一。

然則，詮釋者與被詮釋對象終究有一段歷史距離，兩者是否可以完全同一，值得懷疑。精神科學教育學的奠基者狄爾泰在其詮釋學理論中開始注意詮釋過程中歷史意識的重要。

1895 年的論文〈描寫與分析心理學的理論〉（Ideen zu einer beschreibenden und zergliedernder Psychologie），狄爾泰提出了「生命」（Leben）作為精神科學方法論的核心。生命具有整全的特性，無法化約為意識、思想或素樸的經驗。生命的最小單位是體驗（Erlebnis），體驗之中含括了認識、評價、行動等各種心靈的功能與結構要素。在生命的體驗中，人類開展了自己的獨特性，也將體驗的獨特性表現在文化產品與行為事功；要詮釋這些文化產品與行為事功，必須進行一種「再體驗」（Nacherlebnis）。再體驗只有透過一種「移位」（Transposition）才有可能，所謂的「移位」就是他人之中複製、模仿（Nachbilden）其精神結構，也就是「理解」，在「理解」之中才能超越個別體驗之界線，而重新建構、確立普遍的人性結構（W. Dilthey, 1895: 254-262）。質言之，理解的可能條件在於人類精神有共同質性。

狄爾泰對理解的歷史性之重現到了海德格（M. Heidegger, 1889-1976）轉而為關心「存有」（Dasein）本身歷史過程中的本質之開顯。「理解」對海德格而言，是人類「在世存有」（In-der-Welt-Sein）的一種存有模式，這樣的理解總是帶有規畫性的性格（Entwurf-Charakter），因為每一個存有均會依自己本身的可能性來為自己設計、規畫，詮釋因而並不是對被理解對象獲得某種認識，而是在理解之中開展規畫自己的可能性（Heidegger, 1927: 148）。

嘉達美承襲海德格對存有本身的關心，而開展其哲學詮釋學。哲學詮釋學探討之重點在於超越科學方法所能控制之真理的經驗，也就是方法背後之理解的可能條件；理解是人類普遍的活動，是屬於「存有」的存在方式，永遠存在於歷史之中，甚至可以說「理解」本身就是歷史事件。嘉達美在

其詮釋學中引進了「影響史」（Wirkungsgeschichte）的概念，在「理解」中，理解者和被理解對象處在受同一傳統截至目前還產生作用的歷史過程，理解者因而必須有一種影響史的覺知，自覺本身就是歷史事件的一環，而作為過去與現在之聯結。

　　質言之，嘉達美哲學詮釋學中的「理解」概念，至少涵括四個組成要素：其一，先前結構（Vorstruktur）或先前理解（Vorverständnis），即對被詮釋對象之先前認識，是一種暫時性的判斷與歷史傳統，代表著對意識之預見，而導引理解，使得理解成為可能；其二，真理的經驗（Erfahrung von Wahrheit），嘉達美之理解並不是把握客觀精神對象的方法，亦非生命表現之再現，而是一種歷史事件之涉入，以經驗到一種真理；其三，視野交融（Verschmeltzen von Horizonten），理解係在前後交互作用的歷史過程中，理解者的意識受歷史制約，但也自覺受此限制，因而能夠透過語言的作用，融合過去與現在的視野，窮究真實意義；其四，運用（Applikation），理解本身既為一個歷史事件，屬於整個詮釋過程不可分割的整體，因此其實際的運用就不可事先決定。理解與應用的考慮均與時推移，沒有先後之分，從這些組織要素中可以發現嘉達美的詮釋學特別強調歷史意識、情境意識。主體性的焦點只不過是回映著兩面相互對照的鏡子，透過語言作為中介，在主體身上產生過去與現在無止境的溝通過程，也不斷產生新的視野交融，獲致新的意義（Gadamer, 1986: 265ff）。

　　哈伯瑪斯的詮釋學理論基本上也強調歷史省察之重要，也企圖從詮釋學中追索特殊的經驗形式，反對科學主義的經驗定義。惟其與嘉達美之不同，在於引進意識形態批判（Ideologiekritik）和經驗的方法（Empirische Methoden），以修正對傳統毫無批判的接受以及語言的理想主義。對哈伯瑪斯而言，傳統可能糾結著阻礙真實認識的意識形態，而語言也是一種後設制度（Meta-institution），語言背後的意識形態也有待釐清。哈伯瑪斯因此主張經驗、詮釋與意識形態批判必須交互為用，才能把社會上的媒介、語言、分工以及宰制的情形作適當的釐清，以達解放與啟蒙。分析而言，哈伯瑪斯詮釋學重點有四：其一，發現並認知被意識形態所糾結之歷史因果關聯；其二，覺知社會科學範疇中的象徵先前結構；其三，反省自然科學後設理論中語言使用的一致性；其四，轉化科學信息為社會生活世界之語言（Habermas, 1971: 127-128）。

科學語言在生活世界中作經驗的反省，也引發了精神科學或人文科學方法論上，宜重因果分析或強調意義理解的問題。這個問題的討論，根據阿佩爾的分析（Apel, 1979: 15），可以遠溯 1858 年卓依森（J. G. Droysen）的《歷史學基礎》（Grundriβ der Historik），在本書中，卓依森依人類思考之對象與性質將科學方法分為三種：（哲學與神學上的）思辨（Spekulative）方法、數理（Mathematisch-physikalische）方法，及歷史（Historische）方法，其本質在於認知（er-kennen）、說明（erklären）和理解（Verstehen）。

有關人文科學或精神科學方法論上因果說明和意義理解之間的論爭，阿佩爾曾經分為三個發展階段來加以討論。最後他從先驗語用學的角度（Transzendental-pragmatische Sicht）來加以解決。從先驗語用學的角度，阿佩爾提出互補性的概念，認為因果分析和意義理解在社會科學中是互補的，在社會科學中，認知主體和客體之間並無明顯的分際，兩者均共同參與知識的建構，而成為共同主體（Shen-Keng Yang, 1998:

128-129）。因果分析的可能性條件也含括了行動與意志自由的理念，因而也不排除意義理解。

有關因果說明和意義理解的論爭涉及了科學的分類以及精神科學在分類中的定位問題，將於下一節加以分析。

第三節　科學分類與精神科學之定位

科學分類和人類心理功能運作所產生的知識體系有密切的關係。前已說明，人類心理基本傾向一種化繁為簡，以近取譬，將複雜的現象化為簡約的原理，並將此原理作適切的歸類，以為施行教化之準據。《易經‧繫辭傳》所謂：「古者庖犧氏之王天下也，仰者觀象於天，俯者觀法於地，觀鳥獸之文與地之宜。近取諸身，遠取諸物，於是始作八卦。以通神明之德，以類萬物之情。」即說明了古聖先王對所觀察、所認知到的現象，進行歸納分類，以便「觀象設卦」、「制器尚象」，進而「使民宜之」的教化過程。

史帝希威（R. Stichweh, 1984: 7）在論述學科（Disziplinen）之緣起與發展也指出，把知識透過歸類而形成可教的形式（Lehrbare Form），即是學科。歸類原則則隨著社會教化制度化的不同，而互有差異。學科的形成因而和學校制度的形成有密切的關係。也就是在制度化的學校以後，才會產生將既有的知識體系，劃分為各種不同的學科，以應教學與溝通之需。前舉《易經‧繫辭傳》所謂「近取諸身，遠取諸物」，說明了初民社會政教合一，學校制度尚未形成，聖王化育萬

民所據之科學理則。

　　西方直到十八世紀對於學科的概念，正如前舉史帝希威
（1984: 12）的分析，仍然僅指涉已經獲得的知識儲存，對於
學科社群共同努力探索的問題焦點，仍非學科的內涵，因而
十八世紀以前大學授課內容主要係以既有的知識之詮釋為主。
1810 年現代大學先驅柏林大學成立，大學章程洪保德提出迴
異於以前的科學理念，認為科學係「並非完全已被發現，也
並非完全可以被發現的東西」，因而強調大學應重視師生共
同合作研究的動態過程（參閱楊深坑，1999：53），自茲而
後，大學開啟了以「研討課」（Seminar）為主的教學形態，
Seminar 也成為德國近代大學的基本單位。

　　科學分類既與不同時代對於人類心理功能之認識及教育
體制之不同有關，本節即先就科學分類的歷史演進略作分析，
進而說明當代科學分類的方式，據以說明精神科學在科學體
系中的定位。

壹、科學分類的歷史演進

　　科學分類及其與人類心理功能關係之探究自古有之。柏
拉圖即將知識分為直觀的知識、推證的知識、意見和想像四
個層級。惟柏拉圖認為對理念界的認識才是真正的知識，感
覺經驗所得的意見及想像則非知識。這與啟蒙運動將想像的
知識也視為知識之一有所不同。多數學者認為，最早為學術
作明確劃分的人是色諾克拉帝斯，他是柏拉圖學園的第三代
領導人，從人類思考本身及思考對象之研究，將學術劃分為
三：

1. 邏輯或辯證（Logic or Dialectics）：探討思想法則的學問。

2. 物理學（Physics）：探討自然現象的學問。亞里斯多德的 "Physics" 習慣翻譯為「物理學」，不能算錯，但不完全正確，因為 Physics 是研究所有關於內在的自動發展、自動停止法則的那些存有，這些存有統稱為 Physics，Physics 即研究 Physis 的學術。

3. 倫理學（Ethics）：研究人類的本身及人類行為，即當代所謂「倫理學」。

　　亞里斯多德基本上仍採色諾克拉帝斯分類的思考路數，但更加細緻。如前所述，學術的分類通常依據人的理性功能及理性功能所表現出來的知識體系。亞里斯多德按人的理性功能來進行討論，人的最高理性為 "Nous"，"Nous" 有形式性的一面，是有關邏輯學探討。而理性針對實質對象之不同而有三種不同的學術：

1. 理論性的學術（Theoretike Episteme）：探討的對象為永恆不變存有，包括第一哲學（即形上學）、數學、自然哲學（Physics）。

2. 實踐性的學術（Praktike Episteme）：探討人類情緒與行為的改變之學術，包括倫理學、政治學、經濟學。

3. 生產（製作）性的學術（Poetike Episteme）：將外在的存有改變為作品或產品（Ergon）的學術，包括詩學（Poetics）、修辭學（Rhetorics），如工藝、技術等。

　　正如前述，學術分類與教育體制有極密切的關係，中世紀的自由七藝和基督教會教育觀有關，認為應該透過七種途

徑培養七種基本心智能力。三學的拉丁文Trivium由tres（三）和via（路程）構成，四藝的拉丁文Quadrivium由quattuor和via（路徑）構成，說明了自由七藝係指涉言語的三種學科（文法、修辭、辯證）及研究數或物的四種學科（算術、幾何、音樂、天文）（參閱 H. -E. Tenorth, 1994: 13）。三學和四藝之分表達了學術與教育發展史上的一個評價原則：三學旨在心靈的陶冶和形式教育；四藝旨在探討外在數、形、音及天體的法則，以進行知識的實質教育（參閱楊深坑，2000：1032）。

學科的分類既與教育制度的變遷有關，常常反映不同時代與不同文化對各種不同知識強調重點之不同，有意將所強調的知識，透過教育過程作系統的組織，以利傳遞。八到十世紀可說是文法文化的時代，教育強調文法的形式陶冶，拉丁文法是當時寺院學校（Klosterschule）、教堂學校（Domschule）和教會學校（Stiftsssschule）的主科，四藝僅為點綴而已。十二到十四世紀，經院哲學主導文化發展，辯證和修辭凌駕文法之上。文藝復興以後，希望從古典文獻中重新發現人的價值，希臘語文重新受到重視，拉丁文法漸遭貶抑，語言學科仍然重於實科的學習。

啟蒙運動以降，數理化宇宙觀逐漸形成，透過感官經驗可以獲致確切不移的知識，成為啟蒙諸子的共同信念。被啟蒙諸子奉為啟蒙護衛者先驅之英哲培根，在科學的分類上尤有劃時代的貢獻。培根理性的科學知識須透過嚴格確實的科學方法，將經驗作縝密的處理，以建構知識的系統。理性知識也含括了回憶與想像的知識，從人類理性功能開展出來的知識是哲學及由哲學分化出來的科學，由人類的想像而發展出詩的知識，由人類的記憶而發展出歷史科學。

理性知識的發展並不阻礙天啟的知識，以神學而言，理性神學是透過神所創的世界，運用理性的方法來探索神的存在與特質，而與透過天啟直指神的本質有所不同。在理性的哲學思考下，分化為各種類型的科學，其分化的學術體系略如下圖（A. Hügli, & P. Lübcke, 1991:72）：

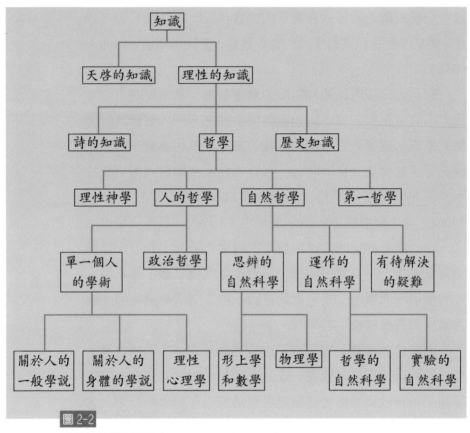

圖 2-2

培根的科學分類圖（Hügli & Lübcke, 1991）

啟蒙運動中對人類知識分類的巨大工程，當推狄德羅（D. Diderot, 1713-1784）和達林伯特（J. Le Rond d`Alembert,

1717-1783）所編的《百科全書》（Encyclopédie, ou Dictionaire Raisonné des Sciences, des Arts et des Métiers）。該書第一卷於 1751 年出刊，歷二十餘年才完成，總共收辭目七萬二千條及二千五百個木刻插圖。1750 年狄德羅在出版預告中就指出：「從我們的心理官能中導出了各種知識，歷史由於吾人的回憶，哲學由於理性，詩則由於想像」（D. Diderot, 1969: 41, 54）這種論點，顯然得之於培根。事實上，這篇預告中，狄德羅也特別推崇培根在知識分類，以及科學與藝術的通用辭書構想之先驅性的貢獻。

十九世紀以降，隨著啟蒙運動所帶來的科技蓬勃發展，以自然科學為典範之實徵主義盛極一時，另一方面也有一股反實徵主義的潮流。科學的分類也因而有多元化的趨勢。

貳、當代科學分類的方式

狄默爾（1975）在分析自然科學和精神科學的概念時，即指出科學體系的分類方式，基本上可以分為下列兩種主要方式：

一、單元論的分類方式

又可分兩種方式：

㈠科學主義的唯我論（Solipsism of Scientism）

只有符合自然科學嚴格確實的科學才可稱為科學，其餘均非科學。

（二）科學的化約論（Scientific Reductionism）

只有一種真正的科學作為基礎，其他科學能化約為此種科學才叫科學，如卡納普物理論（Physicalism）的科學理論，乃是以物理學為典範，其他學術若能以物理語言表示出來才叫科學，否則不能稱之為科學。

二、多元論的分類方式

十九世紀末葉以降，隨著「自然」概念的轉移，「自然」指的是實在界的整體，科學研究沒有理由排除人的現象，因而有了二分法、三分法和四分法的科學分類方式。

（一）二分法

典型的例子是將實在界劃分為自然和精神、文化和自然、歷史和自然。新康德學派如李克特（H. Rickert, 1863-1936）的《自然科學概念形成之界限》（Die Grenzen der naturwissenschaftlichen Begriffbildung）便認為，我們對文化是進行個別的描述，對於自然是建立法則；李克特的看法影響韋伯的社會學理論。另外一位新康德學派的學者溫德爾班（W. Windelband, 1848-1915）認為，歷史科學運用個別化的方法，而自然科學運用通則化的方法。基本上狄爾泰反對新康德學派，但其分類的方式仍以新康德學派為依據，認為對自然可用因果解釋，對人文用理解的方法。

㈡三分法

1. 在當代三分法以波柏爾為代表。波柏爾的三個世界，指物理世界、心靈世界、人為建構的世界，不同世界對應著不同的探究方法。

2. 典型的認知分類，在 1925 年由謝勒（M. Scheler, 1874-1928）提出三種知識：(1)宰制性的知識（Beherrschungswissen），相當於自然科學的知識，是應對於自然的知識，旨在對外在世界的控制；(2)陶冶的知識（Bildungswissen），旨在透過這種知識開展一個健全的人格；(3)救贖的知識（Erlösungswissen），透過這種知識，可與最高的存有合而為一（M. Scheler, 1925）。

3. 哈伯瑪斯的分類系統，由三種不同的旨趣開展出三種不同類型的科學。從技術控制的旨趣（Interest），發展出經驗分析的科學；基於行為實踐，發展出歷史詮釋科學；基於希望達到人的完全解放，發展出批判的科學。

㈢四分法

狄默爾和塞佛特（A. Diemer & H. Seiffert, 1992: 347-348）在分析科學體系的發展歷史後，建議了下述的分類方式，即普通科學領域、無機的自然科學、生物的科學和人的科學四個領域：

1. 普通科學領域
   (1)形式理論（Formale Theoretik）
     a. 形式邏輯（Formale Logik）
     b. 數學（Mathematik）

c. 結構學科（Strukturdisziplinen）：系統理論、博弈理論（Spieltheorie）、資訊理論（Informationtheorie）、操縱學（Kybernetik）

d. 科學理論

(2)哲學

(3)世界觀與宗教（Weltanschauung und Religion）

(4)資訊學（Informationswesen）

a. 資訊

b. 檔案學（Dokumentation）

c. 媒體（Medien）

2.自然科學領域（Physisches）

(1)物理科學

(2)化學科學

(3)地球科學（Terrestrisches）

(4)外於地球的科學領域（Extraterrestrisches）

3.生物科學領域

(1)生物科學基礎

(2)微生物、植物、動物等

4.人的科學

(1)人類學、心理學、醫學

(2)社會科學：社會學、政治學、教育學、法律學、經濟學、工作與工業學

(3)文化科學：語言學、文獻學與文學、藝術

(4)技術學（與經濟）

　　正如狄默爾與塞佛特的分析，任何一種科學分類，多少反映各時代的科學理論上的預設，分類的方式也會隨著時代

與科學見解之不同而互有差異。問題是精神科學在科學體系
之定位問題，仍須進一步的討論。

參、精神科學在科學體系的定位

　　本章第一節已經說明了精神科學就其起源而言涵括了
Moral Sciences、Cultural Sciences 和 Humanities 等概念，方法
上十九世紀的彌爾、孔德、涂爾幹已經展現了欲以經驗科學
方法來進行研究的企圖。二十世紀六〇年代以降，隨著實徵
主義主宰科學發展，如前所述，科學主義的唯我論與科學的
物理化約主義成為主流的科學理論。也因此有些學者甚至根
本否定精神科學的科學性。再由於科技社會下產生的新需求，
發展高科技產業成為政府高等教育之主要政策導向，使得精
神科學更陷入空前的危機（P. Weingart, et al., 1991: 13）。

　　因應危機之道，史帝希威（1984: 39-64）曾引用魯曼的
社會系統理論，指出應從外在分化（Ausdifferenzierung）和內
在分化（Innendifferenzierung）著手。就外在而言，融攝了其
他學科的新研究進而開展新的研究。就內在而言，學科內部
進行更進一步的分化以處理更多的新興問題，進而形成新的
制度形式。

　　精神科學未來在整個科學體系的定位上，也宜融攝科學
的新發現以及新方法論來拓展研究領域，完成新的研究內涵。
就內在而言，宜在新方法與新內涵的衝擊下進行進一步的分
化。如此精神科學才能在方法論上兼容並蓄，突破危機，在
科學體系上佔有穩固的地位，為未來人類社會發展層出不窮
的問題，提供更合宜的解決策略。

　　在方法論中是否有一種普遍形式理論，作為精神科學的方法論基礎？事實上，將詮釋學作為方法學來討論，在整個詮釋學史上應是義大利的貝蒂（E. Betti, 1890-1968）想將詮釋學建構成普遍的精神科學的方法學，採用了康德的主體性概念，希望以主體性概念作為規準，把「理解」（Understanding）或詮釋作為客觀普效性的方法，作為詮釋精神現象、人文現象的方法論，意義見諸被詮釋的材料而非詮釋的主體所賦予。這種客觀詮釋的方法論概念，正如嘉達美的批評是「將詮釋學方法化」（H.-G. Gadamer, 1961: 249）。詮釋學是否只是一個精神科學或人文科學的方法，而自然科學應採取另一種方法？這在普遍詮釋理論的批判中是我們要考量的問題。

　　狄爾泰最易被誤解的一句話，是在其〈描寫與分析心理學的理念〉（Ideen zu einer beschreibenden und Zergliedenden Psychologie）中，曾提及的：「對於自然作因果的說明，對於精神現象或生命用理解的方法進行意義的了解」（W. Dilthey, 1895, Bd. V: 139-240, insb.172），這句話易給人的誤解，緣起於新康德學派對自然科學和社會科學的劃分或自然科學與歷史科學的劃分。事實上，狄爾泰並不認為人文科學就不必用自然科學中的演繹、歸納，而是認為在理解的過程中還是需要邏輯結構作為依據，他將經驗與詮釋作融通，但強調

在生命的表現之了解，要將生命的表現作為一種意義的整體，以整體掌握整體，但過程仍須用經驗的方法。後來，狄爾泰受黑格爾及現象學的影響，對於詮釋學的客觀性以客觀精神來解釋，因為生命的表現是參與了客觀精神，作為一個詮釋者總是被詮釋者的後來者，都共同參與客觀精神，使「理解」具有某種程度的客觀性。此不是自然科學，更非實徵主義下的科學理念，要建立一套不帶有任何時空界限的因果解釋系統。

海德格的「理解」更不能用自然科學的因果解釋來解釋，海德格的觀點，任何一種理解總是一個人生命的規畫，「理解」本身就是存有的分析學（Daseinsanalyse）。人投入在世，存有本身就是一種被丟入（Werfen）的經驗，人被丟入此世，就有反「被丟棄」的基本傾向，反丟棄即是德文的「計畫」（Entwerfen），透過理解，生命規畫得以不斷開展。理解的「先前規畫」在嘉達美的詮釋學中衍而為「先前判斷」（Vor-urteil），以「先前判斷」或「先前理解」為基礎，透過與被詮釋的對話與辯證過程中導向新的理解，也在詮釋的過程中開展了詮釋者在世存有的新境界，這也是嘉達美詮釋學中的「應用」。

應用是科學理論中的重要概念，實徵論與新實徵論者認為經驗理論（Empirical Theory）一旦建立，便可解釋現象、描述現象、預測現象。就社會科學或工程學而言，往往是將知道的科學理論拿來運用，以改善現象。如果以這樣的理解來說明嘉達美的應用，便誤以為詮釋學是要從過去的文本、歷史文獻、精神現象中，找出一些普遍性的原則，來應用以完成教育規畫、進行教育研究，以完成人格陶冶。如此一來似乎預懸了一個「應用」的目的，而找出可以完成目的的原

詮釋，這便違反了嘉達美「應用」的意義。

海德格的存有的分析學，是對於自己未來無限可能性的投射或規畫。在世存有不會是一片空白，以現有的存有慢慢開展自己；嘉達美的重要貢獻是加入了「影響史」，是詮釋者進入文本（Text），對文本作解釋時，自覺與文本的作者處於同一個歷史的洪流中，自己應覺知自己的詮釋視野，透過自己的視野與作者的作品通融，也就是視野交融，此亦為海德格的觀點，把人的精神現象或歷史現象，放入一個主體性的意識中來開展自己更寬廣的視野，而非將詮釋學作為普遍的方法學，不是在人文科學的背後建立一個普遍的方法學。

嘉達美的《真理與方法》一書的第三部分主要探究人類的語言特質，人類的語言特質並非嘉達美的創見，亞里斯多德便曾說：「人是理性（Logos）的動物」。亞里斯多德所言是根據其經驗觀察而來，發現只有人用「語言」溝通。後來亞里斯多德透過其形質論，認為人與其他動物之不同在於人有理性，理性背後應有理性的靈魂，理性的背後應有形而上的道，以中國哲學的話語言之就是：「天生蒸民，有物有則，民之秉彝，好是懿德」，萬物的背後一定有一個道理，人倫規範也是模仿這個形而上的道。嘉達美認為，人具有語言的特質，人在詮釋過程是把影響史的意識用語言具體展現，所以語言成為人與世界、人與他人之間的連結，使得我在這個世界中，與其他人具有密不可分的、相依相存的特性，理解是現代語言特質，也完成於跟其他的人、其他的存有，甚至歷史性的脈絡進行對話時完成某種視野的交融而形成理解。

由人類存在屬性來看理解，是把意義作為一個整體的概念，以及生活世界是當作人類知識先驗條件的概念，來加以結合。在詮釋的過程，一個意義不是以肢解的方式來分割，

意義是一個整體性的單位，世界實際上就是人類知識的先驗條件，此概念與海德格有密切關係，一個在世存有不是空無一物，在世存有和共同存有是存有的兩個面向，就嘉達美而言是綿延好幾千年的歷史世界，有一個意義結構，此為建構人類知識的先驗條件。不同於康德所認為，知識建構的先驗結構是在認知主體的理性、感性和悟性。所以詮釋學不能夠單純的說是精神科學的普遍化之方法論基礎，它同時也是建構自然科學知識以及生命世界中的積極條件，是在生命世界形成過程的一部分。

狄爾泰所說的，對自然的因果解釋，若未對存有自身將因果說明詮釋其意義，自然的因果仍毫無意義。所以詮釋學不能夠解釋為某一學科或人文科學的方法，透過詮釋可釐清哲學觀念上的不清，成為很多學科的方法論，而不是建立一個普遍的詮釋方法，來進行人文科學的研究。後來哈伯瑪斯應用了詮釋學概念，將此概念引伸到意識形態的批判、溝通社會的建立；哈伯瑪斯對於生命世界中的歷史世界真實性存有一大問號，因為語言固然是連結了自我和社會，甚至整個宇宙，但語言本身在發展過程中仍是社會制度，其背後也可能有意識形態，對意識形態的批判成為其建構社會科學方法論的重要一環。後來在其溝通行動理論中認為，要建立一個無宰制的溝通情境，此理想溝通情境從真理理論來看，是建立在真理同意說，真理應是在與社群有關的人進行無宰制的溝通時所達到的共識。

阿佩爾也認為溝通社群（或溝通社會）的建立，在社會科學的研究範圍中十分重要，他也是從真理同意說的角度來看，認為所謂的精神科學，本質上也是溝通的科學，是透過溝通社群的建立找到一個合理的共識，或以阿佩爾的話語言

之，所有的研究者與研究對象，不再是實徵論下所謂的研究主體面對一個研究問題，兩者都是參與真理與論辯之共同主體。

由狄爾泰到阿佩爾，可以發現詮釋學不是普遍的方法學，詮釋學也並非完全排斥自然科學的方法，在詮釋的過程仍有自然科學推論的過程，詮釋學也不是像美國的一位學者阿貝爾（T. Abel, 1964）所言，是建立在同情的了解；詮釋學應是建立在整體生命的投注，精神科學的方法論有自然科學作為方法過程的應用，但不嘗試將詮釋學作為普遍的方法學。

第五節　精神科學的教育理論

在精神科學教育學的歷史傳承中，狄爾泰是其奠基者。狄爾泰受到康德和雪萊瑪赫的影響，特別是康德在純粹理性批判所作的規畫，要為自然科學建立堅實的方法論基礎，因此狄爾泰想要建構歷史理性批判，此歷史理性批判類推於康德純粹理性批判，純粹理性批判想為自然科學特別是物理學找尋堅實的方法論基礎，歷史理性批判是為精神科學找尋方法論基礎。狄爾泰的教育學理論則是受到雪萊瑪赫的理論與實踐關係的理論、倫理學、教育學、歷史學、社會學理論，有關詮釋學與辯證的理論的影響。狄爾泰反對觀念論的思辯性哲學，反對用自然科學的方法作非歷史性的思考模式，他是以生命哲學作出發，對生命作整全的直觀，建立了精神科學的心理學「理解」方法。狄爾泰的直接傳人主要有三：諾

爾（H. Nohl, 1879-1960）其研究的重點在於教育關係的研究、師生關係（精神交感的關係）的探討、討論教育學的自主性問題；費利特納（W. Flitner, 1889-1990）強調參與式反省的探討，將教育學當作詮釋的實踐學；斯普朗格則是文化主義的教育學。另外兩位間接傳人：魏尼格（E. Weniger, 1894-1961）的教育理論的討論，在談教育理論與教育實踐關係時不可忽略，其教學實踐相當重要；李特（T. Litt, 1880-1962）傾向黑格爾式的精神科學教育學；荷蘭籍的朗費爾德（M. J. Langeveld, 1905-1989）是李特的傳人，傾向現象學的研究；雖不是李特的直接傳人，但繼承了波昂大學教育學講座的是德波拉夫（J. Derbolav, 1912-1987），也是將精神科學教育學與黑格爾哲學相連結。諾爾的直接學生是波爾諾（O. F. Bollnow, 1903-1991），將精神科學教育學與存在哲學相連結，教育學本身類推的說也是一種存在的分析學。凱欣斯泰奈（G. Kerschensteiner, 1854-1932）的陶冶理論以及分析他的工作學校理論相當重要，諾爾的陶冶與教育的理論以及魏尼格討論教育科學自主性問題，也是相當重要的課題。

　　1960 年代以後，精神科學教育學要走向社會科學或人文學成為重要議題。精神科學教育學的探討對於當代教育研究中質與量的論爭具有現實性的意義。

一、狄爾泰詮釋的教育學

　　前文已提及狄爾泰最易被人誤解的一句話是「對於自然我們作因果說明，對於精神現象或生命我們用理解的方法進行意義的了解。」（W. Dilthey, 1895, Bd. V: 139-240, insb. 172），惟事實上精神科學的方法不等於詮釋學方法，而是狄

爾泰的方法論整合了經驗和詮釋，成為一個探究精神科學的方法學。狄爾泰關於教育的著作不多，主要是其於 1884 至 1894 年上課講稿集結出版的《教育學：歷史和體系的基礎》（Pädagogik：Geschichte und Grundlinien des Systems），以及 1888 年發表的論文〈論普遍有效性教育科學的可能性〉（Über die Möglichkeit einer allgemeingültigen Pädagogik），此篇論文在討論教育是不是一門科學時是十分重要的文獻。了解狄爾泰的教育學要從其精神科學的理念作出發，此理念是慢慢開展出來的。早期的狄爾泰鑽研神學家雪萊瑪赫，對他的神學思想有相當深入的研究，也因此影響到狄爾泰的教育思想。由狄爾泰所開展出來的精神科學教育學理論，和雪萊瑪赫有一個共同的出發點，是把教育的事實作為一種充滿意義的整體，以意義的整體進行教育科學的討論。教育學研究有兩方面的基本課題，一為事實描述（教育事實應如何恰如其分地說清楚），另一為教育規範的形成，這兩個課題均須靠歷史的了解，歷史性的強調是精神科學教育理論的共同特質。

狄爾泰認為精神科學為單一科學與生命哲學的結合，精神科學包括教育學，所以教育學應與生命哲學結合，再探討歷史過程中生命的事實。狄爾泰主張要從生命的獨特性、單一性和整個歷史過程的整體性做一種詮釋學的網絡的了解，才能對生命世界作一般性的敘述。生命有生命世界的範疇，如何將這些範疇整理出順序性的關係結構，構成了科學方法論的結構概念，是精神科學所要討論的課題。

狄爾泰認為，對於生命事實的敘述有兩種：一為形式的敘述（Formale Aussage），其有效性範圍擴展到所有的實在界，例如精神生命或心靈生命都具有目的論的性質；另一為實質的敘述（Reale Aussage），從精神世界作出發，透過精

神世界的範疇來掌握實在界。這些敘述是生命的範疇，其內在是有系統的連結關係，最高的範疇是對實在界進行掌握的最高觀點（W. Dilthey, 1927 VII: 192）。狄爾泰的範疇概念不同於亞里斯多德、康德的範疇概念。亞里斯多德的範疇指的是存有自己本身彰顯它自己，不一定有人的認識與參與。至於康德方面，他認為理性主要有三個層次──最底層為感性，其先驗的兩種形式是時間與空間。範疇概念是屬於悟性，有十二個先驗範疇，乃內在於人類理性，是客觀有效性知識成立的先驗條件。悟性的十二個範疇，發而為判斷，即形成十二種判斷，成為科學命題的基礎。

狄爾泰的範疇概念是直接內在於生命，使生命的客觀化事實能夠掌握的概念。他認為最顯著的範疇概念是時間概念，而時間概念是生命的範疇概念，由於有了範疇，我們才能對過去加以回憶，對未來加以展望，這是使人之所以為人，使人成為一種歷史性存在的重要範疇（W. Dilthey, 1927 VII: 234）。

狄爾泰精神科學的另一重要概念是結構（Struktur）概念，意指將人的體驗與另一體驗的關係做一規則性的連結。結構概念與意義概念不同，意義概念仍是生命的範疇，生命一定會有體驗，體驗不是經驗主義下的經驗概念。狄爾泰的 "Erlebnis"，英譯為 "Lived Experience"，是一種「主動積極意義下的經驗」，意義是生命關係的範疇，生命範疇的規畫在教育學中很重要。事實上，此處狄爾泰沒有討論得很清楚，但從他對生命範疇的討論中，我們可看出教育科學的科學性基礎就是從特殊來檢討普遍性。狄爾泰在《精神科學導論》中指出，個體在整體關係中的意義，其實就是精神科學的核心問題，個體必須把自己放到群體中才能彰顯其意義，

所以教育學是一個詮釋性的科學，對自然的理解應是理解的一種特殊形式。在這種意義下，兩者並不完全排斥而是相互理解，此可說是詮釋學提供教育學綜合性的基礎。基於此觀點，狄爾泰認為教育學的對象應是生命，精神科學以生命哲學作基礎，生命不能用理性思考、推證式的方式來進行掌握，此為其談教育現象的了解之先前假設。教育現象本身是一個生命現象，所以不可能用數學或邏輯演算的方式來演算生命。在體驗的直接性中，生命的意義直接呈顯出來，體驗可說是內在的經驗或是動態的內在經驗。生命顯現於體驗中，而不是透過任何符號表徵作為中介，是以動態的單位來直接進入生命世界。所以邏輯的解釋、因果概念的解釋都不是掌握生命的最重要工具，對狄爾泰而言，邏輯概念、數學概念反而是透過體驗產生出來的。

從體驗做出發可說明許多教育運動——如藝術教育運動——的意義。事實上，狄爾泰頗為重視藝術，對於其同時代的詩人也有深入的研究，其重要著作《體驗與詩》（Das Erlebnis und die Dichtung）（論文集）即為其研究詩的心得結晶。在狄爾泰的概念中，「使生命動態化起來」就是體驗，整個教育的事實是用體驗的事實來加以了解，在意思的體驗中連結到具體的事實，再慢慢開展出整個教育的關係，教育的事實其實就是生命的表現，也是生命表現的結構化。體驗和體驗的關係構成了結構的概念，生命的自我實現是在某種特性的生命次序中，此即結構的概念，可說是一種有規則體驗之間的連結。此種連結具有次序性，但非以邏輯或數學的方式來加以分析，只能透過生命意義的了解加以掌握。教育的事實必須和生命的關係結構作緊密的連結，這樣才是教育科學的出路，教育要成為一門嚴謹的學術，應該從生命事實來進行

研究。

　　狄爾泰曾說：「教育科學只能夠由教育家對兒童的關係的描述開始」（W. Dilthey, 1934-IX: 190）此描述可從三個觀點進行：描述這個關係本身、受教者觀點之描述、教育家觀點之描述。「教育是有計畫的活動，透過此活動，一個成年者想要在未成年者身上建立或形塑他的精神生命。」（W. Dilthey, 1924, VI: 69）狄爾泰對於教育關係的描述依照兩個教育事實的條件：條件一是一般化的條件，以範疇言之就是形式範疇，以敘述言之就是形式敘述。形式敘述最主要的是精神生活或是心靈生活，帶有目的論（Teleology）的性質，這是狄爾泰談論普遍有效性的教育科學成立之基礎條件；條件二是實質的敘述或實質的條件，意指生命的目的和教育的目的應緊密結合，但二者的結合受到歷史條件的制約，譬如社會中的職業分化會受到歷史條件的制約，因此他認為只有生命的目的可以導引教育目的。

　　歸結狄爾泰的主張，敘述教育實在的條件主要有二個：第一是歷史條件，是可以改變的，譬如歷史上或社會上的規範及目的就是實在的範疇，會隨著歷史條件的制約而變；第二是教育實在的形式條件，認為精神生命的目的論性質超越了時間條件。所謂精神生命的目的論，意指生命的基本傾向在於提升或保存整個種族的生命，所有任一生命的行動都是一種目的導向的行動。生命的目的論性格在於生命的結構是一種動力，透過表現和感受，使得生命不斷開展而達到整全性的性格，所以目的論的關係可說是把教育作為開展生命的過程。因此教育科學的研究不是從整個教育事實中抽離出一些概念來進行研究，也不是用實徵性的方式、量的敘述方式來做研究。生命的目的論性格、整全性和生命會不斷開展，

此可說是狄爾泰在分析教育科學時的三個重要概念。教育學的基本命題，就是所有精神生命都有其內在目的性，因而有其整全性和完美性，此完美性規畫的規則可與邏輯規則進行結合、分析，將整個教育事實透過三類的生命活動——呈現（Vorstellung）、感受、慾望——表現出來，使得未來對教育規畫更有可能。

狄爾泰之前的實驗教育學意欲將教育過程肢解成心理動力的過程，而狄爾泰所處時代的規範教育學則想把教育建基在永恆不變的規範上，兩者均未為狄爾泰所接受。狄爾泰的方法是以詮釋學方法為主的探究，是想把教育作為一種帶有強烈歷史性格的生命表現，從而透過詮釋學的理解來掌握整個教育的生命動力。狄爾泰後來受到黑格爾的影響，把教育作為一種客觀的精神現象的表現，在與客觀的精神世界交往的過程中，教育的過程也逐漸走向一種客觀的實在，整個教育的活動就是一個文本。教育研究至少有兩方面的意義，一方面是對過去教育家已經形成的教育著作，將之視為一個文本來理解；另一方面，當前的教育事實其實就是歷史生命在整個生命發展過程中的一個展現，因此可透過詮釋學的方法來進行了解。在狄爾泰所謂的普遍有效性，從他早期的〈描寫與分析心理學的理論〉是建立在精神生命有其目的論性質，到了晚期受到黑格爾的影響，用客觀精神來解釋教育事實，教育的活動不管是從受教者或教人者，都一直在參與客觀精神的活動來了解。

二、斯普朗格的文化教育學

斯普朗格 1882 年生於柏林，曾在柏林大學跟隨狄爾泰和

包爾生（Fr. Paulsen, 1846-1908）學習哲學，1905 年以《論歷史科學之基礎》（Grundlagen der Geschichtswissenschaft）取得博士學位，1909 年又以《洪保德及人文的理念》（Wilhelm von Humboldt und Humanitätsidee）獲得教授資格，1911 年秋就任來比錫大學首任哲學與教育學講座，1919 年轉任柏林大學教授，同年出版《師範教育之思考》（Gedanken über Lehrerbildung），這是為德國師範學院設置奠定理論基礎的著作，1924 年其名著《青年心理學》（Die Psychologie des Jugendalters）出版。1936 到 1939 年至日本任客座教授。

納粹執政後，由於抗爭活動曾入獄，教學活動受到嚴格的限制，戰後獲選柏林大學校長。1946 年轉任杜賓根（Tübingen）大學教授，1954 年退休，1963 年逝世。除了在教育理論研究拓展了狄爾泰的方法論，斯普朗格並以精神科學教育學理念為核心，鼓吹西德很多邦建立以人格陶冶為主的「師範學院」，以培養具有人師風範的教師。

斯普朗格接受新康德學派的思想，特別是新康德學派李克特的文化哲學，將李克特的文化哲學與狄爾泰的生命哲學融合起來，進一步發展出自己的文化教育學的科學理論，將許多教育思想納入文化學派的教育思想。斯普朗格對教育學術的基本看法，是建立在他的精神科學心理學，以此角度來看，他的生命類型是由其精神科學心理學開展出來的，生命類型亦為其文化類型、教育類型的理論基礎。此理論基礎的主要論點在於意義、價值和文化有非常緊密的關係。

文化是存於時、空的實體，隱含著一些客觀的價值，文化財是精神世界的形式，任何一種價值對人而言都具有一種意義，此意義決定了教育的基本方向。根據價值與教育密切關聯的理念，斯普朗格認為教育是一種以愛為基礎的社會性

活動，因此，沒有愛的精神，沒有對於青年心靈尚待開展價值可能性的專注，就沒有教育（E. Spranger, 1950: 378）。教育就是對青年心靈專心以赴的投注。談教育愛時，無可避免的便與斯普朗格的基本學說有密切關係。

教育愛的重要概念有二：“Erotik”和“Liebe”。Erotik由希臘文的Eros演變而來，其意為動力的發動是由於所愛的對象在美感上有某種優美、某種力量，會吸引愛者。Liebe是對於對象的某一種心靈氣質、某種價值內涵的關注而開展的精神專注，其動力不像Eros那樣是外表的、有外在條件的。

就真正由內在發動，而對所愛對象的精神整體的投注而言，斯普朗格劃分了三種形式的愛：第一種為接受的愛，是把自己的心靈完全導向融攝所愛對象的完整價值。第二種是施予的愛，是完全以對方為著想的愛，希望對方的心靈、靈魂之中充滿了價值。第三種是由接受的愛和施予的愛所開展出來的價值社會，在此價值社會中，心靈所採取的一種平衡。斯普朗格在其《天生的教育家》（Der Geborene Erzieher, 1958）的最後一章中，將此三種形式的愛做了清楚的劃分：普通人對教育愛的觀點是把父母愛子女的心情轉移到學生身上，但此種愛是基於血緣關係，會導致非自己的親屬就不愛；男女之愛則是較傾向 Erotik，基本上是要求優美，如同柏拉圖的〈饗宴篇〉所言：「**通常一個靈魂會傾向於與較優美的靈魂接近、談論、繁衍、生產那些優美的東西**」，顯然的，柏拉圖的 Eros 還是有外在條件的。

斯普朗格認為愛至少有兩方面的特徵：首先，在談教育愛時，不是想藉教育愛發生某種影響，使對方與我接近或認同於我、以我為指標，此最典型的例子是宗教上的愛。耶穌說：「信我者得永生」。耶穌的愛是一種慈悲的愛，希望透

過慈悲的愛使對方受到感動、受到影響。但教育愛不是指老師愛學生，學生就會追隨你。其次，愛學生不是促使被愛的對象開展單方面價值，而是希望開展所有積極性的價值。透過教育家使得文化中的客觀價值能成為主觀的教育財，透過主觀的教育財才能喚醒兒童的價值意識，活潑兒童的價值意識來開展兒童的價值創造力。

斯普朗格認為：「教育是對於其他心靈承擔了施予之愛的意志，從內部開展他全部的價值融攝性以及價值形成能力。」（E. Spranger, 1950: 381）依德文的原意而言，教育就是一種意志（Wille），是對另一青年承擔了施予之愛的意志，希望由內而外的將全部的價值融攝性以及價值形成能力完全開展出來。此定義包含了三個重點：

㈠心靈的發展本身是可被價值影響的，而非事物範疇內的法則來影響，亦即不是強調法則；

㈡真正的教育不是一些材料的傳遞，而是形式能力的陶冶；

㈢教育是導向心靈的整體、導向生命，因此作為一個教育家應充滿宗教精神。

教育之所以能成功的真正基礎，在於現有的客觀精神中有一些具有價值的內容，教育的終極目標是希望在受教者之內（也就是在受教者的主體內）發展自律的規範精神，使其具有道德理想的文化意識。客觀精神的根源在於個人的體驗和創造，客觀精神是由人作出發，也在客體之中不斷地被喚醒，因為人必須要有一些客觀的文化價值來喚醒生命中活活潑潑的生命，所以心靈的精神結構和客觀精神的基本結構應是一致的，有多少種文化的價值類型便有多少種人格類型，包括理論、社會、美感、經濟、權力導向、宗教等六種。人

格類型的基本傾向各有不同，文化中有這六種範疇，人與文化間有一些交互作用存在，由交互作用而產生客觀文化中的價值影響到主觀心靈的基本傾向。因此，根據斯普朗格的說法，精神生命的基本傾向有兩種可能性：一種是由客觀到主觀的歷程，可從歷史發展過程中已經有的客觀文化作出發，由客觀文化中的意義方向或價值類型方向作實質分類，來決定個別心靈結構應保存的意義方向；另一種是從主觀到客觀的歷程，由個別心靈的永遠的基本活動，來綜合性的探討文化分類的來源。

心靈活動和體驗是在時間內進行的過程，但這些基本價值不是隨時間而改變的。人的心理也有基本的傾向，整個文化類型的劃分不是以統計分析的方式來決定，其教育學理論仍以精神科學類型論的方法為之。影響所及，使得過去一些教育社會學者喜歡用文化中的基本傾向來做研究。例如比較教育學者中，馬里遜（V. Mallison, 1966）將所要研究的國家分為幾種類型，國民性（National Character）會受文化的影響，如比利時人較內斂、不輕易發作其情緒，即受其特殊文化的影響。類型論的說法直到二十世紀初仍盛行，文化中有文化類型、文化風格（Cultural Style），每一種文化風格都會影響到其教育類型的劃分，教育研究方法也受其影響。

三、李特的辯證－詮釋教育學

李特於 1880 年生，高中畢業後，在波昂（Bonn）大學主修古典語文、歷史和哲學，1919 年任波昂大學副教授，1920年繼承斯普朗格為來比錫大學教授，自 1933 年起一連串批判納粹，而於 1937 年自動提前退休。有關其教育著作主要的有

《教育思想的本質》（Das Wesen des Pädagogischen Denkens）
（1921）、《引導或任其發展》（Führen oder Wachsenlassen）
（1927）。

　　斯普朗格走新康德路線，是精神科學與新康德哲學結合
的代表；李特和德波拉夫則是走黑格爾路線，將黑格爾的辯
證法融入精神科學教育學的探討，是精神科學與黑格爾哲學
結合的典型代表。

　　李特和德波拉夫一致認為，教育科學（Educational Science
or Science of Education）是有關精神活動的一門學術。正如黑
格爾的看法，在精神中的最大特質是精神有一種自我檢查的
功能，也就是後來哈伯瑪斯所言之自我反省（Self-reflection）
的功能。反省思考本身就是辯證的過程，反省也有層級的劃
分，反省的層次理論是精神科學教育學主客觀關係的基礎。

　　根據李特（1961: 231-238）的說法，反省可分為兩個層
次：第一層次，人覺知到「自己是被認知的對象」；第二層
次，對反省本身加以反省，取消對象化，也就是把自我當作
一個主體。如果我們對實在界只作第一層次的反省，事實上
只是掌握了現象。此處所指現象性是源自狄爾泰，狄爾泰則
是取法於胡賽爾，意即對象和物都是為意識的存在，是存在
人的意識中。李特採取這種觀點，指出現象學應是所有精神
科學的基礎，在現象中就呈現了實在界的結構，這種實在界
的結構存在於生命中。所以在現象學中應回歸物質，致使實
在界的結構中有些是分殊的（Particular），有些是普遍的
（Universal），分殊的與普遍的之間有辯證的關係，此關係
存在於人的體驗中。「體驗」概念是精神科學的核心概念，
基本上來自於狄爾泰。體驗不是被動的行為，而是主動積極
的人對生命所展現出來的整體經驗，在體驗中顯現我與其他

人的基本關係，我與社會的辯證關係，此處「我—你」、「我—社會」的關係其實是精神科學強調的主體。教育關係的探討是李特所一直強調的，談教育一定要談教育關係，教育關係的主軸就是師生關係。

教育科學的科學性何在？此處必須從先前所提及的反省層級來討論。如果我們採取認知的態度來歸納一些事物的普遍性通則，李特將之稱為「事物的普遍性」（Sachallgemeines）（Th. Litt, 1961: 232）。在事物的普遍性中是把認識的對象客體化，把認識的對象當成一個對象來處理，亦即以類似自然科學的通則來含括所有的對象。因此，個別現象就放到普遍通則中來討論，也因而泯滅了個別現象。從語言觀點來看，此層次是以符號學的理論來加以敘述，把語言作為符號，在語句、觀念、公式中表達成為一個普遍概念，個別性就被去除了。為了在普遍性中保存個別性、主體的主體性，以符合教育的本義，李特從黑格爾的角度來要求教育應作第二層次的反省，也就是由特殊導向普遍，是在自我意識之中提升，他稱之為「意義的普遍性」（Sinnallgemeines）。人是獨立而特殊的個體，不能像處理物般來處理，要將之視為同一來了解，也就是說，不要將主體的思想解消掉，不要用對待物般的統一原則來處理個體，應透過反省意識對反省本身加以反省，因此主體的自我會產生好幾個階層，主體意識會有階層化。雖然主體在整個意識變遷的過程中會有變遷，基本上仍是有一個同一的意識，這意味著精神科學教育學在處理特殊的個體時，還含括某一程度的同一性或所謂的普遍性。所以主客體的連結相當密切，就像思想對本身的反省一樣，主客體的同一性關係正是精神科學教育學要討論的核心。

認識與活動或認識與行動是精神科學最重要的兩個元素。

在同一的活動中，從主體內在而言，是同一個精神在面對同樣的精神或歷史世界，面對這樣的歷史世界就必須採取一些活動。如果從外在來看，我們也以同樣的精神主體來觀察自我，在觀察的過程會將自我導向客觀化，用自我來觀察自我、發現自己、開展自己。從反省的精神結構而言，最顯著的特色是語言的問題。二十世紀的哲學，共同特色是語言的開展，語言是把沒具備意義的事件給予最完善的意義，使之得以彰顯出來。作為自我意識的語言並非一般化的術語，語言是自我意識的表達，在此表達過程中雖有其普遍性，但仍保有其個別性，這是精神科學教育學所強調的一個重點，亦為李特的重要觀點之一，即在意義與事物的普遍性中，按照反省的層級而有不同的基礎關係，在此基礎關係中，高層次的反省較低層次的反省更具豐足的意義。所以在精神科學中是保有了特殊性的普遍性，而不是實徵主義式的故意忽略屬於個體的個別性、去除個體特殊性而留存的普遍性。

從教育觀點來看，李特否定了教育學是一種應用科學，也否定了教育不能是一門科學的說法。李特認為如果將教育當藝術，則教育不可能有規則可循，因此不可能成為一門學術，此結果是將教育活動訴諸一種非理性的範疇，所以教育不是藝術。如果將教育這門學術當作應用科學，則有下述危險：將教育變成或化約成技術性的應用，是將其他學科的成果用來指導教育活動，因此教育學術的內容便會在嚴格的因果律掌控之下，落入以事物的普遍性來含括意義的普遍性，而喪失了教育活動中的主體性意義（Th. Litt, 1968: 84f）。

教育活動本身就是一種行動的理論，必須考慮兩個方面：一方面是教育理論要了解現有的行動關係，另一方面是考慮將某種規範變成教育行動的規範。教育學要求一種教育活動

的理論，因為教育是生命實踐的一部分。李特認為人與其他動物的不同，在於人會自己預定目標，在自定目標的過程中，其實已是將「實然」和「應然」歸入考慮的一種交互作用。「實然」和「應然」的交互作用就會給予教育活動一個適切的方向導引，因此決定了教育活動。教育活動完成於我和你之間的關係，也是一種社會關係，在此關係中教育家想要確知兒童到底是什麼（兒童現有的情況），而想要保持所有的教育規畫和行動法則，直到它能讓兒童真正覺知或熟悉到自己的存在為止。對李特而言，教育學是一種精神科學，教育理論也應是反省層級的理論，因為精神現象中會自我反省。前已提及，對李特而言反省有兩個層級，在意義的普遍性與事物的普遍性之間有一種張力，教育理論實際上要考慮到這兩種張力，是在主觀精神和客觀精神的辯證中完成，所以在軀體與精神、人與世界的兩極對立中，永遠需要有教育，有了教育才能使這個對立達到一種高級的綜合。

　　在教育學的方法上，李特採取了方法二元論，即除了經驗的科學方法外，另外也採用了哲學的方法來進行教育研究。教育的實際活動須透過各種研究方法來探究。方法二元論實際上就是用意義的普遍性和事物的普遍性這兩個概念來區分。若只將經驗的自然科學方法引進教育研究，易使教育現象產生物化，將兒童或教育關係當作物來處理，作為研究者的主體只注意事物與事物的關係，將消融掉個別性，所以教育理論要兼顧主客體之間的關係。教育實在是教育理論要探討的對象，主體和客體之間不是完全劃分開來，只偏於主體或客體皆非正確。例如談師生關係，只談老師或學生都不是師生關係，因為師生關係是彼此互動的歷程。由李特的理論可知，教育研究不可能不融攝主體性的探討。李特認為主客體間是

不可分割的教育關係，而又關聯到所有文化的關係，文化關係也形塑了主體的整體生命意義；要了解教育應透過理解的過程，所以教育科學不可與自然科學等量齊觀。教育學的研究對象並不是已先存在的客體，而是主、客體辯證發展下的意義整體，自然科學建立在事物普遍性的分析方式並不是用於教育科學。

　　教育學中存在兩難課題：即事實－價值（Sache-Wert）如何作緊密結合的問題。這樣的結合應了解哪一層面是屬於客觀研究的層面，哪一層面是屬於規範性決定的層面，此實際上也是李特之所以會談及教育學中的主客體關係，以及事物的普遍性和意義的普遍性之原因。在教育過程中若不談意義的普遍性，可能就會消融掉特殊的個別意義。

四、德波拉夫的實踐教育學

　　德波拉夫係李特在波昂大學教育學講座的繼承人，將李特的辯證教育學和實踐哲學結合，自成實踐教育哲學體系。德波拉夫 1912 年生，1930 至 1935 年在維也納大學主修德國文學、古典語文、哲學和教育。1953 年以《認識與決定：精神成就之哲學及其在柏拉圖哲學中的源頭》（Erkenntnis und Entscheidung. Philosophie der geistigen Aneignung und ihr Urprung bei Platon）取得教授資格，1955 年繼李特為波昂大學教育學講座。

　　德波拉夫（1969: 136）拓展李特的主張，認為單一學科的內容總是將對象加以物化，這就會回到一個根源性的基本假設，即科學理論本來就是要把對象過程用一體系處理，如此顯然會忽略對象中的意義關聯，忽略教育活動中的目的範

疇和教育活動中理論與實際的連結。物化的現象無疑會使得教育的真正特質被泯滅掉，因為教育不能以機械原理來理解。因此，德波拉夫認為教育過程本身就是辯證的過程（黑格爾式的辯證）：

正（Thesis）：bei sich selber sein，作為個體的自我存在。
反（Antithesis）：beim anderen sein，依其他人而存在。
合（Synthesis）：Im anderen zu sich selbst sein，在他人之中導向自我的存在，也就是由他人回歸自己。

　　從教育的觀點來看，教育研究的重要問題是如何將理論與實際連結，要將理論與實際連結惟有導向生命的實在，也只有透過反省才有可能，所以教育的本質與反省理論是結合在一起的。德波拉夫將黑格爾的說法更進一步的加以擴充，認為反省的層次有三：層次一，探究兒童如何以直觀的方式面對實踐的社會世界。德波拉夫強調母語的教學，因為兒童是透過母語來掌握他所面對的第一個世界，也就是用主觀的精神開展出自我與他人或世界間的關係。層次二，從自我關聯的主體性中慢慢導向客觀的範疇，亦即黑格爾所言「自我主觀精神的疏離化」。在此層次的反省是要追求一種客觀化的認識，對象意識的形成也屬於此層次，相當於李特所言的客觀化或追求事物的普遍性。層次三，透過他人來導向自己，追求意義的自我實現。這種教育過程可說是辯證式的過程，使得人永遠必須來思考、反省意義和存在之間的關係問題。此問題可說是終身的過程，真正的教育理論不是一種精神的自我分化或自我發展的理論，而是教育在整個生命過程中的辯證發展。教育是一個過程或發展，而非完成。這樣的原則

說明了教育科學的系統原則，因為教育理論是在探究教育的條件以及教育的可能性，希望建立人與實在界的關係（J. De-rbolav, 1969: 9f）。為建立此關係，他認為應從教育家觀點言之，需要有教育活動理論，而又與受教育者有關的探討，在教育領域中他稱之為「教育人類學」。此處須注意的是，德國人所說的教育人類學是將心理學包括在內，兩者間須有更高層次的完成。

五、波爾諾存在主義教育人類學

波爾諾生於 1903 年，原在柏林大學主修建築，後轉往格萊佛瓦德（Greifswald）和哥庭根（Göttingen）修物理和數學，1925 年在諾貝爾物理獎得主波恩（Max Born）的指導下，取得博士學位。

受哥庭根大學狄爾泰學派之影響，轉向精神科學和生命哲學的探究，1931 年取得哲學與教育學的教授資格，曾在曼茲（Mainz）、基森（Giessen）等大學任教，1953 年繼斯普朗格之後成為杜賓根大學哲學與教育學講座，1970 年退休，惟在 1991 年逝世前仍講學不斷。

波爾諾的著作等身，主要的代表作有：《情感的本質》（Das Wesen der Stimmung）、《簡單的道德》（Einfache Sittlichkeit ）、《德國浪漫運動的教育學》（Die Pädagogik der deutschen Romantik）、《道德的本質與變遷》（Wesen und Wandel der Tugenden）、《存在哲學與教育》（Existenzphilosophie und Pädagogik）、《教育氣氛》（Die Pädagogische Atmosphäre）、《教育學中的人類學觀察方式》（Die Anthropologische Betrachtungsweise der Pädagogik）及《語言與教

育》（Sprache und Erziehung）等。

波爾諾結合詮釋學和存在哲學發展其教育科學的理念，把教育這門學術當作人類學的一門科學。波爾諾的人類學概念不同於美國的人類學，而是一種哲學人類學，從哲學的角度來對人的特性作整體通觀的學術研究。教育從人類學來看，也是從整體性來考量，人類學的核心問題是：人的整體性是如何產生的？我們如何藉著人的整體性來把個別的現象放到整體性中，作意義的了解和掌握？這其實是詮釋學的基本問題。如何從整體掌握個體，再從個體看整體，此為詮釋圈的問題。人的整體性意義如何產生，就波爾諾而言是教育的一個核心課題。從教育的觀點來看，人的現象或教育的現象不宜作原子論式的分割來加以描述，而宜確定人類存在之整體意義，亦即個別現象和整體之間的關係及其意義開展，是教育學研究關心的焦點（O. F. Bollnow, 1969: 46）。詮釋學是人類存在的分析、部分與整體的關係之探究，是人類科學方法的基礎。教育學也是人類存在意義的詮釋學，換言之，是用詮釋圈的概念來談教育學，此亦即是一種人類的科學，人類學是進入教育體系理解的最重要關鍵。根據波爾諾的想法，整個教育史可看作是人自己本身意義的開展史。

波爾諾探討人類意義的開展史，當然也知道有一些分殊的科學，對人類存在的意義從不同的向度來加以探究。但單一科學研究的結果必須放入哲學的體驗來加以反省，真正意義的理解是要透過人的存在經驗、直觀生命。波爾諾的描述方法係受現象學的激發，自承是「一種細心描述與分化了的識見之藝術」（Kunst der behutsamen Beschreibung und des differenzierten Sehens）（O. F. Bollnow, 1966: 139）。

除了人類學的基礎論外，詮釋學的詮釋圈從個別到整體

之間往復循環之了解，也是探究人之所以為人的重要方法，質言之，波爾諾的教育科學理念基礎是結合詮釋學、生命哲學和存在哲學而發展。

(一)教育研究中「經驗」之特質

「經驗—分析」的教育科學研究強調感覺經驗為概念形成與建構教育科學理論體系之來源。波爾諾的教育科學也不否認經驗的重要性，惟其所謂的經驗與「經驗—分析」教育科學之「經驗」概念有所不同，在〈教育學中的經驗概念〉（Der Erfahrungsbegriff in der Pädagogik）一文中，波爾諾（1968:236）區分了德文的兩個經驗概念：Empirie 和 Erfahrung。Empirie 較具主動性、有計畫的探究意味，Erfahrung 則屬於被動承受的經驗。因此，教育學如果要稱為經驗科學的話，應是 Empirische Wissenschaft，而非 Erfahrungswissenschaft，因為教育學探究的是一種主動積極賦予外在事物以意義的經驗。教育的經驗研究仍不可忽略詮釋學，運用詮釋學方法才能深入經驗所含括的主動積極而具整體性的意義。

(二)教育事實的範疇分析

哈特曼（1949: 71）曾將存有分為四個層級：物質存有、生物存有、心靈存有和精神存有。波爾諾也將教育事實劃分為下述五個層級（Bollnow, 1966: 140）：

1. 軀體和精神意義下的照顧和撫育。

2. 自行適應社會的功能性教育（Funktionale Erziehung）。

3. 有計畫的、且依循原理原則的教學與學習。

4. 在機體形塑以及自內而外生長意義下的陶冶。

5. 存在哲學下的喚醒或呼籲的教育學（Die Appellierende

Pädagogik）。

從科學探究的觀點來看，這些層級的教育實際各有其相應的概念，不可互為混淆，亦無法化約。最後兩個層級的敘述（Aussage）相應於波爾諾所謂的穩定形式的教育之外的非穩定形式的教育（Stetige u. Unstetige Form der Erziehung）。所謂穩定形式的教育，波爾諾係從機體開展之觀點，對古典的人文陶冶（Bildung）理念重新加以詮釋。在〈存在哲學與教育〉中，波爾諾（1959: 121）就指出：「論及陶冶，就是討論人類所有能力完全而和諧的開展」。這種理念也見諸古典的陶冶理念，在此理念中「其他」的經驗對人而言，並非全然陌生，而是共屬於客觀精神，並以穩定的形式來形塑個人的人格。穩定形式的陶冶與發展之中心課題因而就在於所有人類能力的開展，導向一種平衡而寓於分化的整體，這個整體也使得個人特殊的「境遇」或「邂逅」（Begegnung）經驗成為可能。

「邂逅」或「境遇」是波爾諾所說的非穩定教育形式的核心概念之一，透過「邂逅」或「境遇」，人類打破日常習以為常的事物，而在驚奇面對新事物時，在「境遇」處境之中開展其自身的存在意義，這就是一種非預期的教育方式。所以每一個層級有其敘述方式，進行教育科學討論時，每一特殊的觀念系統、敘述系統皆按其不同方式進行不同層級的陳述。兩個層級構成波爾諾之非穩定形式的教育。波爾諾認為教育有幾種不同的形式類型，希望透過不同形式對教育作一深度的了解。在一種存在哲學意義下，就非穩定形式的教育而言，波爾諾強調語言的重要性，並認為語言在教育中至少有三種功能：㈠人類是透過語言來形塑自己；㈡語言是人

掌握自己的中介物；㈢透過言說的語言（Spoken Language）決定人的人格類型。所以在進行教育科學研究的過程中，不能將語言做工具式的處理來進行研究。

第六節　精神科學教育學之共同特色

從精神科學的發展來看，整個精神科學對於教育學的科學特質之影響可以作五個歸納：

一、教育過程和教育科學本身皆具有歷史性：人活在歷史中，人的教育要從整個歷史特性來了解。科學也有其歷史性，特別是教育科學，所以應從歷史性來建立教育的科學體系。

二、特別強調詮釋學方法的應用：認為既然要掌握人的整體性意義，因此有必要從詮釋學來進行了解，詮釋學便成為精神科學教育學的方法論之基礎，意義的理解是教育學研究的核心方法。

三、由研究對象來看，最主要的研究重心是教育關係的了解：精神科學教育學基本上是把教育關係當作一個意義關係，是意義與意義之間的交互作用，強調的是整體的把握，而非單純的化約。

四、教育與教育科學有其相對自主性：精神科學教育學希望將教育建立為獨立自主的科學，但也體認到其受政治、經濟、社會、文化各種勢力的影響，所以只能達到相對的自主性。

五、教育理論與教育實踐是一種辯證式的關係：此與實徵主
　　義用教育理論來指導教育實踐的看法不同。理論與實踐
　　同處於一個辯證圈中，互相滋長、互相完成。魏尼格
　　（1953: 7-22）將教育理論分為三個層次：㈠教育實踐者
　　實際在做，理論已隱含在實踐者的潛意識，但他並不知
　　道他所做的是依據何種理論；㈡理論浮現到實踐者的意
　　識，是實踐者所依循的一些規則，這些規則形諸語言而
　　成為實踐者的導引；㈢第三個層次的理論是足以說明理
　　論與實踐的關係的學術理論，理論須足以說明實際和理
　　論（Theorie）、觀念（Begriff）和生命，以及實然
　　（Sein）和應然（Sollen）之間的關係。由此角度言之，
　　精神科學教育學並不完全是訴諸一種思辨，也有科學性
　　的要求，然其所謂的科學性並非建立在主客觀的分離的
　　科學性，而是主客辯證關係下的科學性。

第二章參考書目

楊深坑（1978）。孔子和亞里斯多德倫理思想上的中道（希臘文）。Athens: Hermes.

楊深坑（1986）。教育學科學性之詮釋學分析。刊於國立台灣師範大學教育研究集刊，第 28 輯：1-73。

楊深坑（1987）。教育學經驗科學化之歷史評述及其後設理論分析。刊於現代教育，第二卷，第一期：139-147。

楊深坑（1988）。理論・詮釋與實踐。台北：師大書苑。

楊深坑（1999）。知識形式與比較教育。台北：揚智。

楊深坑（2000）。學科規範（Fächerkanon）。刊於國立編譯館主編，教育大辭書，第九冊，1032-1034。

Abel, T. (1964). The operation called understanding. In H. Abert (hrsg.), *Theorie und Realität* (pp. 177-188). Tübingen: J. C. B. Mohr.

Apel, Karl-Otto (1979). *Die Erklären: Verstehen-Kontrovense in Transzental-pragmatischer Sicht*. Frankfurt am M.: Suhrkamp.

Bollnow, O. F. (1949). *Das Verstehen*. Mainz: Kirchheim.

Bollnow, O. F. (1959). *Existenzphilosophie und Pädagogik*. Stuttgart: Kohlhammer.

Bollnow, O. F. (1964). Pädagogiche Forschung und philosophisches Denken. In H. Röhrs (hrsg.), *Erziehungswissenschaft und Erziehungswirklichkeit* (pp. 221-238). Frankfurt am M.: Akademische Verlagsgellschaf.

Bollnow, O. F. (1966). *Sprache und Erziehung*. Stuttgart: Kohlhammer.

Bollnow, O. F. (1968). Erfahrungsbegriff in der Pädagogik. *Zeitschrift für Pädagogik* 14. Jg., 221-252.

Bollnow, O. F. (1968). Der Erfahrungsbegriff in der Pädagogik. *Zeitschrift für Pädagogik* 14. Jg.: 221-252.

Bollnow, O. F. (1968 a). *Die Pädagogische Atmosphäre*. Heidelberg: Quelle & Meyer .

Bollnow, O. F. (1969). Der Wissenschaftscharakter der Pädagogik. In *Erziehung in Anthropologischer Sicht*. Zürich: Morgarten.

Coreth, E. (1969). *Grundfragen der Hermeneutik*. Freiburg: Herder.

Derbolav, J. (1969). Das Selbstverständnis der Erziehungswissenschaft. In S. Oppolzer (hrsg.), *Denkenformen und Forschungsmethoden der Erziehungswissenschaft*, Bd. I. München: Reinhardt.

Derbolav, J. (1970). *Frage und Anpruche. Pädagogische Studien und Analysen*. Wuppertal: Henn.

Derbolav, J. (1971). *Systematische Perspektiven der Pädagogik*. Heidelberg: Quelle & Meyer.

Derbolav, J. (1975). *Politik und Pädagogik*. Stuttgart: Kohlhammer.

Diderot, D. (1969). *Enzyklopädie Philosophische und politische Texte aus der 《Encyclopédie》*. München: Deutscher Taschenbuch Verlag.

Diemer, A. (1975). Der Wissenschaftsbegriff in den Natur-und Geisteswissenschaften. In H. Schepers & W. Totok (hrsg.), *Der*

Wissenschaftsbegriff in den Natur-und Geisteswissenschaften (pp. 1-16). Wiesbaden: Franz Steiner Verlag.

Diemer, A. & Seiffert, H. (1992). Systematik der Wissenschaften. In H. Seiffert & G. Radnitzky (hrsg.), *Handlexikon zur Wissenschaftstheorie*. München: Deutscher Taschenbuch Verlag.

Dilthey, W. (1883). *Einleitung in die Geisteswissenschaften: Versuch einer Grundlegung für das Studium der Gesellschaft und der Geschichte. Gesammelte Schriften. Bd. I.* Stuttgart: B. G. Teubner, 1959.

Dilthey, W. (1895). Ideen zu einer beschreibenden und zergliedernden Psychologie. *Gesammelte Schriften* Bd. V.: 139-240. Stuttgart: Teubner, 1922-1974.

Dilthey, W. (1924). *Die geistige Welt : Einleitung in die Philosophie des Lebens. Erste Hälfte: Abhandlungen zu Grundlegung der Geisteswissenschaften. Gesammelte Schriften* Bd. VI. Stuttgart: Teubner, 1958.

Dilthey, W. (1927). *Der Aufbau der geschichlichen Welt in den Geisteswissenschaften. Gesammelten Schriften* Bd. VII. Stuttgart: Teubner, 1958.

Dilthey, W. (1934). *Pädagogik: Geschichte und Grundlinien des Systems. Gesammelte Schriften* Bd. IX. Stuttgart: Teubner, 1960.

Gadamer, H. G. (1961). Hermeneutik und Historismus. *Philosophische Rundschau*, Bd. 9: 241-267.

Gadamer, H. C. (1986). *Wahrheit und Methode*. Tübingen: J. C. B. Mohr.

Geldsetzer, L. (1988). Hermeneutik. In H. Seiffert & G. Radnitzky (hrsg.), *Handlexikon Zur Wissenschaftstheorie* (pp. 127-138). München: Deutscher Taschenbuch Verlag.

Habermas, J. (1971). Der Universalitätsanspruch der Hermeneutik. In ders. (hrsg.), *Hermeneutik und Ideologiekritik*. Frankfurt am M.: Suhrkump.

Hartmann, N. (1949). *Das Problem des geistigen Seins. Untersuchungen Zur Grundlegung der Geschichtsphilosophie und der Geistigeswissenschaften*, 3. Aufl., Berlin: de Gruyter.

Heidegger, M. (1927). *Sein und Zeit*, 9. Aufl., Tübingen: J. C. B. Mohr, 1957.

Hörisch, J. (1988). *Die Wut des Verstehens*. Frankfurt am M.: Suhrkamp.

Hügli, A., & Lübcke, P. (hrsg.) (1991). *Philosophielexikon*. Reinbek beim Hamburg: Rowohlt.

Lassahn, R. (1982). *Einführung in die Pädagogik*, 4, Aufl.. Heidelberg: Quelle & Meyer.

Litt, Th. (1961). *Mensch und Welt*, 2. durchg. Aufl.. Heidelberg: Quelle & Meyer.

Litt, Th. (1968). *Führen oder Wachsenlassen*, 7. Aufl.. Stuttgart: Verlag von Ernst Klett.

Mallinson, V. (1966). *Introduction to the study of comparative education*. London: Heinemann.

Piepmeier, R. (1982). Baruch de Spinoz: Vernunftanspruch und Hermenutik. In U. Nassen (hrsg.), *Klassiker der Hermeneutik* (pp. 9-42). Paderborn: Schöningh.

Rickert, H. (1902). *Die Grenzen der Naturwissenschaftlichen Begriffsbildung*. Tübingen: J. C. B. Mohr.

Rothacker, E. (1965). *Logik und Systematik der Geistes-wissenschaften*. Münch: R. Oldenbourg Verlag (1927).

Scheler, M. (1925). *Die Formen des Wissens und die Bildung*. Bonn: Pädagogische Akademie.

Schoitz, G. (1991). *Zwischen Wissenschaftsanpruch und Orientier-ungsbedürfnis*. Frankfurt am Main: Suhrkamp.

Snell, B. (1962). *Die alten Griechen und wir.* Göttingen: Vunde-nhoeck & Ruprecht.

Spranger, E. (1950). *Lebensformen*, 8. Aufl.. Tübingen: J. C. B. Mohr.

Spranger, E. (1958). *Der Geborene Erzieher*. Heidelberg: Quelle & Meyer.

Stichweh, R. (1984). *Zur Entstehung des Modernen Systems wis-senschaftlicher Disziphinen*. Frankfurt am M.: Suhrkamp.

Tenorth, H. -E. (1994). *Alle alles zu lehren Möglichkeiten und Per-spektiven allgemeiner Bildung*. Darmstadt: Wissenschaftliche Buchgesellschaft.

Weniger, E. (1953). *Die Eigenständigkeit der Erziehung in Theorie und Praxis*. Weinheim: Julius Beltz.

Weniger, E. (1953). *Die Eigenständigkeit der Erziehung in Theorie und Praxis*. Weinheim: Julius Beltz.

Weingert, P. et al. (1991). *Die sog. Geisteswissenschaften: Außen-ansichten*. Frankfurt am M.: Suhrkamp.

Yang, Shen-Keng (1998). *Comparison, Understanding and Teacher Education in International Perspective*. Frankfurt am Main: Peter Lang.

Zimmerli, W. Ch. (1992). Geisteswissenschaften. In H. Seiffert &

G. Radnitzky (hrsg), *Handlexikon Zur Wissenschaftstheorie* (pp. 88-99). München: Deutscher Taschenbuch Verlag.

經驗分析之科學理論及其對教育科學之影響

第一節 經驗分析科學理論之發展

經驗分析的科學理論建基在實徵主義與新實徵主義的哲學，最重要的是早期的馬赫（E. Mach, 1838-1916）、石立克（M. Schilick, 1882-1936）、費格爾（H. Feigl, 1902-）、卡納普、紐瑞特（O. Neurath, 1882-1945）、克拉夫特（V. Kraft, 1880-1975）等。實徵主義的基本想法為，經驗是知識的來源，任何學科必須以自然科學以及以自然科學為基礎之普遍有效的科學命題系統，作為衡量其是否為科學的規準。既然是完全以自然科學為典範，因此所有的科學研究基礎都在於觀察和實驗。新實徵主義綜合了經驗主義和理性主義的看法，認為任何知識都建基於經驗，但此經驗必須依照邏輯的法則來建立命題系統。由此角度來看，可大致將經驗分析的科學理論分作幾個發展階段（cf. R. Ruprecht, 1975:275-277；楊深坑，1999: 6-7）：

一、素樸經驗論（Naïve empiricism）

以英國古典經驗主義哲學為理論基礎，以自然科學的思考模式作為範例來加以修正，方法上以觀察及實驗為主。基本的假設是，大自然為井然有序的系統，科學研究工作者的主要任務在於將此系統的規則找出來，用正確的語言將之描述，並且加以解釋。經驗和歸納是獲得知識的不二法門。

二、邏輯經驗論（Logical Empiricism）

　　邏輯經驗論放棄了素樸經驗論對於經驗和歸納的絕對訴求，科學的探究已不像素樸經驗論者那樣從自然中取得事實和資料，而得到科學的敘述。邏輯經驗論者認為，科學研究者在進行科學探究的過程中，本身就已帶有一些猜測、假設和理論類型的預設，透過已先帶有的預設對想要了解的自然現象進行探索。所謂的自然法則對邏輯經驗論者而言，只是研究者在研究過程中最好的一種猜測而已。經驗科學的重要任務不是在挖掘內在於自然的法則，而是在於如何透過邏輯的推演對自然現象建立一套不會互相矛盾的命題系統。

　　維根斯坦（L. Wittgenstein, 1889-1951）即認為科學基本上是由命題所構作而成的，與科學最相關的命題是草案語句（Protocol Sentence），草案語句可由經驗的過程來檢證，這種透過經驗檢證而有一種互為主觀的檢核過程，並因此變成有效的命題，就稱之為具有客觀性的客觀命題。草案語句與其他語句之間存在著許多聯結上的困難，從理論的意義而言，命題或語句的意義判準應在於經驗的檢證及邏輯的推演。語句有無意義在於它是否為草案語句，草案語句可直接透過經驗來檢證，非草案語句則可邏輯的由草案語句推演出來。任何語句若是無法化約為草案語句就不是科學語句。經驗科學的研究是將日常經驗轉化，然後建立假設，以便進行科學化的處理。透過觀察、測驗、實驗來確立假設的真假，就是檢證的過程。從邏輯經驗論的角度來看，假設的檢證是科學最重要的核心、最基本的原則。歸納的意義須重新加以界定，也就是說容許統計上的誤差進入其中，愈被經驗支持的假設

其預測價值愈高，亦即預測沒有絕對值，只能用統計上的或然機率來加以表示。

三、批判的理性主義（Critical Rationalism）

波柏爾所提出的科學理論，反對科學知識係由經驗歸納累積而得這樣的論點，也不贊同古典理性論者以理性先天演繹原理獲取明確無誤的知識。其理論之所以稱之為理性的，係因仍嚴守嚴格的邏輯規則，之所以稱之為批判的，係因不斷探索否定原有理論與假設之科學方法，以求科學不斷的進步（H. Albert & H. Seiffert, 1992: 177-182）。

波柏爾理論的出發點是認為科學基本上是一個命題系統，科學所使用語句應具有普遍性，只是此普遍性有不同的程度而已。波柏爾不用草案語句而用基本語句（Basic Sentence），基本語句與草案語句的功能幾乎是相同的，從基本語句的有效性來看，也是只具暫時性的性質。基本語句之理論推論形成的基本過程為：由理論推演出基本語句，然後基本語句與經驗作檢核，檢核的結果如果經過多次的證驗，理論就成立；若是被一些特例推翻，就修正理論促進科學的進步。當前證驗性研究中所使用的統計之虛無假設，基本上係以波柏爾否證論為理論依據，經驗研究之研究假設為全稱命題，須將之否定成為偏稱的敘述，才有可能從經驗檢證。否定後的研究假設，即為統計上的虛無假設（Null Hypothesis）。將虛無假設否定以後，即證驗了研究假設。波柏爾的主張不同於邏輯經驗論，是由理論作出發推演出基本語句，基本語句再與經驗作驗證，而不是由草案語句出發來形成理論。

四、建構論的科學理論（Scientific Constructivism）

科學建構論者認為，邏輯經驗論和批判的理性主義的科學理論有把科學和現實世界割離的危險，因而主張從日常生活語言來建構科學語言。認為日常語言是科學語言的起點，故不排斥日常語言。理論語言是從日常語言高度形式化後的結果，為了聯繫科學與生活世界，須透過邏輯規則來建立日常語言中的學科語言，要建立此基本語言有下列幾個步驟：㈠科學術語的確立；㈡透過邏輯聯詞將已確立的術語聯結之；㈢透過定義；㈣訴諸符號表徵，進行邏輯或數學的演算而建立一套科學理論。

綜合前述經驗分析的科學理論之四個發展階段，可將其異同歸納如下：

一、相異點

㈠語句系統

- **素樸經驗論**：科學是由感覺和經驗所導引出來的語句系統。
- **邏輯經驗論**：觀察與實驗是掌握自然規則語句系統的重要方法。
- **批判的理性主義**：語句系統是理論的語句系統，必須透過邏輯導出基本語句，而由基本語句和實驗與觀察互相檢核。

- **科學建構論**：科學語言須從日常語言出發，經過高度形式化後形成理論語句或科學語句。

(二)證明或否證

- **邏輯經驗論**：一個科學理論是透過證明，得到合法性，得到科學理論的確定性。
- **批判的理性主義**：科學理論基本上是一組帶有猜測性的假設系統，經過批判性的否證過程，而使理論不斷的進步。

(三)科學的緣起

- **素樸經驗論和邏輯經驗論**：都傾向事實和觀察。
- **批判的理性主義**：問題的提出是科學探究的起源。

(四)科學的基礎

- **邏輯經驗論**：知覺與草案語句。
- **批判的理性主義**：基本語句是習慣上可以檢證的語句。
- **科學建構論**：日常生活的世界是科學建構的基礎。

(五)科學方法

- **邏輯經驗論**：事實的歸納。
- **批判的理性主義**：用假設演繹法或探索與錯誤的消除。

(六)科學與非科學的界線

- **邏輯經驗論**：檢證原則。
- **批判的理性主義**：否證原則。

(七)科學的進步

- **邏輯經驗論**：知識的累積。
- **批判的理性**主義：錯誤的不斷消除。

二、相同點

(一)理性的設準可透過各種邏輯形式來推演。

(二)任何科學理論須涵蓋對實在界的普遍有效性的敘述。

(三)價值中立的設準：科學理論不應帶有任何的價值判斷，對事實的評價與行為的規範應不是經驗科學的範疇，也就是嚴格的劃分實然與應然。規範性命題無法加以驗證或否證，所以不是科學命題。

(四)可重複驗證的設準：任何科學命題可以重複依據新的經驗加以證實，若是研究設計與理論假設都很嚴謹的話，其結果都不會有很大的誤差。

從科學理論的角度來看，可知經驗論的科學理論強調經驗和邏輯，經驗和邏輯的檢證才是使一個命題是否為科學命題的重要規準。

第二節 邏輯經驗論的科學理論

一、實在科學中的科學理論建構

前節的分析已經說明了邏輯經驗論的核心概念是用「可檢證性原則」來作為一個語句是否具有認知意義的標準。綜合語句是透過經驗來檢證,分析語句是透過邏輯和數學來加以檢證。科學不應涉及形上學和價值判斷,因此,形上學語句和價值判斷語句都應排除於科學探究的範圍之外。此處涉及的重要問題就是科學語句的建構問題。

從語句的解析來看,兩種檢證方式所得的語句不可能互相化約。經驗不能化約為邏輯規則,邏輯規則亦不能化約為經驗語句,如此一來,如何以經驗做基礎來獲得科學法則便成了邏輯經驗論的難題。對於此問題,斯鐵格謬勒(W. Stegmüller, 1923-)提出了他的看法。科學探究是用觀察和實驗,實驗其實是一種借助精密儀器進行的觀察,因此他認為可觀察的事件,在某一層級中可用語句加以表達出來,此層級是由包括理論語言、基本假設及定理或定義三個面向的網絡所形成的理論。一為理論語言係從這個網絡的重要聯結點。理論語言之間的連結線一部分對應於基本假設,一部分對應於基本假設所引導出來的定理或屬於理論系統所使用的定義。可是這個網絡不能完全和經驗隔離,換句話說,這個網絡應

有一個點附著在經驗的層級，這個點其實就是經驗歸納的歸類規則，透過這些規則使得所觀察的層級與某一理論的層級結合在一起。若沒有這樣的結合，透過理論的解釋網絡就會離開觀察的層級，理論便無法解釋這個現象。所以透過觀察點的連結使整個網絡形成了經驗性的理論，透過觀察點得到的經驗事實會擴及整個網絡，使理論成為具有解釋力的理論。每一個連接點其實就是在某一理論下的基本概念，因此由某一理論的基礎作出發，若此理論建立得很完密，就可由任何一點推衍到其他各點。在此情況下，按照斯鐵格謬勒的看法，在理論體系的建構中，演繹和歸納是並行的（W. Stegmüller, 1958: 341ff）。

二、經驗基礎的科學概念之建構

前述的分析，說明了實在科學的科學理論網絡不能和經驗割離，問題是如何以經驗為基礎建構科學語言。卡納普在《世界的邏輯結構》（Der logische Aufbau der Welt）一書中即對此問題做了論述，他想要建立一套有關研究對象或研究觀念的認知邏輯體系，採取類似斯鐵格謬勒的建議，認為需要建立一套層級的理論，這套層級的理論是以經驗基礎做出發。卡納普認為科學理論最根本的基礎是基本經驗（Elementarerlebnis），亦即以不能再化約的感覺經驗作基礎的經驗（R. Carnap, 1961）。卡納普雖然和狄爾泰一樣使用 Erlebnis 一辭，惟用法不同；卡納普指的是感覺器官直接經驗到的，狄爾泰則指的是整個精神的體驗。對卡納普而言，最基礎的經驗是一獨特個體的獨特心理經驗（Eigenpsychische Gegenstände），心理經驗構成我們所討論的獨特心靈的對象。由獨

特的心理經驗決定所要研究的物理對象（Physische Gegenstände），亦即物理對象是以獨特的心理經驗的對象為基礎所建立的。有了物理對象，其他人才可覺知到相同的對象，因而建立了他人的心理對象（Fremdspychische Gegenstände），再透過互為主觀的認證建立一個大家公認的精神對象（Geistige Gegenstände）。如下圖所示（參閱 H. Tschamler, 1983: 46）：

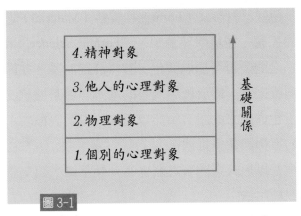

卡納普的經驗對象關係圖（Tschamler, 1983）

要建立一個概念系統，卡納普認為最重要的是基礎經驗，基礎經驗就是對實在界經驗的最基本單位，此單位就是將來構作一個科學知識和構作一個對於實在世界知識的最原初的基礎。在此基礎之上還要有一個結構的理論（Structure Theory），結構的理論是以關係的理論為基礎所建立的。結構包括一些形式的特質，亦即在邏輯理論中所謂的 Logistics，此牽涉到形式語言的運算問題，以及人工語言（Artificial Language）的問題。這些問題也涉及了邏輯哲學中的一大難題，即究竟人工語言是否依照世界的形式結構而建構？是否如萊布尼茲和弗列格（G. Frege, 1848-1925）等所認為的，世界蘊

含一些形式結構？萊布尼茲即認為，微積分假設了世界的某要素可以用一個符號代替，而這些符號可運用四則運算來加以演算，這是當代形式邏輯中的一個重要基礎。

卡納普的想法是必須以形式邏輯為基礎，問題就在於談科學時有一個形式（Formal）的面向——也就是邏輯分析（Logistic）的部分，另外還有內容（Content）的部分；形式和內容之間的關係是哲學史上長久以來所存在的問題，例如亞里斯多德就已對形式（Form）和質料（Material）之問題做了深入的探討。在科學理論中，"Formal Science" 和 "Real Science" 之間是否可加以轉化，有待詳細討論，亦即從科學理論的角度來看，屬於經驗內容的基本經驗是檢證的基礎，而經驗所建構出來的語言須能以明確的符號表徵表示，並進行嚴格的邏輯與數學推演。

卡納普以形式與內容之關係為分類基礎，認為語言種類有下述四種用法：

(一)形式語言（Formal Language）

以邏輯意義來檢證，明確且可演算，是科學語言的基礎。

(二)字詞語言（Word Language）

從內容觀點來看，某一獨特的經驗以一個符號表徵表達出來。

(三)實在語言（Realistic Language）

用互為主觀的檢證或構作的語言系統。

㈣想像建構的語言（Fictive Constructive Language）

透過建構過程而建立的一套語言。

字詞語言和實在語言具有解釋的功能，使得我們更容易了解，也跟內容最有關係。字詞語言和實在語言是檢測一個科學內容最重要的語言。想像建構的語言是透過建構過程，按照某些運作規則或操作性規則來建立一套科學語言。由於在進行經驗研究過程中，很難一一對應，亦即將一個對象用一個符號表徵完完整整的表述出來，因此在研究過程中會用操作性定義（Operational Definition），依照理論建構和操作規則將所要研究的對象進行一種人為的建構（Artificial Construction）。所以建構的出發點其實仍舊必須是既與的事實。

卡納普所謂的想像建構，其實指的是操作性建構（Operational Construction），是在研究構作系統下必須將之建立起來的一套語言系統，可是在這個語言系統中最重要的是要有一些基本關係的理論。基本經驗含有許多主觀性的成分，卡納普利用互為主觀的檢測（Intersubjective Test）去除主觀性成分，以建立一套比較合乎科學的語言。基本經驗是一個已經不可再加以分割的單位，也就是基本經驗之間的關係必須透過關係邏輯進行分析，所以關係在邏輯上應是可遞衍的關係。若不是建立在可遞衍的關係上，經驗與經驗的相似性便無法抽離出來。卡納普由此種分析建立了他的建構系統，亦即由基本經驗建立基本語句或草案語句，草案語句可傳達最基礎的經驗，透過基礎的經驗可檢核此語句的真或假。一個基礎經驗會涉及時間和空間，檢測是藉由儀器經驗到某一事件。此處面臨的一個問題是：「檢證原則要不要再檢證？」

邏輯經驗論者對這個問題的回應，是回到數學家彭加勒的約定俗成主義。在草案語句中透過經驗的語句，由前科學的經驗或類似約定俗成主義的「約定俗成」（Convention）來獲得確證性，因為在某一特定時間和空間中，經驗有其明確性。由科學語言來看，此經驗的明確性毋寧說是用一個符號表徵或是用一個數字來代表，此亦為統計學的基礎。在科學理論和科學語句的邏輯結構問題上，卡納普最後只能訴諸一種「約定俗成」的自明性，這個理念是起源於理性主義的哲學，所以有些學者又稱邏輯經驗論為「經驗的理性主義（Empirical Rationalism）哲學」。

三、科學語言之邏輯語法結構

　　談到科學語言，卡納普還有科學語言的邏輯語法結構的問題。卡納普認為要考慮到一個科學符號的語法結構，必須注意的一個事實是，在世界的邏輯結構中，經驗概念的構成和對象的範疇有很密切的關係。科學對象是透過語言來傳達，由於透過語言傳達就構成了邏輯解析的對象，邏輯解析實際上也是科學邏輯所要探討的一個重要問題（R. Carnap, 1969）。

　　一談到科學即包含了兩個問題，一個是對象的問題，一個是邏輯的問題。例如教育的科學對象包括教師、學生、教材、教法等情境，若將教育當成一門嚴格的科學，教師、學生以及教師與學生間的中介物，如課程、教材與教法等，便構成一個學科的對象，這幾個對象都要進行科學的解析。許泰納（E. Steiner, 1988）的《理論建構的方法論》（Methodology of Theory Building）即完全以邏輯解析的方式分析 "Educology"，賦予教師、學生、教材、教法等對象一個語言符號表徵，因而符號表徵與符號表徵間的演算過程，符號表徵與符號表徵間的關係——可遞衍的關係和不可遞衍的關係，這些皆構成此學科的邏輯問題。科學的邏輯顯示科學語句的基本問題，必須透過科學的邏輯語法結構分析來加以解決。例如諾亞（H. J. Noah）和艾克斯坦（M. A. Eckstein）主張比較教育的研究單位應由「國家」（Nation）改為「變項」（Variable）。

　　卡納普認為由基礎經驗得來的是對象語言，再將這些對象語言以邏輯規則建立成一套形式化的科學，就可透過邏輯的演算進行推衍。對象語言與形式語言雖不可相互化約，但兩者有密切的關係，此密切的關係也是談科學的檢證時所面臨的問題。例如早期邏輯經驗論採取確證（Verifiability）原則，正如前述有兩層困難，一為確證原則本身的檢證問題，以卡納普的約定俗成自明原則解決之；另一為綜合語句的檢證問題。若堅持檢證原則便須訴諸完全的歸納，完全的歸納在實際的做法上有困難，所以後來用「證實」（Confirmation）取代「確認」（Verification），基本上只要達到某一個或然性就可證實（Confirm）某一個科學理論，而不一定要每一個語句一一確證。特別是在 1936 年和 1937 年元月號、十月號的《科學的哲學》（Philosophy of Science）中，卡納普發表了一篇名為〈可檢測性與意義〉（Testability and Meaning）的論文，便已有上述見解。到了 1950 年出版了《或然率的邏輯基礎》（Logical Foundations of Probability），更確認了他使用或然率原理來取代科學理論的完全驗證。

第三節　波柏爾的科學理論

一、波柏爾理論理解上的困難

要適切了解波柏爾的科學理論相當困難，從他所使用的語言不太一致即可見出一些端倪。波柏爾比較常用的語詞是他的書名《科學發現的邏輯》（The Logic of Scientific Discovery），但是他有時也用「知識邏輯」或「經驗方法的理論」、「理論的理論」，有時候又說「方法的學說」。單就科學發現的邏輯或科學知識的邏輯，本身即可能包括兩種意思：㈠對於所研究的對象或對象本身的內在邏輯結構的次序進行分析；㈡對研究的對象範圍進行邏輯分析，分析後所得到的結果包含了科學發現的邏輯。這兩種意義往往會引起很大的誤解，我們可在《科學發現的邏輯》一書中，特別是在「驗證的脈絡」（Context of Justification）和「發現脈絡」（Context of Discovery）的討論中，了解到這個問題。波柏爾認為只用邏輯分析是有所不足的，因為討論科學發現的時候，邏輯無法說明一些現象，特別是在發現的一剎那不是一個邏輯的問題，而更應是發現心理學的問題。邏輯問題意指在命題（Statement）已經存在後才分析，亦即經過科學的實驗觀察出某一個事實，此事實用命題呈現出來之後，才進行邏輯的分析（K. Popper, 1959: 31）。

第二個困難就如波柏爾本人整個理論架構一樣，是用否證的方式來看科學理論的開展。他在說明自己的立場時也採用此方式，亦即先批評他人再提出自己的立場。波柏爾的整個科學理論幾乎是用批評他所反對的那些基本立場來呈顯自己的立場，例如他批評邏輯實證論、邏輯經驗論、心理學主義、社會學主義、自然主義、規約主義、工具主義、方法論上的化約論、馬克思主義、佛洛伊德（S. Freud, 1856-1939）的精神分析理論、新科學哲學（例如孔恩）的說法等，再進一步提出他自己的主張。因此從某一個角度而言，想對波柏爾作系統性的了解有困難。

　　第三個困難在於波柏爾論辯所顯示出來對方法論的分析、範圍的討論，以及其起點問題和邏輯重建問題之間的關係並不是很明確，亦即科學發現和科學的邏輯重建並不是很清楚。波柏爾就像他同時代的一些邏輯經驗論者，同樣接受邏輯的理性重建可解決科學的實際問題之觀點。但對波柏爾而言，討論科學的實際問題主要有二：一為康德問題──科學與非科學間的界線問題；一為休謨問題──歸納問題的討論。這些問題的解決情境可以透過科學理性的對比模式來加以說明。一方面由佛洛伊德、阿德勒（A. Adler, 1870-1937）、馬克思（Karl Marx, 1818-1883）等人解決方式的批評，來看偽科學（Pseudo-science）與真科學之間的判準；另一方面也從物理學較明確、嚴格、確實的證驗方式來對比馬克思主義和佛洛伊德精神分析學間的差異。波柏爾比較贊同物理學家的一些觀點，認為物理學家是一種理性的重建構成，可說是所有經驗科學的典範，但並未明確說明理性重建就可解決科學問題。早期的邏輯經驗論者，特別是卡納普的物理主義的說法，對於物理科學採取相當樂觀的看法。早期的邏輯經驗論者認為

問題情境按照語法學、語意學等轉化為邏輯語言，轉化以後若可透過邏輯解決問題，則問題就解決了。可是對波柏爾而言，還可能涉及到所謂情境的差異問題，這是邏輯經驗論者所沒有考量到的。不過，波柏爾的科學理論一樣採用了邏輯的理性重建觀點，而這仍舊是邏輯經驗論所犯的錯誤，波柏爾也犯了同樣的錯誤。

二、歸納法與實澂主義經驗意義判準之批判

波柏爾在《科學發現的邏輯》的開頭就對經驗科學方法論所要探討的對象及其問題範圍做了概略的說明，他認為科學研究工作者的活動在於建立命題或命題系統（System of Statements）。對於命題或命題系統，科學工作者要進行有系統的檢核、檢證（Karl Popper, 1959: 27）。在經驗科學中對於假設、假設理論的建立以及透過實驗和觀察所得來的經驗，來對假設或理論體系進行經驗的檢證。《科學發現的邏輯》在於對經驗科學的方法進行邏輯的分析，也就是要確立經驗的科學方法，以便和數學、邏輯及形上學作一個明顯的區隔與劃分。

波柏爾針對《科學發現的邏輯》的探討，提出了兩個科學認識論上相當重要的問題：一個是歸納法方法論的問題——休謨的問題；另一個是經驗科學的界線問題——區分什麼是科學？什麼是偽科學或非科學？對這兩個問題，波柏爾批評了以前和同時代的理論家，以便建立他自己的看法。

首先，就歸納法方面而言，從培根以來，很多哲學家和科學家認為自然科學就是歸納的科學，也就是用歸納法來建立命題與假設，再經過不斷反覆的實驗和觀察來證實理論、

建立理論。對於培根以來的很多哲學家和科學家而言，歸納方法變成區隔科學和宗教、科學和形上學、科學和偽科學的重要依據。

對於歸納法所涉及到的方法論上的問題，休謨以心理學的方法來討論，波柏爾則採取了不同的路徑，即邏輯學的方法。休謨對歸納法的意見是，因果聯結其實是一種心理的期待，例如每天看到太陽從東方升起，並不能因此而證實太陽是從東方升起；太陽出來，石頭變熱，並不能將太陽曬與石頭熱作因果的聯結，二者沒有必然性的因果關係或科學原理。經驗歸納不出科學的原理，「原理」是一個有理性的人會期待從已經知道的經驗類推於還沒有經驗到的事實，也就是經驗的類推其實都是一種心理上的期待或心理上的習性，從心理學的理論看，這是一種聯結論（Connectionism）的說法。

波柏爾不贊同歸納法的心理解釋，認為休謨所謂的心理期待，有一部分是天生的，有一部分卻是嘗試錯誤的結果。波柏爾認為歸納問題的心理解釋和歸納問題的邏輯分析並不是用特殊的方式來加以處理，也不是將之視為客觀知識理論的一部分。波柏爾把歸納的邏輯問題用另一種方式來討論，包含兩個步驟：㈠把主觀或心理的敘述轉化為形式化的客觀敘述，也就是將主觀的觀察變成「觀察語句」（或稱特殊語句，亦即邏輯上的單稱語句），才能成為科學語句；㈡經過轉為形式語句後，歸納法上休謨所謂的從觀察到的事件推衍到未觀察到的事件的過程，變成從經驗科學中進行實驗，透過實驗來觀察，由觀察所得到的是科學理論上所謂的觀察語句，如何推衍到普遍語句，即為邏輯的問題，以邏輯的說法就是一個單稱語句如何推衍出全稱語句的問題。經驗科學的假設和理論的有效性問題，能不能以歸納法得到，此是波柏

爾所要批評和分析的問題。

　　經過上述討論，實際上就融合了兩個重要的問題——歸納問題和全稱的經驗語句問題。有無全稱的經驗語句？從古典經驗論或素樸經驗論來看，此即為經驗法則的證驗問題——自然法則可否透過經驗的歸納來證驗？波柏爾是把自然法則界定為特別的全稱綜合語句或全稱語句，此全稱語句應是在任何時間和空間下都是有效的語句，因此，不能加以證實。如康德所說「凡物均具延展性」等，皆變成無法證實的問題，屬於形上學問題。波柏爾認為自然法則是特別的全稱語句，而非經驗的全稱語句，因為經驗的全稱語句可用演繹法推衍出基本語句，基本語句可容許與經驗作驗證（Test），而非經驗的全稱。在任何時空下都被認為有效的話，顯然的就無法將之轉化為有限性的單稱語句，單稱語句才可能與實際經驗作驗證。因此，歸納法的邏輯問題無法以此方法加以解決。如果將自然法則當成數量上的普遍語句，則全稱語句和單稱語句或特稱語句的對立只是相對的，亦即由有限數量的單稱語句之連結，並非相對應的就可導引出全稱語句，因此仍不是真正的普遍化，沒有證驗自然法則，而只是邏輯上的同語反覆（Tautology）的一種變形。問題是歸納的結論是否具有普遍的有效性呢？也就是說，前提的真（來自許多觀察到的語句）會不會保證結論的真？事實上未必，因此，歸納法在邏輯上是有問題的。如果完全由邏輯的解析來看，經過多次觀察證實有此情況未必然可導引出一個全稱語句，如「天下烏鴉一般黑」，必須觀察全世界所有的烏鴉才能證實，但實際上卻難保沒有漏網之魚。

　　波柏爾認為進行歸納時所採取的原則，基本上不能是邏輯上的同語反覆，也不能是一個分析語句，而應是綜合語句。

分析語句的述詞內在於主詞，而綜合語句的述詞外於主詞。語句要具有經驗意義須為綜合語句。

同語反覆不必訴諸經驗的檢證即為真，是恆真句。如果有恆真句的歸納法則，就沒有歸納的問題，因為歸納的結論與演繹的結論是一樣的，皆是同一個同語反覆推衍出來的。所以若有歸納法則，必為普遍的法則，不能是分析語句，而應是普遍的綜合語句。此亦為康德的難題。康德認為有先天的綜合判斷，但是否有普遍的綜合語句仍有爭議，要追索歸納法則的經驗意義，此經驗意義背後是否需要歸納法則存在呢？如此將陷入無限後退的困境。因此，波柏爾否定了歸納的結論或者是或然性結論的說法，也不贊同康德將歸納原則當作經驗有效的因果法則之說法，因為會陷入先驗主義的困境，而這種困境是波柏爾在科學方法中所難以接受的。所以波柏爾反對歸納法的一個理由是，歸納法無法用邏輯解析的方式來進行解析。

波柏爾不認為只有歸納法才可以決定科學方法，也不是只有歸納法才能讓科學和形上學之間作一個釐清。他認為歸納只不過是一種神話，整個歸納邏輯的問題是可以去除的，如果我們接受一種不是歸納的方法學，那麼實徵論者取消形上學的極端說法其實是不必要的。波柏爾批評歸納主義、實徵主義的方法學，基本上是希望建立一套假設演繹法的科學方法論，並以此來建構他自己的科學方法論。波柏爾透過發現的邏輯、心理主義的批判，進一步提出了他的看法。

三、發現／證驗脈絡二分與心理主義的批判

波柏爾對發現邏輯的論述和心理主義的批判，最主要是

先從發現的脈絡和證驗的脈絡之二分法來加以釐清；他引用了康德對事實問題（Quaestio Facti）和合法性問題（Quaestio Juris）分析方式來討論知識邏輯和知識心理學的對象和方法（Karl Popper, 1959: 31）。他在《科學發現的邏輯》一書中，描述科學家最重要的活動是建立理論和檢核理論，並說明建立理論的活動不是邏輯分析所能達到的，邏輯的理性重建不能發現新的事實。科學發現的問題是屬於經驗心理學的課題，而非知識邏輯所能探討的。因為知識邏輯只能檢核語句間的關係或檢證語句間的理性重建問題，所以知識邏輯只能提供一個檢證的架構，討論的是語句之間推衍的有效性問題，這些邏輯推衍的有效性並不碰觸到經驗的事實。在知識邏輯中要討論的是語句是否可建立？語句是否可檢證？語句之間是否可相互推衍？語句間是否會相互矛盾？等問題。這些問題皆已預設了語句的存在，亦即先有科學發現，透過觀察及實驗而建立語句，才進行語句之間的邏輯推衍。在進一步討論波柏爾科學發現邏輯的方法與對象，及其對心理主義之批判前，先就波柏爾所說的發現脈絡之非理性特質之基本前提加以評析，這種評析基於下述的理由是必要的：

㈠在經驗科學哲學的後設科學討論中，當代很多科學哲學家也認為沒有科學邏輯解析的餘地，不過這應該是經過討論後的結論，而非其先決假設。韓森（N. R. Hanson, 1970: 621）即擇此論點，他認為在發現心理起源即透過成功預設而證驗此發現之間並無邏輯解析的餘地。

㈡波柏爾在心理主義批判中，將科學發現與歸納心理學和心理主義緊密聯結，這種說法也有討論的餘地：波柏爾所謂的心理主義是指科學知識的命題歸諸心理自明的經驗。而科學則是嘗試歸類並且描述此等知覺的經驗（K.

Popper, 1959: 93-94），然則至少要將既非歸納，也不是
心理主義的發現去除掉，並不是具有普遍的可能性。

㈢發現的脈絡與證驗的脈絡二分法，仍須進一步加以分析。
發現的脈絡基本上是發現心理學的問題；證驗的脈絡才
是邏輯解析的問題。

　　賽門（M. A. Simon, 1973: 471-480）對波柏爾發現的脈絡
與證驗的脈絡二分法加以探討後，指出波柏爾的分析是將發
現心理學與發現的邏輯作一個區分，發現心理學討論的是很
明確的描述，即到底一個發現是什麼，是一個描述（Descrip-
tion）的問題。發現的邏輯則是解析一個規約（Prescription）
的問題，規約一個有效性的發現行動。對於波柏爾而言，證
驗的脈絡絕對不能產生新的事實，發現的邏輯分析無法分析
出一個新的事實，新的事實之發現必須靠證驗脈絡之外的一
種非理性的直觀。波柏爾對於發現脈絡與證驗脈絡兩者的劃
分引起了一些人的批判，懷疑能否作如此嚴格的劃分？費爾
阿本德即在其《反方法》（Against Method）（1970: 70）中
指出，波柏爾的二分法根本是無的放矢，因為科學發現很難
將邏輯的推衍與心理的直觀作一個很顯著的區分。由波柏爾
的全部著作中可以發現，他試圖以邏輯解析的方式來解析科
學的發現，結果最後在發現的剎那得出科學的發現不是邏輯
所能處理的問題。

四、方法論上的自然主義之批判

　　有關方法論上的自然主義之批判，波柏爾（1959: 52-53）
基本上仍沿襲他討論實徵論的方法論的謬誤所引伸出來的問

題。實徵論在討論有意義的語句，即邏輯上的同語反覆和經驗上可檢證的語句，如果把方法論當成經驗科學，特別是實徵論的看法，那麼這種方法論可以說是自然主義的方法論，亦即以自然科學探究的方法來描述一個經驗科學家在做探究時的行為過程，或是科學探究的經驗過程。波柏爾認為自然主義的方法論無疑的有其價值，很多科學邏輯的研究者都會對之產生興趣，而學到一些東西，但波柏爾仍用兩個論證來批判自然主義的方法論：其一，應用科學經驗的方法並不足以決定科學是否可以用歸納原則來探討；其二，波柏爾更懷疑自然主義把何為科學、何為科學家的問題訴諸規約（Convention）的說法。

　　波柏爾認為，自然主義的方法論實際上不具備批判的精神，因此不能將之當作一種很嚴格的科學方法論。最典型的例子是，實徵論者對於科學或科學與形上學之間的界線，往往不加思索地認為是自然存在的一部分，根本不必再進一步加以分析。

　　不過波柏爾對自然主義的批評亦遭受許多人的批判，主要如下述：

　㈠波柏爾在批評方法論上的自然主義時，他也難免會以自然主義的立場提出，而且誤以為有統一的立場。其實由歷史發展的觀點，自然主義的方法論最基本的是維也納學團和萊辛巴赫（H. Reichenbach）的觀點。

　㈡自然主義的方法論有許多立場，其中至少包括下列三種觀點，但波柏爾卻未作分辨：

　　1.方法論就是實證科學透過自然科學之統一的實證方法來分析科學過程。

　　2.從科學實際過程的確立，就誤以為必然有某一科學的

後果。一個嚴格的科學立場，很自然的會導出必然的結果，為自然主義的謬誤。

3. 經驗分析者對於科學的誤解，誤以為經驗分析所面對的知識，根本就是不帶理論框架的知識。而事實上並不盡然。其實經驗分析者所猜測的一些知識是透過某一種理論框架所傳達的。

㈢波柏爾在說明各種可能的方法論之建立時，不僅是批判經驗科學的方法論的了解，也擴充地批判了各種經驗科學的經驗研究不同爭論之可能的融通過程，而將不同的立場當作只是詮釋上的問題而已。可是，方法論是不是可以否定一種恰如其分的描述？描述是否有效？是一個很難的問題。波柏爾的分析討論，忽略了可能在經驗科學的後面應有一些後設科學的分析或一些科學的歷史分析，這兩種分析皆有可能釐清方法論上的概念，但波柏爾並未採取。

㈣就整個波柏爾的經驗科學的方法論著作來看，他對於科學在描述實在世界進行的工作，只涉及了描述而未涉及科學的規範問題。另一方面，他也忽略了科學的實際工作的描述，其實也是一種準社會學、準心理學的描述過程。

㈤站在實徵論者立場的批判，特別是對自然主義的批評，阿爾伯特（H. Albert）認為，波柏爾所謂的對方法論上的自然主義的批判，只不過是知識論導向的知識神話，也就是說將實在科學當作獨立自主而可以建構知識的一種知識神話，認知主體完全可以從各種限制、需要解放的一種知識神話。波柏爾其實很難克服所謂實然應然之間、規範分析與字詞描述之間的困境（H. Albert, 1971:

119）。為解決此困境，波柏爾提出了轉換原則。

五、轉換原則

波柏爾在《客觀知識》（Objective Knowledge）討論歸納問題時，提出了轉換原則（Principle of Transference）。轉換原則簡單的說即為凡是邏輯為真的，在心理學上也為真（What is true in logic is true in psychology）。將此轉換原則類推於科學史及科學方法問題的解決，即變成：凡是邏輯為真者，在科學方法及科學史上亦為真。這就是公認的所謂認知心理學或整個思考過程中一個大膽的猜測（K. Popper, 1972: 6-7）。

根據德瑞魯普（H. Drerup, 1979: 142-145）的分析，波柏爾在《客觀知識》所說的轉換原則，和其他著作的類似概念有不少模糊尚待釐清：

㈠轉換原則的地位不清：波柏爾有時以「大膽的猜測」或「發現的原則」或「一個事實」來說明轉換原則。

㈡原則所指示的對象範圍不是很明確：是指心理學方法學或科學理論呢？並未明確說明。波柏爾較傾向在心理學中真正的過程以及科學的邏輯上的一些問題解決，可轉化到科學史或科學方法的問題。也就是在心理學及邏輯學的問題解決，可轉化為科學方法。

㈢在何處轉化並未明確說明：波柏爾喜歡用邏輯解析方式進行轉化，但未說明在何處轉化。

㈣轉化的過程並未明確說明：無法確知一個邏輯問題的解決建議，在何時能被適當的轉化為科學方法問題的解決建議。所以只討論邏輯問題情境到事實情境問題之間的轉化，卻未對相對應的問題情境進行經驗的科學分析，

事實上很難令人了解。波柏爾強調以理論的演繹邏輯分析來演繹出基本語句，以基本語句來對經驗事實進行核證，以便考驗理論是否被否證，到最後波柏爾並引進嘗試錯誤的心理歷程，但此歷程如何進行轉換，在他的理論中未明確分析。嘗試錯誤是不是否證論的科學方法論之核心？否證論的科學方法論是在嘗試錯誤中盡量減少錯誤的機率，求得科學知識的進步，而嘗試錯誤是否有一種超越科學規範及科學描述之上的超越情境的科學模式，值得懷疑。所以嘗試錯誤的提出，基本上能否開展出一種新的科學知識體系仍值得懷疑。

㈤波柏爾對邏輯的可能性與事實的可能性之間的差距未詳細討論，同時把轉化原則過度簡化。因此，他也可能運用到形上學的領域而不自知。

六、科學與非科學之界線

轉換原則基本上是從歸納邏輯的討論中開展出來的一個原則，此原則最後要面臨「什麼是科學？」「什麼是非科學？」的問題。波柏爾討論此問題的方式有四種：

㈠對比的方式：把愛因斯坦等人的科學稱之為理想的或英雄式的科學，是禁得起批判性的討論；把馬克思、阿德勒、佛洛伊德等人的科學稱之為偽科學，其所提出的主張為非科學命題。

㈡科學的命題結構的討論，是在其著作中一再強調的重點。

㈢把科學與意識形態作對比分析，科學指那些經常可進行批判、進行討論的，而意識形態則是已經沉澱出沒有批判餘地的一些信念。

㈣用科學的態度或方法、行為特質方面來討論，屬於科學的一定是理性的、批判的，屬於非科學的是非理性的、非批判的，此也就是行為的非理性論證。

由第一個觀點來看，波柏爾在其自傳中，就非常激賞愛因斯坦：「愛因斯坦最令我印象深刻的敘述是，他認為他的理論如果禁不起考驗的話就很難維持」。換句話說，愛因斯坦的理論是經常禁得起批判性的討論，而佛洛伊德和馬克思的理論則顯得是可以解釋任何事情，這種幾乎可以解釋任何事情的理論，就沒有留有否證的可能性，所以這些科學是偽科學，不是科學命題。

此外，關於科學的命題結構方面，波柏爾將之分為四種形式：

㈠在時間、空間限制下的特殊的單稱命題：例如「上週五台灣師大沒有上課」，此語句中的「上週五台灣師大」是指涉明確的時間和空間。這種命題既可確證（Verify），也可否證（Falsify），是一個科學命題。

㈡全稱的經驗科學假設：例如「所有的金屬加熱都會擴展」，這和康德的先天綜合命題「凡物皆具延展性」不一樣。此命題有否證的可能性，但不可能確證。

㈢純粹的存在命題：例如「有加熱會擴展的金屬存在」，此命題能確證，但不可否證。

㈣混合量辭的命題：例如「對所有的金屬而言，都可能有某種酸性物質令其腐蝕」，由於前半部的全稱命題，使得此混合量辭命題不可能被確證，而由於後半部的偏稱命題，使得此語句不可能被否證。

根據這樣的規準，以圖 3-2 說明波柏爾對科學命題與形上學命題的區分：

從邏輯結構分析科學命題

	確證	否證	科學	形上學
有時空限制的存在命題	＋	＋	＋	－
全稱命題	－	＋	＋	－
前述兩種命題的連言	－	＋	＋	－
純粹的存在命題	＋	－	－	＋
混合（全稱與存在）命題	－	－	－	＋

圖 3-2

波柏爾的科學命題分析圖

七、科學理論的進步

　　一個科學理論不全然只有某一種單純的命題而已，而是有許多命題所組成的。理論到底可以承受多少經驗的內容？理論是否可以進行比較？如何才能說哪一個理論比較接近真理（Truth）？哪一個理論承受的經驗比較多，是討論波柏爾理論時的一個重要問題。理論怎樣才算是科學的進步？此處從科學的命題結構中可以發現，波柏爾所主張的一個觀點是指，理論中隱含很多可以加以否證的命題，這些命題中，全稱命題是一個理論的假設，由一個理論所推衍出來的理論假設；一個特定時空的存在命題是指，由理論假設所開展出來的基本語句；由基本語句再來跟經驗、實際的情境進行考驗，此考驗就說明波柏爾方法論中一些評價的規則，也就是理論的邏輯結構無法擴展經驗內容，而經驗內容有賴於理論是否可推衍出更多的基本語句。所以，一個好的理論應可承受更

多的經驗內容，而不是一個封閉的理論。

對於科學理論的進步問題，波柏爾也提出了他的看法。依波柏爾之見，如果有兩個理論——T1 和 T2，而 T1 優於 T2，其意義即為：

㈠二者具有可比較性；

㈡T1 可能承受的經驗內容多於 T2。換言之，T2 已將 E1、E2 和 E3 全部含括，亦即 T2 沒有開展性或沒有預測性；

㈢新的假設不能是特設假設（Ad hoc Hypothesis），而必須是經驗性的假設，因特設假設會使理論僵化，使之沒有開展性，因此，波柏爾的理論稱之為演化論的知識論；

㈣一個好的理論並非含括所有的現象，亦即理論所承受的經驗內涵，是指此理論有許多修正的可能性。

孔恩等人批評波柏爾的一個重點在於，孔恩認為科學的進步不可能一直在進行批判，一直在進行修正。其實後來波柏爾的講法不是如此，他並不是說每一個理論每一次都要被否定才算是好的科學。波柏爾認為能夠通過考驗的理論也是一個好的理論。理論中有一些被證實，有一些被修正，愈修正也就愈接近真理，這是波柏爾所謂的「真理接近說」的基本假說。

所以從科學進步的觀點來說，波柏爾認為科學的進步最主要有三個條件：

㈠簡單化（Simplicity）：一個理論要能用簡單的符號或表徵，來連結非常複雜的現象。以相對論為例，「$E = mc^2$」三個字母就表達了無窮的事項；

㈡科學的進步是新理論的提出，應該是可透過經驗的、獨立的考驗，而不是用很多特設假設來試圖含括所有的現

象；

㈢新的理論應該是可透過經驗的、獨立的考驗，並不是所
有的理論每一次都應來加以否證，亦即每一次的考驗應
有一些是可以通過的，通過了這些考驗以後，才可以用
此理論來進行猜測和解釋。這是在談論波柏爾演化的知
識論時不可忽視的事實。

八、波柏爾社會科學理論之批判

波柏爾以物理學作為典範，來說明科學的理論結構和科
學理論的發展與修正等。基本上，他是以自然科學，特別是
物理科學為例證，來進行科學理論結構的邏輯分析。他沒有
探討到應用科學的問題，直至後期在《歷史命定主義的困境》
（The Poverty of Historicism）一書中，才稍微用自然科學方
法論來了解社會科學以及歷史科學，也發展出一套整體性的
概念，試圖整合歷史學、社會科學、政治學的思想和行為的
一些解釋。哈伯瑪斯在《理論與實踐》（Theorie und Praxis）
一書中對波柏爾的這些解釋提出了批評（J. Habermas, 1971:
329-330）。哈伯瑪斯指出，在波柏爾嚴格意義下的理性主
義，首先只要求許多客體盡可能都採用理性的態度，不管是
決定研究社會過程或社會實踐，都要符應其方法論規則。換
言之，哈伯瑪斯批判波柏爾把方法論的規則外推（Extrapola-
tion）及於社會政策、社會行為的解釋。哈伯瑪斯的同事亦即
法蘭克福的阿佩爾，也批判波柏爾的社會科學方法論是一種
技術的宰制，是一種社會工程學（Social Engineering）的方法
（K. -O. Apel, 1973, Bd. I: 12-22）。費爾阿本德則認為波柏爾
學派的學者是把社會哲學和日常生活的問題，用知識論的問

題以及方法論的問題來加以解釋，用知識論的問題加以概括，是解決問題的基礎論（P. Feyerabend, 1976: 244）。

這些整體的批評，可自波柏爾的一些著作中看出，波柏爾對整個社會科學並未發展出完整的科學解釋，亦即未發展出社會科學理論（Theory of Social Science）。整體而言，波柏爾對社會科學的超級法則（Super Law）（N. Koertge, 1974: 195-207）可概括為二：

㈠社會事件具有不可預測性

波柏爾在收錄於《猜測與反駁》（Conjectures and Refutations）一書中的論文〈傳統的理性理論〉（Towards a Rational Theory of Tradition）中指出：**社會生活中一個令人驚異的事是，沒有一件事情會正如你所期望的那樣發生**（It is one of the striking things about social life that nothing ever comes off exactly as intended.）（K. Popper, 1963: 124）。

㈡理性原則

一般人都會依照理性原則來行事，此對波柏爾的情境分析來講是相當重要的，應用理性原則可解釋、理解整個社會的情境。

將上述二原則再加以闡釋如下：

原則一：社會科學的不可預期性——常發生於社會現象，特別是政治現象。要將之稱為社會科學法則是相當難以成立的，此法則不是很嚴格的科學法則（Exactly Scientific Law），將之放入社會科學理論中，只是「近似性的規則」，因為社會科學中有很高的不可預測性。所以波柏爾在社會科學理論中即主張用社會工程學的理念，因為我們不可能用整體性的

規畫來進行社會的設計,而只能用點滴工程學(Piecemeal Engineering)來進行社會的規畫。

原則二:理性原則是運用於情境分析上——任何一個有理性的行動者都會依照情境作理性的判斷,並決定行為的方式,後來波柏爾及其跟隨者卻將此原則做了過度擴充的使用,使用至「非理性的人」的行為也可作理性分析。波柏爾對理性原則的解釋並未做充分的說明,換言之,其實質內容並不十分清楚。後來他的一些跟隨者再將理性原則慢慢擴充,典型的例子說明於下:

1. 賈維(J. C. Jarvie, 1972)把情境邏輯用來解釋人類在整個複雜情境中,如何運用情境分析來決定某一些方法,達到某一種目的。賈維把這種情境邏輯稱之為假設演繹法的解釋模式的一種特殊方式。換言之,他用目的方法的理性來解釋人類的行為。通常人類的行為都會採取較經濟的手段,例如市場機能的教育問題解決模式,就會產生「兩學分念多少書」斤斤計較之經濟人模式(Economic-man-model),此可見於賈維的《觀念與社會》(Concepts and Society)一書。在此書中他引了一個例子:有關西班牙軍隊與英國軍隊在大西洋征戰的歷史重建問題,假設雙方船艦的方位與角度如何,才使得軍艦相撞。對於歷史的重建,其實只是一種事後的聰明罷了!情境邏輯只適用於經濟人的決策模式,此處若按賈維的說法,理性的行為與理性的思考模式應是一致的,不過從社會的實際情況看,是否可能完全一致?是否一個人都會在整個社會情境中,用目的—方法的理性模式來行為?

2. 科特基(N. Koertge, 1974)在〈論波柏爾的社會科學〉

（On Popper's Philosophy of Social Science）論文中，提出較詳細的情境分析模式，將波柏爾的情境分析複雜化，提出「無時間向度」的情境。

(1)描述問題情境（Description of problem situation）：一個人處於 Type C 的問題情境中（A thought he was in the problem situation of type C.）；

(2)運用法則（Dispositional law）：對所有這類的問題情境，A 會用評價規則 R（For all such problem situations A would use appraisal-rule R.）；

(3)分析情境（Analysis of the situation）：運用 R 規則來評價 C 情境，其結果為 X（The result of appraising C using R is X.）；

(4)描述行動者的能力（Description of agent's competence）：A 用 R 來評價 C，在過去沒有產生錯誤（A did not make a mistake in applying R to C.）；

(5)理性的評價原則（Rational appraisal principle）：所有的行動者都會用理性的態度來評價其所處的情境（All agents appraise their situations in a rational manner.）；

(6)解釋一（Explandum-1）：（所以）A 得到結論認為作 X，是一種理性的行動〔（Therefore）A concluded X was the rational thing to do.〕；

(7)理性原則（Rationality principle）：任何人都會按理性評價的結果來行動（People always act on the outcome of their rational appraisals.）；

(8)解釋二（Explandum-2）：A 一定會作 X〔（Therefore）A did X.〕。

雖然波柏爾以及波柏爾學派並不贊同形而上的假設，但此處從情境分析的人類行為之解釋，仍可見波柏爾依舊包含對人的基本看法的形上假設。仔細分析可發現，理性原則是否可能如波柏爾本人所說的可否證呢？答案是否定的，因此理性原則基本上仍是一個形上假設。

3. 格律克和徐密德（F. Glück & M. Schmid, 1977: 72-81）提出的理性原則和行動解釋，簡化了科特基的解釋，並引進了時間向度：

(1) 某一個人 A 在某一時間 t 內有一最高層次的目的 G（Person A has at some time t a hightest-order goal G.）；

(2) A 會判斷行動 X 最有可能完成 G（A judges the action X the hightest-order alternative for achieving G.）；

(3) A 可能去做 X，沒有什麼事物可以阻斷 A 去做 X（A has the possibility to do X-A is not prevented from doing X.）；

(4) A 有能力做 X，亦即做 X 這件事是在 A 的能力範圍內（A is able to do X-X is within A's capacity.）；

(5) A 會去做 X（A does X.）。

在教育科學領域，艾利希和羅斯納（L. -M. Alisch & L. Rössner, 1978）將社會科學當作技術性的科學（Technologische Disziplinen），便應用了這一類的公式進行演算，幾乎將人文社會科學用自然科學的法則來加以處理，他將這些法則稱之為一般的行動法則（General Action Law）。但有這種法則嗎？自然科學與社會科學的同一性又是如何？找出這種法則以後，是不是就可以應用到社會科學？此處便牽涉到說明、預測和

應用的邏輯結構問題，列圖並說明如下：

	說明	預測	應用
法則	待找尋	已知	已知
原初條件	待找尋	已知	待找尋
解釋項	已知	待找尋	已知

圖 3-3
說明、預測和應用的關係圖

說明（Explanation）

解釋項（Explandum）是已知的，須找出一個法則（Law），及適用此法則的一些原初條件（Initial Condition），以進行解釋。例如近來台灣發生空安問題，應找出什麼樣的法則會導致什麼樣的狀況。

預測（Prediction）

已經知道法則和原初條件，只剩下所要解釋的現象是未知的。亦即可由法則和原初條件，推論將來最大的可能性，而此可能性還有待將來才可驗證。

應用（Application）

解釋項和法則是已知的，根據法則才知道應設計何種原初條件才能達到預期目的。

大體上，說明、預測和應用的邏輯結構並不是完全同一的。一般在科學討論中都會認為，解釋就已隱含了一種潛在的預測，或預測就已隱含了一種潛在的解釋。這種說法，基本上是認為解釋、預測和技術的應用在邏輯結構上具有同一

性，但事實上並非如此。

預測不一定隱含因果說明，根據波柏爾所言，因果說明基本上是一種本質的理由，亦即因果說明意味實在界的內在（Ratio Essendi——本質性的原理）中存在著因果性，但預測則建基在一種認識的理由（Ratio Cognoscendi），接近於我們所說的，有多少信念的可能性，所以解釋與預測間並無邏輯的同一性。解釋是否必然有一種潛在的預測呢？雖不能全然否定，但也不能肯定有了解釋的法則就一定可以具體的來說明預測性。因此解釋和預測不可混為一談，這是在談社會科學的解釋和社會科學的預測時所要注意的。如同波柏爾所提到的社會科學的最高法則——人生不如意者十常八九，社會科學的預測不能像自然科學那樣，用一種本質性的原理來進行解釋。

一般人大都誤解技術學（Technology）是將純科學（Pure Science）找到的一些因果法則，應用在實際情境，其實不然。從科學史的發展來看，波柏爾認為科學的發展往往是先有一些技術，然後再發展出對原理的一些解釋。所以，技術學本身是一種「技術之知」（Know-how）的系統（Theory of System of Know-how），而非把純科學的法則應用到科學理論之中。

在社會科學理論，甚至自然科學理論中，一直在追求的是一種「法則性的敘述」（Nomological Statement），許多法則性的敘述有機的作出科學法則。實際上應用時，雖然波柏爾也希望找到一些實踐的規則性，但是「法則性的敘述」和「法則的應用敘述」（Nomopramatical Statements）的有效性不同。以哈伯瑪斯的「有效性宣稱」用語來說，「法則性的敘述」的有效性宣稱為真，「法則的應用敘述」的有效性宣

稱則為效果（Effectiveness），兩者不同。波柏爾是分析社會工程學或社會行為（Social Behavior）的一個有效性，不考慮正當性。用前述賈維的經濟人模式來分析，就是只管有沒有效；用杜威（J. Dewey, 1859-1952）的話來講，就是著重在能不能產生作用；用鄧小平的話來講，就是「不管是黑貓還是白貓，只要能抓到老鼠就是好貓」。假設是行為技術學（Behavior Technology）所建構出來的一套「法則的應用敘述」；假使給予多少強度的刺激，這個人就可以產生多少的作用，試看看是不是真的一個刺激就產生作用，真的產生作用了，就是一個有效的「法則的應用敘述」。

根據前述的分析，波柏爾及其學派的科學理論及社會理論可以歸結為以下簡圖，加以比較說明：

	科學理論	社會科學
消極性目的	用經驗驗證的，不一定得到	沒有可達多數人幸福的可靠方法
積極性目的	科學的進步是錯誤的慢慢消減	盡可能減輕人的痛苦
基礎	確證與否證的不平衡狀態	不平衡造成進步
制度支持	方法論的多元開展	容許社會的多元論

圖 3-4
科學理論與社會科學的比較圖

一般的科學理論，從目的來看，可分為積極性和消極性兩種。消極性目的——科學理論是由經驗驗證所得到的理論

的累積，並不一定是達到真理的可靠方法；從社會科學的觀點來看，波柏爾認為沒有一種可以達到最多數人的最高幸福的可靠方法，這是由他對確證主義（Verificationism）的批判引伸到社會科學的觀點。科學理論的積極性目的——科學的進步是由於錯誤的慢慢消滅；社會理論的積極目的是社會的進步在於盡可能減輕人類的痛苦。如果從社會科學理論及其基礎條件來看，科學理論是在確證和否證之間的不平衡狀態下所產生，社會理論是指人類在快樂和痛苦之間的不平衡關係才會促進社會理論的不斷發展。從制度支持的層面來看，科學理論是指科學社群中方法論上的多元論不斷的開展，社會理論是一個開放的社會中容許了不同言論的開展，也就是社會多元論的觀點。

前述提及，有沒有一個可以預測歷史發展的法則呢？這就涉及了波柏爾對歷史解釋與歷史發展的看法。基本上，波柏爾不相信有一種可以預測的客觀的歷史發展法則存在，所以在《歷史命定主義的困境》一書中，批判了所謂的歷史命定主義想要發現歷史發展的法則，來預測人類的歷史發展是一種非人性、非理性的觀點，這在邏輯上是不能接受的。其論證為：㈠人類的歷史發展過程中，深受人類知識成長的影響；㈡理性的科學方法不能對人類的未來知識成長作預測；㈢對人類的未來歷史構成不能預測；㈣作為歷史預測的歷史發展科學理論是不可能成立的，所以歷史命定主義不成立。這與其前述社會科學的兩個超級法則——人類行為的不可預測性及理性原則，可以說是互相呼應。

第四節　經驗分析的教育科學之歷史根源

　　本書第一章已經說明了十七世紀以降西方的科學是在理性、經驗和信仰的爭衡中發展。宗教改革以後，面對改革與反改革之間的衝突，更引發了信仰的危機。在伽利略（G. G. Galileo, 1564-1642）、開卜勒（Johannes Kepler, 1571-1630）、笛卡兒、牛頓及萊布尼茲等對現代數學及天文學的奠基之下，信仰作為知識基礎之理念產生動搖，經驗與理性成為致知的不二法門。培根的「知識即權力」之說更開啟了啟蒙運動以降透過科學理性，透過數理算計，掌握世界，控制世界，可使人臻於幸福的樂觀態度。教育的經驗科學化正是這種啟蒙運動理性開展下的重要環節。在十七世紀自然科學發展及啟蒙運動精神孕育下，開啟了教育的經驗研究之先驅，主要的有拉特柯（W. Ratke, 1571-1635）、霍爾巴赫（P. H. H. Th. D'Holbach, 1723-1789）、赫維帝悟斯（C. A. Helvétius, 1715-1771）、康德及特拉普。

一、拉特柯

　　拉特柯於 1571 年生於霍爾斯坦（Holstein）的維爾斯特（Wilster）。受到當時啟蒙精神的影響，尤其是培根科學方法的激盪，相信透過經驗和正確理性的運用，可以使人導向

幸福。而這個目的的達成，須以改善教學為先決條件，因而他建議一種新的教學方法之探究。新教學的理念再予以母語為教學的媒介語言，以母語來進行教學又結合了其以經驗為基礎的教育研究理念。「所有（知識）須經由經驗歸納並經實驗逐步的探究」（Per inductionem et experimentum omnia）（cf. J. von den Driesch & J. Esterhues, 1952: 32）。

二、赫維帝悟斯

赫維帝悟斯 1715 年生於巴黎，1758 年出版《人類精神論》（De l'esprit），富於激進啟蒙精神而不見容於巴黎，獲普魯士腓特烈大帝（Friedrich der Grosse）協助，延攬到波茨坦（Potsdam）宮廷，1771 年逝世，1772 年出版《論人：其精神能力及教育》（De l'homme, de ses facultés intellectuelles et de son éducation），受到洛克（J. Locke, 1632-1704）感覺主義之影響，認為人心如白板可印入任何印痕。提出「教育萬能」（L' education Peut Tout）之說，認為人之精神能力發展不同悉由教育所造成。透過嚴格的科學探究可以發展出改善人類發展的教育工程學或行為工程學，控制環境因素，使人類能夠如其所願的發展其所希望的能力。

三、霍爾巴赫

霍爾巴赫 1723 年生於伊德漢（Edesheim），1770 年出版《自然體系》（System der Natur）被譽為唯物主義的聖經（Bibel des Materialsimus）（F. März, 1998: 347），以物質運動來解釋心靈法則和倫理法則。因果法則的必然性也歸諸物質運動的規則性。

在《自然體系》中霍爾巴赫就指出，實在界包含感覺經驗的所有狀況，因此經驗科學的純粹認知對象存在於感覺之中。認知主體或科學研究者應以不偏不倚的態度來面對其所經驗到的資料，以便能夠認識法則。法則認識的必要性在於其能釐清複雜現象背後之作用原理。這也就意味著不同性質之自然所顯示多樣化現象和感覺印象，須以數量化的方式加以概括，以尋繹其因果原理。

霍爾巴赫因果原理之探究係植基於唯物主義的基本預設。物質與運動是所有存有的核心，實在界只不過是運動中的物質顯露於時空之中而已。任何複雜的現象均為單純運動之結果，因此，可以進行分析以追溯到單純的運動。倫理法則和自然法則無殊，均源自於物質運動。因果之間有緊密的必然連結，任何現象包括人的現象與教育現象均統之於必然的自然法則。

四、康德

本書第一章已經說明了康德在科學理論發展史開啟了哥白尼式的革命，將自然科學研究相當重要的因果原理置諸人類認知主體的先驗範疇來討論。康德雖然總結了啟蒙運動的科學精神，但並未像啟蒙諸子那般探索恆定的機械法則，卻在人性結構中引進了目的論的結構，也重視在時間中演化的概念，凡此對十九世紀的自然科學均有極重大的影響，而在教育科學的理念上也開啟了劃時代的貢獻。

布拉斯（J. L. Blaβ, 1978: 12）分析康德《教育論》中的教育科學基本命題：「**教育藝術（Erziehungskunst）的機械運作機制須轉化為科學原則，否則上一代的努力將為下一代所**

摧毀。」（Imm. Kant, Kantswerk, IX, 1968: 447）指出康德的教育理論係擺動於嚴格確實的自然科學和詮釋的精神科學之間。雖然如此，康德在教育科學的建構上強調「經驗」（Erfahrung）與「實驗」（Experiment）的重要性，因而將之視為經驗分析教育科學的理論先驅是極為合宜的。

　　康德的教育科學理念主要見諸其寇尼斯堡大學的教育學講演。康德於 1776 至 1777 年冬季期首度在寇尼斯堡大學主講「兒童教育之實踐性教導」（Praktische Anweisung, Kinder zu erziehen），這個演講係當時大學承普魯士政府之令所設「本地學校之改進」之系列演講，由哲學院教授輪流主講，第一次演講以巴斯鐸（J. B. Basedow, 1724-1790）的《方法書》（Methodenbuch für Väter und Mütter der Familien und Völker, 1770）為本。康德復於 1780 年夏季期又作同一系列演講，至於 1783 至 1784 年冬季期，及 1786 至 1787 夏季期的教育學講座，大學當局公布的主講人是康德，實際演講人是寇尼斯堡教師研習班（Pädagogisches Seminar）的創設人華德（S. G. Wald）*（K. Vorländer, 1924, Bd. I: 227; Udo von der Burg, 1989: 19）。康德的演講由其弟子林克（Fr. T. Rink）編輯，以《Immenual Kant über Pädagogik》為名於 1804 年出版。康德在這本《教育論》中（Imm. Kant, op cit. 441）開宗明義即指出，人是唯一需要接受教育的動物。人就其整體的種屬

---

* 作者在此要特別感謝上海華東師範大學教育學界老前輩瞿葆奎教授指正了拙作《理論‧詮釋與實踐》（師大書苑，1988）頁 71 及 117 的錯誤。這兩個地方都指出康德作了四次的教育學的講演。大部分中、英文獻都犯了同樣錯誤，即使德文文獻，如布拉斯（1978: 12）及 F. W. Kron（1999: 116）均有此錯誤。經瞿教授來信指正後，查考 K. Vorländer 的《康德傳》，才知後兩次康德實際並未主講。

而言，須透過特殊的努力將人的整體自然稟賦（die ganze Naturanlage）逐漸開展出來（Imm. Kant, 1968, Kantswerk IX, 441）。為開展人類整全的稟賦，康德認為規畫完備的教育理論是必要的。在《教育論》中，康德曾云：

「規畫教育理論是一種崇高的理想（Ein Herrliches Ideal），即使未能立刻實現，仍無害處。即使要實現教育理論的規畫，有重重的困難，仍不可視為徒託空想，斥之為美夢而已。」

(一)教育理論的意義

上述引文，根據布拉斯的分析（1978: 18），理論的含義有二：其一理論指的是公理（Axiomen）、定律（Grundsätze）和原理（Lehrsätze）在邏輯上連結而成為一個系統；其二理論指的是指導實踐而具有某種程度的普遍性之規則系統。教育理論所涉及的不僅是純理想而已，也涉及實踐性的活動。因此，兩種意義均切合康德所謂的教育理論之規畫。

至於理想，康德早期的邏輯學著作中（Imm. Kant, Kantswerk IX, 1968, 41）是指最大的完美（Das Größte an Volkommenheit），柏拉圖名之為理念（Idee），因此論教育理論之理想必須索之於理念。在《教育論》中，康德即指出：

「理念無他，只不過是一種完美的觀念（Begriff von einer Volkommenheit），這種完美尚未見諸經驗之中，例如一個完全依照正義的原則統治的共和國理念！難道是不可能嗎？只要我們理念正確，即使在實行過程有重重困難，絕非不可能。即使是有人對任何人欺瞞，難道說真話就是不切實際？而一種將所有人類天賦完全發展出來的教育理念是為真實的。」

據上所引，可見康德認為理念是超越經驗之上的觀念，其完成有待於整全性和完美性，有如柏拉圖哲學中理念是經

驗世界中的完型，經驗只是理念的摹本。康德提出了將所有人類天賦完全發展出來的教育理念係一種理論上的理想，並未實際見諸經驗。然而，康德亦以為規畫完備的教育理論不可視為徒託空想而已，應有漸進的努力，因而經驗與實驗在教育科學研究中至為必要。

(二)經驗與實驗的重要性

一種完美的教育理論指的是可以指引人類完全發展其稟賦的規則系統。正如康德所云：「**人性的根深處潛藏有甚多的胚芽（Keime），我們的工作在於將天生的稟賦勻稱的發展出來，也是將人性的胚芽發展出來，而使人達到人之所以為人的本質決定。**」質言之，教育工作的主要目的在於發展人類天生的才賦，顯見康德對於人性本質的決定，並非訴諸形上或倫理規範，而毋寧說是人性深層結構帶有目的論的性格。．

由於植基於人性深處的稟賦並不可能全然盡知，我們也只能盡其所能的發展。再者，如果能夠得知其一的話，也可以推衍其他。因此，康德強調教育藝術中經驗的重要性，教育也因經驗而進步，一代會將經驗與知識傳給另一代。康德所謂的經驗涉及了普遍的人類，而非別的個體，因此，經驗可以延續傳遞，持之久遠。

由於人性完美的程度，人類無法確切知悉，只能漸進的導進，因而，康德也主張教育實驗之重要，因為實際的經驗往往和預期相違，故單憑理性判斷是不夠的，因而康德建議以汎愛教育學者在德騷（Dessau）所建學校為範例的實驗學校，來進行教育實驗。

（三）教育科學的理念

　　康德認為教育應成為嚴格確實的科學，否則難以明確開展完美之人性。由於教育研究係一經驗過程，累積無數代的努力，一時仍難以完成完備之教育論體系。然而為達人性之完美，教育藝術必須找到合法性（judiziös）基礎，亦即訴諸理性的判斷，使之成為科學，使一代代累積下來的教育經驗成為前後一貫的體系，以指引教育實踐活動。

　　康德強調教育科學體系的建立，以及經驗和實驗在教育科學研究的重要性，其有劃時代的貢獻。較為可惜的是經驗與實驗方法的運用未作清楚的說明，在其《教育論》中仍有不少先驗演繹的色彩。正如布拉斯的評論，康德的教育科學理論建構擺動於嚴格確實的自然科學和詮釋的精神科學之間（J. L. Blaß, 1978: 12）。

五、特拉普

　　中文文獻常以赫爾巴特為教育學之父，事實上第一個以教育學為名的講座係特拉普在 1779 年哈勒大學所創設，其講座的講稿於 1780 年以《教育學探究》為名出版，書中並附有其就任講座時的就職演說。正如溫特斯（V. Winters, 1990: 159）所述，這是第一本建立在經驗科學基礎之上的系統教育學著作。特拉普生當啟蒙運動之末，又曾於 1777 年任教於德騷的汎愛學校（Philanthropinum），其教育科學之理念深受啟蒙運動及汎愛教育運動之影響。

(一)教育科學的理論背景

1.啟蒙運動

啟蒙（Aufklärung）一詞有多種含義，惟最主要的包括兩層意義，其一為邁向自由與解放的整個社會過程；其二為較為狹義的歷史時期，指的是大約 1680 至 1780 年之間歐洲思想解放運動。當時自然科學蓬勃發展，數理化機械宇宙觀透過自然科學的研究方式，可以解決社會問題，而使人類臻幸福之境，而毋須寄希望於渺不可及之天堂。就教育觀點而言，正如布蘭克茨（H. Blankertz, 1982: 28-30）所述，為追求自由與解放，學校必須脫離教會束縛，而以兒童為中心，切合實際，透過科學方法的研究，尋繹一種適切的教育方法發展兒童能力，而導向此世的幸福。在此種思想背景下，特拉普在哈勒大學設立教育學，即主張用實驗的方法來進行教育研究。

2.汎愛教育運動

汎愛教育是十八世紀下半葉的教育運動，主要理念為教育萬能，透過教育可使人導向完美與道德。新市民社會秩序也可以透過教育來完成，強調人權、幸福、容忍與自由。這些理念也見諸特拉普的教育學。

(二)教育科學建立之必要性

在啟蒙運動與汎愛教育運動基本精神的孕育之下，特拉普以三個論證來說明教育科學建立的必要性：其一，人皆有追求幸福之需求，故須接受教育；其二，由人的教育的必要性，推演出必須發展教育的藝術；其三，為了使教育有規則可資依循，必須建立嚴格的科學。特拉普秉持啟蒙運動與汎愛教育之理念，認為教育的基本前提是建基在人都有追求幸

福的理念，教育使人類能夠開展其天賦，使人有能力認識、感受、發展、創造並且承擔苦難。個人要達到幸福必須兼顧社會的幸福，如此便帶有功利主義的思想。個人必須先使自己成為有用的人，有用性是啟蒙思想的共同特色，有用性的先決條件必須要有知識。在社會中要先有知識並且在道德上能為人所愛戴，這就是教育的重點工作，所以教育是個人與社會幸福所需要的。

由教育的必要性，特拉普進一步導出必須要有教育的藝術。特拉普還帶有啟蒙運動直線進步的樂觀看法，認為只要教育的藝術能適切運作，世界一定可以無窮的進步，幾乎能將世界變為天堂。特拉普不像康德，他未將教育藝術與教育科學作明確區分，其實這是啟蒙運動時代的共同精神，亦即任何藝術、科學、思想都是導向人的有用性（A. Reble, 1964: 129）。在此思想下，理論與實踐應緊密結合，理論應服務於實踐，實踐要導向理論。特拉普的基本想法是，成立學術需要有一些學術的基本命題或敘述，而這些命題必須從教育是「如何發生的？」、「如何作為？」這樣的描述導引出。此處特拉普相當清楚的說明如何確立教育學的科學結構，如何從教育的實踐過程中成立教育科學性的敘述，這是他一直關心的問題。雖然他未如當代科學理論將理論語言和描述語言作區分，但他已開始了一種有關於教育事實與方法之描述的理念。

特拉普也強調教育的藝術是一種必須謹慎從事的藝術，才不至於產生錯誤，也因此教育這種特別的藝術，必須要由一些特殊的人來從事，如此才不會使教育的目標落空。雖然特拉普未如當代的一些教育學者提出「專業化」的語詞，其實在其理念中已開啟了一種教育的實際運作、教育科學、教

育科學的研究應走向專業化等理念。教育科學必須要由特殊的人來研究，這樣的理念清楚顯示，教育科學研究的起始點在於對人性的透徹了解，必須先認識人，才能對人進行教育。

㈢教育科學及其方法

特拉普的教育科學理念是，對人性的認識是教育過程的運作以及教育科學理論的先決假設。對於人性的認識，他主張要做多種角度的觀察。教育家可從其自身的觀點來觀察人性，問題是以此觀點來觀察人性最困難。他以一個四季氣候變化的常識性的比喻來說明觀察人性有一般化的規則和個體特殊性的關係。若從科學理論的觀點來看，人性應有好幾個層次的通則化的可能性，有些具體，有些進一步的歸納，也許可以導向一個普遍化的規則。

對於普遍化的規則，特拉普以四季做了一個比喻。我們可以知道春夏秋冬一般的氣候規則，但四季中特殊的一天，只能放到這個架構來了解，不可能知道該天的氣候一定會如何。顯然的，特拉普已經注意到人的普遍性，也了解到在教育過程中亦需要注意人的特殊性。所以，人性的探討是他建立教育科學的起始步驟。特拉普認為人性的探討主要是透過觀察和經驗，但由於教育不一定能由經驗導引出正確的規則，甚至可能因為經驗的偶然性而會導向錯誤，所以觀察還不是教育的正確出路。此處並不意味特拉普不重視經驗，特拉普仍重視經驗，但此經驗不是偶然的或即興式的經驗，而是經過詳細規畫，透過一種方法、工具來對教育事實作系統研究的經驗。

就當代而言，特拉普所提出的研究也許顯得粗糙，但對於思辨色彩濃厚的十八世紀的教育科學研究而言，特拉普的

研究是較為科學的。例如他說給予兒童玩具、書籍、模型去操作，再將各種活動的過程及結果，以數量化的方式記錄下來。並且主張應依照兒童的年齡、特質、操縱對象的變化及其某些反應、對於某些反應的數量皆一一記錄，歸納出一些趨勢。同樣的，他亦將某一些組群（即今所謂的實驗對象）建立成為一個實驗社會（Experimentalgesellschaft）（即今所謂的實驗情境），透過實驗情境來多方面觀察個別兒童的反應，並導出各種對於兒童的知識和見解。由這些知識和見解，才知如何對兒童進行個別的和團體的教育。亦即將個別兒童的觀察和一個群體放到實驗情境中來觀察及進行實驗，注意兒童的作為及其原因，來建立一個規則。

有關教學的觀察，特拉普將教學單位劃分成幾個小單位，此已接近當代的行為目標的作法，將每個教學的小單位都盡可能詳細記錄，才能將教育事實作正確的描述，這顯然已開啟了德國描述教育學，為德國描述教育學的先驅。特拉普主張應該對老師和學生投注於某一教學材料的力量進行評估，對所教的價值和學習成就的好壞進行比較，亦即評估教學的投入和學生的成就是否平衡，此即當代所說的「教學評量」。老師、學生和學校皆應作詳細記錄，以便進行教育的科學討論。因此，他進一步開展出其所謂的教育的科學體系。

㈣教育科學理論體系

特拉普的方法論在其所處的時代是相當進步的教育研究方法論，其所謂的系統觀察，最後的目的是在建立正確而完備的教育學體系，使學校的教學和公共教育皆可進行改善。若體系完備，則整個教學、教育便會導向完美。

若將特拉普的理論對比於十九世紀的教育學理論建構來

看，十九世紀的教育學體系較偏向哲學且思辨色彩濃厚，即使赫爾巴特的教育學也不例外。雖然赫爾巴特以倫理學建構教育目的，以心理學建構教育方法，但實際上他所講的是一種思辨的心理學而非實驗心理學。基本上，十九世紀建基在思辨哲學的教育體系，是想將教育的系統建立成幾乎是完美的系統建構。特拉普則認為最終有效的教育學系統，必須不斷的努力才能完成。而在事實層面上，沒有一種所謂完備的教育學。特拉普明白指出，建基在經驗上的一些知識，原則上是可修正的，所以經驗不是一種最穩固的對象。對於一個審慎的教育學家而言，不管透過多少次的觀察、有多少經驗，都沒有止境，亦即不可能有完備的觀察。所以，每一種教育學體系都不太完備，它的基礎都有待於新的經驗、新的觀察，教育學體系的建立仍須不斷的進行規畫。

綜言之，特拉普所談的教育學體系，是由事實的描述開始，進一步的分析、解釋，最後到達理論體系的建立。這樣的教育科學體系的建立，其實和當代的邏輯經驗論，甚至新實證論以及波柏爾科學理論很接近。

(五)評析

特拉普的重要貢獻在於將科學理論的概念引進教育科學中，在特拉普的理論中，教育中的體系或計畫概念有一種永恆的規範性，人會不斷的往幸福之路追求，但不像赫爾巴特是用先驗的系統，或康德的實踐理性批判那樣是用先驗的原理來規範教育活動。

有一些人，特別是德國的羅赫納（R. Lochner, 1895-1978），在其 1963 年出版的《德國教育科學》（Deutsche Erziehungswissenschaft）中（pp. 389f），對特拉普進行批判。

羅赫納為徹底的經驗論者，其主要的批評如下：

1. 特拉普雖然要求教育學要有經驗的基礎，但未將之與思辨哲學分離開來，事實上，這種批評亦未盡允當，特拉普已秉其啟蒙運動之探究精神，以試圖突破哲學思辨的囿限。

2. 特拉普的《教育學探究》的系統部分，仍舊是教育的學說，而非教育的科學（學說可能是由一個思辨的演繹系統作出發，而推衍出一些並非均經過證驗的有關於教育的科學性看法；教育科學粗疏的說，就如特拉普所說，要透過系統性的觀察，甚至建立實驗的社會，亦即建立實驗情境的觀察來建立一些科學的理論體系）。特拉普雖承認觀察永無止境，建基在觀察所得到的一些經驗語句、經驗事實是一種新的理論體系，但他這樣做仍無法滿足作為一門學術作為科學的要求，這種批評過於嚴苛，因為特拉普是十八世紀的人，羅赫納卻以二十世紀的眼光來看，尤其德國教育學界在1960年代，是所謂的教育實在論轉向的重要年代，特別強調教育的科學探究。

3. 特拉普未明確劃分「什麼是科學？」、「什麼是技藝？」，特拉普雖可稱為教育科學的理論先驅，但是要說其教育學是一種證驗性的教育科學則言之過早（此批評由某些角度而言是有一部分的道理，但把特拉普說成沒有和先驗哲學分開，這點對特拉普並非十分公允）。

特拉普的貢獻可以簡略歸納為以下幾點：

1. 對特拉普而言，教育是一門由特殊的人所從事的特殊

藝術，教育研究是一門特殊的學術研究。此隱然有一種將教育作為一種專業、一門獨立自主科學的看法。

2. 把經驗作為可以不斷修正的過程，實際上已隱含著類似波柏爾不斷試驗的知識演化論的觀點。系統的教育科學研究也帶有演化論的意味。

3. 他對於人性的觀察也考慮到，從教育的觀點來觀察人性並不容易，因其涉及如何將人性帶至最高的完美。

4. 已有系統觀察的理念，要將觀察的條件加以變化之後，再來看對象反應的變化。這可說是具有當代量化研究的觀點。

5. 嘗試建立普遍有效性的教育科學，此理念亦為當代教育科學理論所想要突破的一個難題。

第五節　實驗教育學的發展

德國甚或廣泛而言，整個歐洲教育學術界一向受觀念論（Idealism）的影響，直到十九世紀末、二十世紀初才開展出應用馮德心理學觀點的實驗教育學理論，來進行教育以及教學的實驗。1879 年來比錫大學首先設立心理學研究所，1913 年在馬堡大學（Marburg University）也成立心理學研究所，其間總共有十六所大學設立心理學研究所。在此學術氣氛下，教育學也有了理論上的轉向。另一個轉向與教師提高其學術地位以及其專業地位有密切關係。當實驗教育學者繆曼想將教育當作一個獨立的領域，在大學設立獨立講座時，遭受許

多批評和回響，特別是來自斯普朗格這一派人的反對。他們認為教育應是人格的陶冶，而不是實驗的研究。此擔憂是有道理的，因為教育研究如果只是進行一種心理的試驗，有將教育技術化的危險。因此，1920 年「德國教師與教育家學會」開會，議決要提升教師的專業地位。提升教師專業地位的一個方式是制度與機構的提升，由早期的教師研習班（Seminar）開始慢慢提升為 Akademie 的組織形態。繆曼和雷伊在這種學術氣氛下，展開了實驗教育學之探討。

一、繆曼

繆曼在 1862 年生於德國烏爾丁根（Uerdingen），曾習神學、醫學、自然科學，後從學於實驗心理學者馮德，並為其助教。深受馮德實驗心理學影響，試圖用實驗方法進行教育研究，在漢堡（Hamburg）大學設立心理學研究所，而開展其多方面的學術活動，著述也極繁富，有關教育的著作為 1907 年刊行的三鉅冊《實驗教育學導論》（Vorlesungen zur Einführung in die experimentelle Pädagogik），主要部分於 1914 年節縮為《實驗教育學大綱》（Abriβ der experimentelle Pädagogik）。以下說明其對教育學的性質及研究方法。

㈠教育學的科學性

繆曼認為教育學兩個主要問題是：教育學是否為一門科學？它是否是經驗科學？事實上，這兩個問題 1888 年狄爾泰刊行的〈論普遍有效性教育科學的可能性〉（Über die Möglichkeit einer allgemeingültigen Pädagogischen Wissenschaft）中有所討論。繆曼的論點是：教育是一門經驗科學。

他反對所謂的教育學沒有本身統一的研究範圍、沒有普遍有效的法則這一種說法。教育學的科學性質在於其素材雖可能來自其他領域，卻依然以獨特的觀點來加以處理，也就是從教育的觀點來加以處理。即使教育學運用了倫理學、心理學、邏輯學和美學的研究結果，也是出之以教育學的觀點來加以運用，也因而為得明確無誤性的結果，須出之以嚴格確實的實驗研究。

繆曼在《實驗教育學大綱》（E. Meumann, 1914: 9-10）中主張，教育科學的目的在於建立教育目的系統，確立教育應遵循的規範規則與原則，而這些規則與原則又從教育活動的本質及教育活動在人類整體活動中的地位等導引出來。因此，教育學必須研究兒童及其活動、教育的方法和媒介、教育的機構以及教育目的。因而，必須從經驗性的研究，針對這些課題加以探討，而所有的探討須自兒童出發，所提出的教育措施應符合兒童發展狀況及其法則。因此，實驗方法極為必要。

質言之，實驗教育學的主要課題有六：(1)探討兒童身心發展；(2)特別觀察兒童心智能力的發展；(3)研究兒童的個別性；(4)建立兒童能力之科學學說；(5)在學校工作中觀察兒童；(6)在單一學科中分析兒童的心智工作。經由這些課題研究的結果可以給予教師教學方法和教學活動的參照。

(二)教育學的研究方法

為了研究上述課題，繆曼認為主要的方法是採觀察和實驗。就兒童與青年的研究而言，繆曼認為應以下列六種方法來進行研究：

1. 以充滿想像的方式，進入青年和兒童的世界。此類似

詮釋學方法，亦即要對青年或兒童的內在世界進行了解。個別的經驗、擬情的能力、對他人的體驗，都是以此方法來助長對兒童或青年的了解。但是他認為這種方法的科學性仍舊有問題。

2. 用個別回憶的搜集，進行資料的重建。此方法仍舊有問題，因為每一個人的回憶會有偏誤。

3. 用比較和發展史的方法。透過比較和發展史的方式，把資料作結構化的處理，來獲得有關人類發展以及人類處境的一些規則性。

4. 兒童成就表現的搜集。類似今日兒童成績資料的匯集，找到一個判斷的標準來看兒童的表現。

5. 直接的觀察，又分為個別的觀察和群體的觀察。個別的觀察，涉及一個個案；群體的觀察，用問卷、日記，或在學校中收集一些記錄資料進行統計，或用心理描述的方法，這是他與馮德很相似的方法，將心理描述用在教育的研究。

6. 實驗的方法。有計畫的控制研究條件，明確地得到明確的敘述。繆曼認為觀察即使再如何客觀仍是不足，實驗才能夠進入比較嚴格的科學。繆曼認為實驗主要有三種：

   (1)兒童心理與青年問題的實驗：將教育上的重要問題，用心理學的方式來解析，也就是以馮德的實驗心理學研究方法進行教育問題的研究。

   (2)直接的教學實驗：何種教學方法較佳？繆曼以實驗的情境來進行分析。他將實驗又分為：

   　　a. 分析性實驗——如拼法（Spelling）的教學，分成聽寫、抄寫、記錄等情境，按照分析的情境來評

估；

b. 綜合性實驗——每一實驗領域都按照某一問題領域來實驗，此方法在德國學術界可算是獨樹一幟的研究方法。因為當時幾乎都籠罩在德國觀念論的哲學傳統之下，最主要的研究導向是精神科學教育學的研究。

(3)教育的實驗：繆曼自豪之處是引進了教育實驗，在教育文獻中首度引進教育實驗這個概念。他將教育實驗放入綜合性實驗中，教育實驗是將複雜的教育問題的某一些部分，放到控制條件下來探究，這些問題的某一些部分，盡可能明確細心的放在不同的關係情境中來試探。繆曼也嚴肅的討論過與其對立的規範教育學和精神科學教育學的主張。基本上他認為，規範教育學和精神科學教育學不夠科學，它們是一種哲學的反省。要進行科學的研究，須將哲學的反省和科學研究區分開來，因此觀察和探究才是科學的核心，不進行觀察、實驗，充其量只是一種思辨性的哲學反省。根據繆曼的分析，觀察事實上是將感覺經驗進行一種有計畫、有步驟、很精細的分析。1900年代馬赫的《感覺的分析》（Die Analyse der Empfindung und das Verhältnis des Physischen zum Psychischen）曾在科學史上和哲學史上影響頗大，繆曼的說法與馬赫的《感覺的分析》很接近。

科學的研究方法必須和邏輯法則、經驗法則一致，不可悖離感覺經驗，並且應該依照理論架構來提出一個學術體系，如此才是一個經驗的科學。邏輯的原則和所用的研究方法並

不是一樣的，但有研究邏輯我們才可能確定一些研究的規則，才能給予一些個別研究方法論原則，而不會使研究變成只有一些孤立事實的探討。繆曼的方法論已隱含當代科學理論中經驗論影響下的方法論架構，也就是研究必須透過觀察和實驗來進行事實的收集。將觀察和實驗所得到的事實，安排在一個井然有序的規則之下並加以描述，然後進行個別事實以及事實與事實間關係的解釋。

二、雷伊

雷伊是一位國民中學教師，對於心理學方法有非常深入的了解，他在 1908 年出版的《實驗教育學》（Experimentelle Pädagogik）中，從基礎科學和應用科學的觀點來論述教育學。由於他來自學校，所以對於學校中的教育、教學問題具有敏銳的感覺及掌握。

雷伊與同時代具有實驗心理學背景的一些學者不同的是，他未必完全否定舊教育學的價值。他認為舊教育學的討論雖然並不是訴諸系統經驗的論證，但舊教育學也有一些經驗的基礎，只是這些經驗的基礎需要加以證驗。從教育科學整體發展來看，應用舊教育的理論仍舊不夠，而應將教育的論題加以統計的考核及通則化，才能使研究成果解釋許多的教育現象。這種用經驗、實驗為基礎的教育學並不必然取代了舊教育學，而是把舊教育學再進一步的開展，也就是將過去的一些思辨性的想法進行一種系統化的觀察來加以確立，系統化的觀察和統計的處理才能建立科學的教育體系。

雷伊已引進應用統計分析的方法，將繆曼的理論更向前開展了一部分。雷伊並不是瑣碎到要去證驗每一個零碎的教

育事實，他也相信及強調理性方法意識和意義導向的假設。雷伊指出，實驗教育學必須訴諸教育良心的審判，但實驗教育學的核心是觀察、統計和實驗。

　　雷伊對於觀察的見解和繆曼大同小異。觀察是有計畫、有系統的而非即興式的，是一種目標導向的知覺。觀察目的的達成必須有賴於觀察情境整體的了解，有計畫地採取嚴格的方法來進行。在此情況下他所謂的觀察，實際上也包括自我的觀察和對別人的觀察。因為自我觀察才能覺知到自己的觀察基點何在，而不會影響到觀察的客觀性。雷伊認為觀察應有三步驟：

　㈠在教學與教育中，他認為觀察者必須接受科學性的訓練才能夠達到最大的客觀性。自我觀察、自我訓練才能對他人觀察，這樣的觀察才能客觀。觀察要能夠在一個教育和教學的觀察中建立一個觀察網，方可有效的收集資料，問題提出的方式對於雷伊而言相當重要。

　㈡觀察之後應進入統計的處理，才能將個別觀察到的資料安排在一個有次序的序列之下。所以也應將在觀察情境中所獲得的東西安排在統計的處理與量度下，如此較能達到客觀。

　㈢實驗是達到教育客觀化的一個重要的科學性條件，實驗想找尋因與果之間的關聯，希望透過實驗的處理就能建立一個整體的教育學體系。

　　雷伊的理論已初步隱含當代實驗科學的教育學研究的進程：Thesis→Hypothesis→Test→Scientific Statement。換言之，他認為要能夠解釋一個教育現象，必須包括四個步驟：建立假設→試驗的設計及執行→驗證→科學的敘述。所以，雷伊

所說的實驗和繆曼有些許不同，他劃分了教育實驗和心理實驗，教育實驗是有關教學心理的實驗（Didactic Psychological Experiment）。雷伊特別重視教學的心理實驗。從自己曾經身為一位老師的立場出發，他特別強調教室情境中的實驗，以及如何在教室情境中建立一些從實驗過程、教學過程的因果關係而來的教學法則。教學心理的實驗必須根據教學目標而來。1896 年他進行了相當著名的「新法的教學實驗」，特別強調拼法，也作過數學教學的實驗。對雷伊而言，他在十九世紀末、二十世紀初所做的教學實驗，不是對舊教育學的反動，而是綜合了新、舊教育學後所提出的一個更高的綜合。

第六節　描述教育學

一、皮德森夫婦（Else Petersen & Peter Petersen）的耶納計畫

皮德森在教育科學的重要貢獻在於提出教育事實的研究，並以耶納計畫（Jena-plan）所建實驗學校來實踐其教育科學理念。

皮德森（Peter Peterson）1884 年生於弗倫堡（Flensburg），1903 至 1908 年在來比錫、基爾（Kiel）、哥本哈根和波森（Posen）等大學學習哲學、歷史、神學與英國語文。1908 年以《馮德哲學中的發展思想》（Die Entwicklungsgedanke in der

Philosophine Wundts）在耶納大學獲得博士學位。1909 至 1920
年在漢堡任高中教師。1920 年以《德國新教中的亞里斯多德
哲學歷史》（Geschichte der Aristotelischen Philosophie im Pro-
testanischen Deutschland）在漢堡大學取得教授資格。1923 年
就任耶納大學教授，直到 1952 年逝世為止。

　　耶納計畫的發展建基在教育情境實地記錄的教育事實研
究。過去在談教育研究時，都是引用其他學科的方法，包括
繆曼和雷伊完全是引用心理學方法。精神科學教育學的一些
學者，也想要建立教育學科的自主性，不過他們發現還是需
要應用其他方法，特別是哲學的方法。規範的教育學則完全
是透過先驗哲學的哲學演繹方法，來演繹出一些教育原理。
皮德森夫婦即嘗試找尋一種屬於教育的方法論，而不必借用
其他的科學方法，因而提出了一個教育事實的研究觀點。他
們的努力，事實上與當時新教育運動的理念有很大的關係。

　　教育事實的研究，是一種實現其教學理念、社會學習、
學校組織以及師資培育的手段。教育事實的研究在於解決、
解答實際的教育問題，並改善教育。為了達到此目的，皮德
森先生的方法論仍舊回到觀察的方法，認為觀察資料的選擇
和知覺活動的注意焦點，應該顧及整個教育過程的行為層面。
所以觀察應放入教育情境之中，觀察不能夠像前述心理學者
的方式，孤立於教育情境之外。這就是為什麼他提出的耶納
計畫，在本世紀整個教學史上是一個著名的實驗計畫，此計
畫是在耶納大學的實驗學校中進行。

　　皮德森先生為了實踐他的教育研究方法，便在耶納大學
設立實驗學校進行研究，耶納大學的實驗學校就類似美國杜
威在芝加哥設立的實驗學校。皮德森認為教育研究的最核心
概念是最原始的記錄，就是實際進入教育情境記載個別的記

錄，記錄兒童、教師或全體的情形。其記錄方式有別於雷伊的實驗記錄，是真正的直接在學校內進行記錄，也就是要進入真正的教育情境，並非像繆曼和雷伊所說將情境作一有計畫的處理。皮德森先生強調整個記錄過程是有計畫的，但觀察的情境是在實際教學過程中的情境。而且觀察者要具有目標導向的意識，描述盡可能詳盡，不用數字，而是完全用文字的記錄，能讓人一目了然，將時間、如何利用、有哪些表現等資料進行描述，再加以運用在研究上。

皮德森先生認為描述的方式有以下幾種：(1)事實描述；(2)現象學式的描述；(3)邏輯描述；(4)透過數量化來進行描述；(5)因果描述。描述之後還要如同當代的統計資料處理一樣，用各種統計的呈現方式，如幾何圖形、圖畫、曲線圖等，用因果呈現的方式等，應用這些方式，將實際教育情境中的所見所聞記載下來。

二、費雪爾

費雪爾（A. Fischer, 1880-1937）在教育科學的主張頗類於皮德森，但已融入現象學的方法。

費雪爾 1899 至 1904 年在慕尼黑就讀，主修古典語文學、哲學和心理學。1905 年以《論象徵之關係》（Über symbolische Relationen）獲得博士學位。其後短期在來比錫擔任實驗心理學者馮德的助教。1906 至 1908 年擔任慕尼黑一家私立中學校長。1907 年以《論美感對象之決定》（Zur Bestimnung des ästhetischen Gegenstandes）論文取得教授資格，1918 年成為該校哲學與教育學教授，1937 年受納粹迫害而去職，同年逝世。

費雪爾在教育科學的經典著作是 1914 年的《描述教育學》（Deskriptive Pädagogik），在這本著作中，費雪爾已經融入了胡賽爾的現象學來進行事實描述。費雪爾認為過去一般人在教育學所問的一個核心問題是：「應該怎麼樣教？」現在應該要問的則是：「事實上是怎麼教的？」這兩個問題在教育理論中其實是不可分割的問題，不過費雪爾的一個很堅強的想法是要把應該的問題改為事實的描述。

費雪爾的教育學理念來自經驗科學的理念。根據費雪爾的想法，談經驗科學的來源主要可分四個階段：

第一，即興式保存過去的經驗；

第二，觀察：由於好奇心的驅使，純粹是以為知識而知識為前導的觀察；

第三，把觀察到的結果放到某一範圍中：此亦為他所說專門科學的慢慢萌芽；

第四，經驗的科學：在方法上要準確、嚴謹且明確，事實上就是笛卡兒式的理性思考之重要特色。

費雪爾認為，教育學是把教育當作一個事實（Tatsache）以及客體（Objekt），也就是當作一個研究問題（Aufgabe），來探討其規則和原則的科學。費雪爾認為，教育基本上是一個文化實踐的事實，在教育科學中我們往往忽略了教育是一個既予的事實，過去的一些研究，總是會認為它是某一個哲學或理論下的建構。我們進行教育研究時，實際上就是對這些既存的教育事實進行描述。描述不只是將一個符號表徵給予某一個現象而已，而是完完全全的進入現象，是不帶有任何理論框框地進入現象，此點很接近現象學的研究。為了要使教育科學的客體和方法達到嚴格和正確，他也主張用計量

和實驗的方法。

　　此處便引發了一個頗為嚴肅的問題。從掌握教育現象的角度來看，費雪爾很想走向現象學的探討，但在方法上卻又主張計量的方法，如何將這兩種方法融合在一起？其實這也是當代討論教育研究中，質的研究和量的分析之間的衝突統合的問題。因為不帶任何理論的進入教育現象，進行教育實驗以及應用統計分析時，背後要不要有一個理論假設做基礎呢？此問題是一個很重要的問題，必須從方法論的角度加以深入探究。

三、羅赫納

　　羅赫納將費雪爾的描述教育學進一步的開展，惟其立場前後不太一致。羅赫納於 1922 年在布拉格取得博士學位，1927 年以《描述教育學》（Deskriptive Pädagogik）獲教授資格。

　　教育的科學研究，不外乎是把現象或實在作非常準確的描述，如果可能，進一步再成立通則。但通則成立後有無可能進行預測、解釋或說明？對此問題，羅赫納的立場並不一致，早期是採二元論的觀點，後期則走向單元論（Monismus）的科學。在 1927 年羅赫納出版的《描述教育學》一書中，把教育科學當成具有描述的性質和規範的性質。因此，其早期的方法論採用兩種：一為經驗描述的方法，希望能恰如其分的將教育實際進行的情形，加以正確無誤的描述；另一為規範思辨的方法，主要在決定教育上應該做的事情，也就是應然性的決定。

　　根據羅赫納的看法，描述是不帶價值判斷的過程，也就

是一種不含任何理論框架的敘述，盡可能去除評價的作用，把一個現象、事實的實際特性呈現出來。不過，他也認為帶有理論的觀察是一種描述的過程，希望呈現教育過程中的事實，找出這些事實的關係。顯然，羅赫納前後兩立場不太一致。一方面，羅赫納還帶有現象學的觀念，把教育作為一種純現象來掌握，因此盡可能去除各種理論框架，使描述能更準確、更具開放性；另一方面他又稱描述是理論下的觀察方式，純粹作為一種基礎研究來進行，還未到達實踐的層次。羅赫納希望盡可能的作一種純粹教育現象的描述，又希望進行一種在某種理論下的觀察，此在實際上似乎難以自圓其說。

為何羅赫納選用現象學作為一種能直接進入教育現象的嚴謹方法？基本上，他是把教育當作一個既存的現象，先於人的意識而存在的一種純粹的事實。掌握了既存的事實後，又想找出它們之間的關聯，用通則加以考驗，來說明這些事實。問題是，現象學方法和說明的方法，兩者之間有無矛盾？從當代科學理論的發展而言，兩者是矛盾的。說明的方法基本上已預設了因果性的存在，他把說明當成心理過程來了解，他說：「說明所組成的思想過程是一種高層次的心理過程。」說明的方法和現象學描述兩者之間是否可相容，在羅赫納的理論中似乎難以自圓其說。

但更大的難題是羅赫納又提出了第三種方法，即理解的方法，此法更不能用邏輯來加以分析。1963 年他出版了《德國教育科學》，在此書中他又進一步討論演繹法的應用，不過此法有別於受到波柏爾影響的假設演繹法。羅赫納的演繹法是由理論到事實，從自明的語句導引出原理來跟發現的事實互相校正的一種方法。所謂科學的語句，特別是嚴格的教育科學語句，他認為每一個人都必須接受，因為一個有思想、

有理性的人都會認定一種教育科學的結果，教育科學的語句具普遍的有效性，即具有邏輯上的規約性。但他並未詳細說明「數學的明確性」。就科學觀點而言，教育如果要成為一門嚴格的經驗科學，這樣的語句就應有上述的特性，不可能有時對、有時錯，應具有嚴格的確實性。但羅赫納從邏輯轉化到心理，此種轉化過程就如同波柏爾的科學理論一樣，是一個嚴重的缺失。

　　早期羅赫納的理論，將邏輯法則應用到經驗事實，導引出經驗事實之間的關係，這是羅赫納在教育科學理論上相當困難的一個課題。因此在方法上，羅赫納放棄早期的立場，而轉向使用心理的描述與規約對教育語句進行分析。他將早期規範性的性質漸漸放棄，而用嚴格的教育科學語句來進行分析，亦即把早期不屬於科學性的教育學說由其教育科學中剔除，教育科學便成為一門純粹經驗的且是價值中立的科學。如此，羅赫納顯然已經將早期教育具有規範和描述性質之二元論立場，轉向教育是一門嚴格的經驗科學之單元論立場。在嚴格的經驗科學下，教育才能由哲學思辨、意識形態的侷限下解放。不過，教育哲學也因此成為教育科學的附屬。

　　羅赫納的立場可歸納為三點：

㈠早期他認為教育科學具有描述性和規範性，描述性對應的是現象學說明的方法、理解的方法；規範性是用哲學和思辨的方法來進行探究。

㈡後來修正為單元論的科學觀，將教育當成一門嚴格、確實的經驗科學，是一種價值中立的科學。在此情形下，他也排除了教育是其他學術應用到教育領域的應用科學之觀點。

㈢描述的教育科學是一種經驗科學，從現象學的方法發展

其基本觀念，透過歸納和演繹並用而獲得普遍的原則。教育科學的基本語句是建立在經驗上，但又接受邏輯法則的規範，且具有很嚴格的自明性。所以從教育科學的理念來看，如何建立一種以現象學為基礎的教育理論，對羅赫納而言是相當重要的。什麼是教育的對象？羅赫納說：「教育有時候是有計畫、有時候是隨機，雖是隨機卻是為人所意識到的活動，此活動是要導向青年或成長中的人，幫助他的個人生命、幫助他進入團體生活、傳遞團體的文化。」這樣的教育對象理論是不是一個純粹的設準，或是現象學的純現象，有一個很大的討論空間。但既是現象學的純現象，又想要做因果分析或因果說明，在理論上羅赫納難以自圓其說。因為既然要純粹的描述，如何又可進行一種理論下的觀察呢？這是羅赫納理論的難題。

四、克勞爾

克勞爾（K. J. Klauer）的教育科學理論基本仍採科學實在論立場，以為教育研究是在經驗中探取教育現象或事實，惟已放棄素樸經驗論觀點，而融入理性論觀點，試圖以單純化的理論模式來解釋或探討雜多現象，達到笛卡兒式的幾何精神（Cartesian More Geometrico）（J. K. Klauer, 1973）。

克勞爾在 1973 年《教育科學概念的修正》（Revision des Erziehungs begriff）一書中，將教育學分為三部分：

(一)描述教育學（Deskriptive Pädagogik）

將教育作為一種事實來探討，此事實有一些因果關係的

存在。教育還要探討在哪些條件下會完成哪些目的？不同的目的其後果會如何？

（二）規約教育學（Präskriptive Pädagogik）

將教育作為一個問題或有待解決的課題來了解，要解決此問題就必須有一些相應的方法或技術來達到。所以在其後來的理論中，將規約的教育學稱之為「處方教育學」，把教育比擬為醫療的技術。

（三）規範教育學（Normative Pädagogik）

要找出應然性定義。

這三種教育學的關係是：描述教育學與規範教育學各自探討，繼之根據探討的結果提供給規約教育學一個適當的途徑，所以規約教育學是真正的在解決問題。英、美的分析教育哲學家也有這樣的概念，在整個教育過程中，教育經常是以問題的方式呈現。但平常的教育過程難道是問題嗎？值得懷疑。

以下，進一步看克勞爾對上述概念的說明：

（一）描述的觀點

教育為先在的事實，此為古典物理學的基本假設。重點在如何以科學的方法來了解並清楚的掌握此事實，及清楚了解事實之間的關係。

（二）規約的觀點

把教育學當成有待解決的問題，目的在如何找到一個適

切的方法來解決此問題。

(三)規範的觀點

教育應有規範性的目的，違背這些規範性目的的活動或過程都不是教育。

克勞爾的想法是，目的已決定，事實的研究也很透徹，將來任何教育問題一出現，就可透過規約教育學的方法，來找出一個合宜的解決辦法。從規約教育學的建構來看，克勞爾持有一點問題解決的概念。

由於教育學有許多層面，便產生了研究對象的不同，而研究方法經常會建構了研究對象。克勞爾認為經驗論的科學是要發現對象，理性論的教育科學經常是建構對象，或更確切的說是共同產生了研究對象。所以研究方法本身不是導向前所把握的內涵，而是本身決定了研究內涵。描述教育學的討論顯現出，研究方法是從已顯現的內涵中，選擇了某方法來進行研究，對於其他方面便予以忽略。

克勞爾認為從不同的研究看教育現象，依此便可拼出「什麼是教育？」此為古典科學實在論的基本假設。就描述教育學而言，教育學的對象，是從經驗中發現教育的現象或事實，這些現象或事實經常會在不同的領域中發現，克勞爾仍是建基在古典物理學的基本假設之上來對這些事實做處理。亦即先將變項做一種孤立化的處理，此為探討教育現象的第一課題；第二課題是探討變項間的關係；第三課題是從理論進行假設的證驗，也就是試驗式的考驗。克勞爾在方法論的探究上較偏向理性論的科學導向，異於傳統的素樸經驗論。

以下以克勞爾心目中的教學研究為例來加以說明。根據

克勞爾的說法，經驗論導向的教學研究，經常是盡可能的將相互作用、相互依存的各變項詳細劃分，再加以綜合式的收集、把握，借助於多變項的分析，逐步的由高度複雜的關係推衍出單純化的理論導向：事實→變項→回歸→簡化→理論。理論導向的教學研究可能由一個教學模式作出發，在此教學理論的模式中找出幾個重要的概念，將這些概念作操作性的定義，使理論模式的考驗不會產生困難。這兩種導向的基本原則為單純化原則，此實際上在我們談論波柏爾的科學理論時已提到。一個理論愈進步就愈傾向單純化或經濟化原則，用單純語句將複雜的現象進行描述。經驗導向是歸納性的研究，由單純化理論進行操作性定義，再作研究。在單純化的原則下，克勞爾認為操縱學的理論模式最為明顯。由此可知，克勞爾科學理論概念的要求是盡可能導向笛卡兒式的單純化（古典物理學的精神）。克勞爾也承認教育現象是複雜的，現象間有交互作用的關係，此關係對於教育研究者而言是一個嚴肅的挑戰。

克勞爾在 1973 年《教育研究中的實驗》（Das Experiment in der Pädagogischen Forschung）一書中提及，儘管由於預測的程式非常簡單明白，可是一般研究者常滿足於較少或幾乎沒有交互作用的情況下來做預測。交互作用在實際的研究中，仍舊十分重要，許多研究經常忽略了此事實。但若只想要證明高層次的交互作用，也不合乎研究的經濟原則，從科學的觀點看，不是很合理。他認為應將某些因素排除掉，使之合乎經濟原則，並建立通則化。克勞爾主張，經濟原則在理論建構上是相當重要的，任何一種理論建構都應該合乎經濟原則和單純化原則。在教學研究的建議中，也可看到他所主張的經濟原則。克勞爾從理論的導引和實驗的教學研究來看交

互作用，重點是在變項與變項間交互作用的分析，而不是效果的考驗。因此只有收集資料仍舊有所不足。對克勞爾而言，資料有些很快會陳舊而只具歷史價值，一個教學要成為普遍有效性的理論，要合乎經濟原則，帶有理論導引的實驗研究才可能導出理論，把世界作一種執簡以馭繁的處理。如何將教學過程中複雜的交互作用關係單純化，再透過理論的導引來考驗它們之間關係以進行預測，是克勞爾特別強調的重點。克勞爾非常重視教育研究中的實驗研究，認為要建立一個可以具有預測和說明功能的理論，必須進行實驗研究，這顯然承襲了繆曼和雷伊以來的教育科學傳統。

克勞爾認為，實驗是一種有計畫性的、可以重複的、可以將因素加以控制、孤立化的一種操作變項之間的關係。就實驗的觀點而言，克勞爾不贊成長時間的實驗，因整個教育過程時間一長，整個變項就愈難控制，這些難控制的因素就可能影響到整個實驗過程的客觀性。所以教育科學的理論若要加以檢證，只能檢證其短期效果，教育行為的長期效果得作長期的觀察。但克勞爾又認為，教育家不只是要改變現有的或和情境有關的行為，且要影響一個人的人格形成。問題是，人格的形成如何透過短期的實驗來研究？此使克勞爾陷入困境，他也很難自圓其說。

透過實驗可以將相互作用的關係顯示出來，為了達到這樣的目的，必須要把老師在教學中的變項作孤立化的處理。克勞爾認為在教學研究中，所謂的自變項指的是老師可以自行控制的變項，例如教案、發問的情況等；依變項就是指由教學處理後得到的結果。如何才能使結果具有教育意義，也是克勞爾在討論教學實驗中面臨的一個相當困難的問題。特別是在其 1973 年《教育科學概念的修正》一書中，認為人格

特質對於學習成就會有很大的影響，也就是將人格特質作為自變項來處理。但人格特質如何來進行變項的分析，其實是克勞爾在整個教育科學理想中所面臨的一個困難問題。從依變項來講，所謂達到教學效果，也就是按照教育目標，達到我們所期望的學生品質。但到底怎樣才是一個「高品質的教育」（Quality Education）？從經驗分析的角度看，如何量化（Quantify）一些教育概念，也是將來教育改革所要突破的問題。

九十學年度我國已取消高中聯考，而代之以基本學力測驗，學力鑑定須有指標，所以建立各種指標相當重要。在美國，過去也有所謂的標準（Standard），所謂「標準」有兩種含義，一個是最高的理想，一個是最起碼的要求。我們希望透過某一個教學過程，使學生具有一些關鍵能力。如果要籠統的訂出有哪些關鍵能力應該還不是問題。至於這些關鍵能力應由量（Quantification）的角度來看，或由經驗分析的教育科學來看，用哪一些量數來代表這些能力，是一個難題，其實這也是克勞爾的難題。當然相信國內教育改革應採取此種觀點，至少從前教育部長林清江和教育部的相關文件來看，應屬於要發展出學力指標，此指標為分發就讀學校的依據。

整個有關教學研究的過程是克勞爾的研究重點。不過教育研究的科學化問題包羅廣泛且相當困難，克勞爾將教育科學局限在教學上來討論可說是捨難就易。他認為教學研究應該是強調實驗研究，強調教學的研究應該是形成性的而不是總結性的研究。對克勞爾而言，把教學分析為許多細緻的單位，一個單位、一個單位的研究，研究之後再整合成「有關教學就是這樣子的」，進一步就可推衍出「有關教學的理論層次就是這個樣子」，用這個理論就可以解釋所有的教學現

象。但如何將教學作細緻性的單位分析？其實，如果用一個很簡單的單位來進行因果說明或預測，應該是沒有問題。克勞爾是希望作一種分析性而非綜合性的實驗研究，因為綜合性的實驗研究其相互作用的關係太複雜，如何作一種化約的處理以符合研究的經濟原理，事實上相當困難。

克勞爾的一個天真想法，其實是源自於古典物理學——很多很多分析性的研究加起來，就是一個有關於教學的總體理論。可是人與人的關係、老師與學生的關係，似乎並不這麼單純。他的一個想法是，教學推而廣之就可以變成一個教育的理論，此理論通透後，我們透過哲學思辨所訂的目標也很明確了，這兩個都清楚了，就可提供給「處方教育學」一個重要的基礎，如由史金納（B. F. Skinner, 1904-1990）的行為制約理論發展出一套行為改變技術。但教育有沒有那麼單純？值得思考。

第七節　教育技術理論與後設理論

一、艾利希和羅斯納的教育技術學

美國能力本位的師資培育，基本上還是將教育活動當作一個工具性的活動，有一個很明確的目的（End），想辦法找出一個規則來達到目的，把教育當成工具性或技術性的行為。能力本位的教育就是從技術性的觀點看整個教育過程，德國

的艾利希和羅斯納合著的《教育科學是技術學科》（Erziehungs-swissenschaft als technologische Disziplin），基本上也將教育視為技術性活動，其理論以波柏爾的批判的理性主義為基礎，運用情境分析來分析教育的情境，理論的建構又結合了拉加托斯的研究綱領的概念和斯尼德（J. D. Sneed）的數學物理學理論概念，及斯鐵格謬勒的結構理論概念，而發展其教育技術公式。

艾利希和羅斯納首先批判了精神科學教育學和批判理論，以打破教育學中的獨斷論，在〈教育學與經驗的社會科學〉（Pädagogik und empirische Sozialwissenschaften）一文中，指出教育科學是經驗的社會科學，與精神科學教育學是有所區別的，也有別於批判的教育學，亦即對精神科學教育學及批判的教育學提出一些批評和反省，認為過去對於批判的理性主義的批判，特別是實徵論的批判，指德國社會科學中的實徵論論戰對波柏爾的批判是相當不公允的，因為他們的批判是涵蓋自然科學中狹隘的理性，其論點是採取狹隘的理性，所以羅斯納希望將教育科學從獨斷論中解放，採取含括性的理性，羅斯納說從批判理性主義的科學理論來說，沒有一個理性的論證會反對普遍的科學方法可以應用社會科學，也可以應用教育科學。對理性的看法，採波柏爾的批判理性主義，但修正了波柏爾的看法，兼採拉加托斯、孔恩和斯尼德的數學物理學，而開展其教育科學的理論。

羅斯納在〈績效導向的教育科學〉（Effektivitätsorientierte Erziehungswissenschaft）一文中（1982:104-124）認為，科學理論的兩個目的是：(1)幫助對實在界的認識，以便有助於描述、解釋，也盡可能作預測；(2)科學所得來的知識或訊息，更能助長解決到目前為止的一些行動問題，從此觀點來看，

科學就是應用導向的科學，亦即目的─手段間的連結。科學的這個面向的規準是在於應用的有效性。因而，從教育學的觀點，羅斯納劃分了知識導向的理論和績效導向的教育的科學信息系統。應用科學的中心問題建構一種有效的技術理論，研究教育主要在建立一套有關教育領域的技術理論（Technologische Theorie）。他基本上認為其他的社會科學與教育科學都一樣，任何人類的行為總是為了達到某一個目的，會考慮到相關的情境、相關的決策過程和相關的價值理念。對實際從事教育工作者，其核心問題就是在於解決技術性問題，亦即研究達到某預期目的的方法。為了研究此技術性問題，艾利希和羅斯納是放到後設理論的層次中來討論，也就是說，所謂的應用導向的社會科學，如何建構成邏輯上適切的語言系統。

績效導向的社會科學，其核心課題就是科學技術研究工作的目的，在於透過以科學為基礎的技術行為可能改善社會的實況，必須解決方法論上的技術問題，又必須建構檢驗理性社會技術行為的一套科學技術理論，一個技術理論實際上是單純的技術概念的擴大，亦即技術的語句或命題的建構，先假設實在界中有因果的存在，在知識導向的科學中建立一套「if...then...」的命題系統，轉化到技術行為時便是一個「手段……目的……」（means...end...）的語言系統。為達最後想達之預期情境，須用某一種可能應用的方法，用在教育領域中也可能要控制某些條件以達想要的情況。艾利希和羅斯納指出，素樸的教育理論就是這麼單純。

上述的單純概念似乎無法解決複雜的教育問題，因此羅斯納想將單純的技術性概念進一步加以擴充，因為他認為單純的技術性概念建基在兩個基本假設（而這兩個假設對於當

前的教育科學來說，是很難接受的）：

㈠接受決定論法則的有效性，也就是決定論變成單純技術概念的一個重要規準，如波柏爾、阿爾伯特和克勞爾之追隨者所發展出來的一些教育科學理論，將統計的機率敘述在預測中，好像是沒有很大的地位，也就是基本上教育的行為是接受了決定論的宰制。甚至在比較教育理論中，霍姆斯（B. Holmes）一直被批評為是具有決定論的色彩，後來他也提出一些反駁，澄清他不是一個決定論者，之後有一些學者便稱霍姆斯為「新相對主義者」，他不接受決定論的論見——社會法則（Sociological Law）一定會決定某些教育的法則。行為的可預測性和技術上的有效性是否可等量齊觀？恐怕會引起很大的討論。從科學理論的角度，在以前討論過波柏爾的說明與預測之間的關係，我們可以看到說明與預測的邏輯結構並不完全一樣。進行預測時，已知一些法則和起始條件，才能預測到某特定結果；技術性運用時，立定了已經預期的狀況，亦即知道說明項，要找出法則和原初條件。所以顯然的，說明、預測、技術若放到決定論的立場，會過於狹隘。

㈡單純的技術性的基本假設應該把所有的價值命題排除，也就是傳統經驗論或傳統實徵論所謂的事實要與價值分開來討論，但是修正過了的技術概念，如羅斯納認為價值也應加入技術性的公式來考量。因此他們主張應擴大技術性的公式和問題，並將之列入科學性的考慮之中。將單純的技術性概念加以擴充，在此擴充下，技術科學應是在特定的時空點下而與相關的個別情境有關的一些知識，這些知識是被證實且被接受為有效的知識，這些

知識也應建構成語言系統，來保證這些知識的應用可以產生計畫下的、預期的情況，透過技術科學在社會以及自然環境中的期望，亦即技術科學一定會涉及到特定的時間和空間，而這在過去的單純的技術概念是不考慮的，這也是過去對實徵論嚴苛的批評，認為找出一個超越時空之上的發展法則，可能是比較教育中金恩（E. King）對霍姆斯等人的一些批判。羅斯納也將時空概念列入考慮，此知識須與時空情境有關，在時空的情境下，一方面被證實、一方面被接受的一種知識，然後將之建構成語言系統而成為技術知識體系。為了擴展技術概念，基本上羅斯納添加了一些理性的規準。單純的技術概念的語句系統是把原因當手段，把結果當預期達到的情況，這是最單純的技術概念，可是此技術概念是否可含括很多的教育情境，事實上有很大的問題，因此以技術為基礎，以技術導向的行為基本上應是理性的，也就是理性在於把每一個行為情境的變項，透過行為所產生的變化都含括於計畫中，其實即使是完全的理性也不可能含括所有的變項，所有的變項也不可能完全被控制，可是我們無疑的應堅持最基本的理性的理想，亦即在一個行為情境中所有的相關因素都要加以認識，此說法含括了一個確切不移的信念——情境原則上是產生作用的單一因素的集合。所以依照艾利希和羅斯納的理想，這些情境原則上應該可以用在科學研究中所說全部化約為變項，在教育科學的心理評量已經達到相當的極致，比較教育科學中也有一些學者想將變項取代制度或變項取代國家，典型的例子是諾亞與艾克斯坦，探索其間之因果關係或交互作用的關係。一個實徵論的科學理想就是如何將變

項與變項之間的關係作一種完整描述，完整的描述有可能嗎？

　　從制度層面來看，作完整的描述才能建構有關教育制度或社會制度的知識系統，或有關於微觀部分的學生、師生互動、教學行為的整個教學系統，理性的原則也說明了考慮這些因素對於有計畫的行為的影響是可能的，在此條件下，一個行為是可以確知其行為是可以導向所期望的目的，這樣的理想簡直就是過去實徵論、邏輯實徵論的科學建構論。對於艾利希和羅斯納而言，這種理性的理想是有其極限的，也就是在實踐上不可能對某一情境的所有相關的因素都能了解，在應用的情境中，人類也不可能完全用決定論的法則來決定人類的行為，所以決定論是有問題的。後來，卡納普等邏輯經驗論者也放棄了檢證原則，而用或然律原則來加以取代之。

　　羅斯納認為教育作為技術性的學科，只能把可能性和實踐導向真正理想情境的可能性作一種或然律或有限的實踐理性來處理，在其規畫整個教育科學的技術性公式時，加上三個理性的規準：

㈠問題的情境應解釋為衝突的情境，在此情境中能對所有可能性的行為選擇進行探索，因此若有很多可能性的選擇，就要建立自己選擇再付諸實踐。此觀點最主要來自波柏爾所謂的科學並不是起源於事實而是起源於對問題的覺知，問題的覺知便是一個衝突的情境。

㈡訴諸理論技術的判斷。一個行為者會把科學技術或日常技術放到特殊的情境來評估其應用的可能性。

㈢選取利多害少的行為途徑來作為其行為選擇。

有別於單純的技術理論，艾利希和羅斯納講究績效的教育科學理論將決定、評價、目的的因素皆納入考慮，因此技術理論必須考慮決定及評價的問題。對行為實踐者而言，行為時便面對一個問題情境，必須把技術從科學上怎麼樣考慮它能提供給行為者一個適切的導引，以便使行為更為有效，也就是沒有導引就很難將行為導向行為有效性，有了這些導引便可使行為比較有效。他們強調如何重建技術理論時，最具決定性的問題是決定哪一個方法對某一特定的情境較具有可行性，因此他將具有可行性或可接受性分為四個問題來考量：(1)行為可行性的確定性和效益程度如何？(2)行為可行性和理性的規準處於何種關係？(3)在時空的變化下，效率的程度到哪裡？(4)技術知識為理論知識與實踐知識所支持的程度到哪裡？亦即要導向某一目的所應採取的技術性知識，這些技術性的知識要由理論的知識和實踐的知識來支持。他將問題解決之後，想要重建過去帶有一種決定論色彩的單一的、簡單的技術性知識，這幾個問題包括時間和空間的考慮、期待的考慮、信念的考慮、決定的考慮、價值概念的考慮，納入所有考慮後，建立一套有關於教育的技術性公式。這是在其《教育科學是技術學科》一書中一再討論的觀點。

為了建構教育技術理論，艾利希和羅斯納的理論概念，不採波柏爾的觀點，也不接受孔恩的典範概念，而寧取帶有兩者之間折衷色彩的拉加托斯、斯鐵格謬勒和斯尼德。

孔恩的典範概念基本上是將常態科學時期的科學理論作為一種結構來處理。在常態科學時期的研究典範，基本上是一套具有恆定方法論規則與價值觀念，科學家的活動是在典範下進行科學解謎的工作。因此，波柏爾學派的學者批評孔恩不具批判的精神，有流於獨斷論的危險。孔恩學派的學者

則辯稱，科學的成長與發展仍有賴於科學處在一種穩定的狀態中，波柏爾學派所謂的批判只有見諸科學革命中的非常態科學時期。波柏爾的科學理論係一種命題觀點的理論概念，科學理論係一組邏輯結構嚴謹的假設群，當異例出現否定了原有理論中某一假設時，必須修正原有理論，使得理論能夠涵括更多經驗內容，促進了科學的進步。孔恩學派的學者批評波柏爾學派，認為在不斷的批判中，科學難以在穩定狀態中求發展。

　　為解決科學中變與不變的問題，拉加托斯提出了「研究方案」的概念（I. Lakatos, 1970: 91-196）。他認為分辨科學與非科學及衡量科學的進步，並非訴諸單一理論，而是一組理論序列（Theory-series），這些理論序列聯結融合而成一個「研究方案」。「研究方案」包括了一些方法和規則：有些描述作研究實應避免之途徑，稱為消極的發現規則（Negative Heuristic），有些說明作研究時應積極遵循之途徑，稱為積極的發現規則（Positive Heuristic）。「研究方案」本身有堅硬的核心不能任意改變，有如孔恩理論中常態科學時期的「典範」。消極的發現規則在於保護「研究方案」之核心，當發現異例時，形成保護其核心免於受攻擊。至於積極的發現規則主要在於提供方法和建議，以進一步擴充「研究方案」，必要時進一步修正具有保護作用的輔助假設。積極的發現規則因而最主要的在於提出一個盡可能模擬實際情形的模式。艾利希和羅斯納的教育技術理論，也有描繪實際狀況的核心，此即理論不可改變的部分，至於理論的運用，則為其可改變的部分。

　　為解決「理論」在實際運用的績效及評估在實際績效的變遷問題，艾利希和羅斯納採用了斯鐵格謬勒非命題觀點的

理論概念（W. Stegmüller, 1974），這種理論概念也統攝了斯尼德之數學物理學中的理論邏輯結構。斯鐵格謬勒認為波柏爾和孔恩對於科學理論的進步之間的爭論，流於各說各話。波柏爾學派所採取的命題觀點的理論概念，孔恩則採非命題（Non-statement）觀點或結構主義之理論概念，斯鐵格謬勒較傾向孔恩的結構主義之理論概念，惟須作邏輯的重建，才能解釋知識進步的情形（W. Stegmüller, 1974: 171）。在為孔恩的結構主義理論概念進行邏輯重建中，斯鐵格謬勒採用的斯尼德的數學物理學的邏輯結構。在這種結構主義的理論概念中，一個理論應該是邏輯和經驗被安排在井然有序的配對。邏輯涵括了理論的基礎法則，確立理論的數學結構，也因而理論須是一個設基系統，這個系統又須是一個完形結構（Axiomatische Gestalt）。除了邏輯結構之外，理論也包括了一些附屬條件，產生理論運用間的橫向連結。理論的邏輯成分即理論的核心，以 K 來表述，理論的基本附屬條件即說明了理論之可能運用的情形，以 I 集合來加以表述，一個理論 T 即核心邏輯結構和各種可能應用情形構成井然有序的配對，可寫成 $T = <K, I>$。理論的邏輯核心之基本法則並不變化，變化的是附屬法則。換言之，理論的變遷是 I 集合的擴大，也就是理論可能運用範圍的擴大，斯鐵格謬勒認為運用斯尼德的概念來重建孔恩的理論，才能解釋常態科學時期的進步情形。

艾利希和羅斯納即兼採拉加托斯、斯鐵格謬勒和斯尼德的科學理論，來建構教育的技術理論。其理論概念採取的是「非命題」觀點的結構概念，這種理論概念有下述優點：

㈠不會經常產生自相矛盾的情形：截至目前所規畫的理論中，還沒有在實際上找到可以相符應的模式的話，並不

表示該理論就被否定了，只是到目前未找到可能性的應用情形，將來還是可能找到可以符應的模式。

㈡使知識導向的教育科學理論在建立教育技術理論時能作功能性的比較，也就是使得技術理論在解決實際問題時能夠作理性的績效評估。

㈢在科學理論規畫本身，理論是在描述正常運行的科學活動，而不只是在描述科學革命時期的活動或尋求否證的科學活動，科學的變遷可以作理性的重建而不一定要如孔恩所謂的要經歷很激烈的科學革命。

㈣可能解決理論的有關真理的問題。非命題觀點的理論不再追究所應用的理論是不是被證實了，而只考慮到它可不可能滿意的、有效的解決所面對的問題，理論在此只是工具性的運用。

㈤可解決波柏爾的難以解決的課題：科學的發現脈絡和證驗脈絡之間的分離問題。理論的重建可確知它的理論核心，理論的核心是恆定的，科學的發現是在外圍的部分，如此便可將發現的脈絡和證驗的脈絡之間的二分，作合理的處理。

　　教育的科學理論想建構一套知識系統，以作為建構一套有效的教育技術公式、技術語言。教育的科學知識可以提供教育的技術知識一個重要依據來發現教育的技術，透過教育技術以達到合理有效的教育活動的效果。

　　艾利希和羅斯納基於實用、理性的觀點，採用擴大的技術概念，並以非命題觀點的結構理論概念，來建構其教育技術理論，這個技術理論的核心部分以下以 Ta 來表述，係指模擬有關實在界的信息，作了客觀化的處理是教育技術理論的

核心理論或信息核心。由此核心須能夠產生與情境相干之有條件的預測系統化觀點，這些系統化的觀點必須說明何種起始條件或起始情況，可以導致何種理想狀況，如以下以 Ta 表示理論核心，Tn 則表示 Ta 所產生出來的各種可能預測之理論群，也就是 Ta 在各種實際情形運用之可能性。那麼採用前斯鐵格謬勒的結構化的理論公式 T = < K, I >，一個教育技術的理論可以暫時寫成 T = < Ta, Tn >。

惟教育技術理論關心的重點在於實際運作有效的程度，要考慮有效性，首先須考慮核心理論 Ta，在某一時間和空間的各種可能運用的情況，因此前述理論可以寫成 T = < Ta, Tn > to lo。其中 to 表示某一時間點，lo 表示某一空間點。

除了時、空因素的考量外，教育技術理論之運用，也須考慮運用者在某一時空點對於核心理論 Ta 在實際運用所產生的效率的信賴程度，寫成 Cro，也須考慮運用者對於預期情況的評價，寫成 D，最後也考慮真正付諸行動時各種決定行動的相關因素，寫成 E。Cro、D 和 E 的總量，各寫成 Mc、Md 和 Me，三者之間的關係寫成 Rn，再加上以各種因素之選擇的函數，寫成 fn。艾利希和羅斯納把上述各種可能的因素納入一個綜括性的教育技術理論公式

T = < Ta, Tn, fn, Rn, Mc, Cro, Md, D, Me, E > lo, to。

這個理論公式雖然採取的是結構主義的理論模式，但卻帶有波柏爾學派情境邏輯的色彩，雖也打破因果決定論的囿限，但基本上仍堅守古典物理學原子論立場，認為教育現象可以之解為各種決定因素，執其一即可預測其餘。再者，把教育行為視為技術行為，也難免過度窄化了教育活動。

二、布瑞欽卡的教育後設理論

布瑞欽卡（W. Brezinka, 1928-）1928 年生於柏林，1946
至 1951 年曾於薩爾斯堡（Salzburg）、茵斯布魯克（In-
nsbruck）和紐約等大學修習哲學、心理學、社會學與教育
學。1951 年以〈克瑞茨馬、雲格、斯普朗格的心理類型論對
青年特質了解之意義〉（Die Bedeutung der psychologischen
Typenlehren von Kretschmer, Jung und Spranger für die Erfassung
des Charakters von Jugendlichen）論文取得茵斯布魯克大學博
士學位，三年後獲教授資格。曾任教烏茨堡（Würzburg）和
茵斯布魯克大學，1967 年就任康斯坦茨（Konstanz）大學教
育學講座，至 1996 年退休止。其教育理論主要建基在波柏爾
的批判的理性主義，並融攝了實用主義。主要代表作為 1971
年的《從教育學到教育科學》及 1978 年的《教育後設理論》
（Metatheorie der Erziehung）。在《教育後設理論》的導論中
說：「我的教育後設理論是從現代修正了的經驗論、建構論
（V. Kraft）以及理論主義（K. Popper）的立場作出發來探
討。」（W. Brezinka, 1978: 35）這樣的科學理論立場他自稱
可說是理性主義、經驗主義和實用主義的綜合，顯然的其科
學理論雖未全然依循波柏爾科學理論，但實際上以波柏爾為
主，並融合了實用主義的立場，因此他自稱他的方法論幾乎
是融攝了費格爾、納格爾（E. Nagel）、費爾阿本德、克拉夫
特、波柏爾、本格（M. Bunge）、斯鐵格謬勒、阿爾伯特、
蘭費爾納（W. Leinfellner）、渥格蘭特（R. Wohlgenannt）等
人的方法論學說，布瑞欽卡的整個教育科學的理論便是融會
了上述學者的學說，認為截至目前為止上述學者最能達到科

學的目的。自然科學長久以來都應用他們所提出來的方法論規則在運作，而精神科學和文化科學如果採用他們的方法論來運作的話，顯然的也會有同樣豐碩的結果。他也對於來自詮釋學和精神科學的理論家所提出的批判作了辯解，他說這些理論家一直是認為精神科學與自然科學不可能用同樣的方法來運作，布瑞欽卡則認為這顯然是一種誤解，因為科學方法有其一般性的規則，但是也有因應不同對象、不同目的、不同問題而採用了一些特殊的技術，一般規則和技術應該分開來，方法論的規則應該相同。他是應用了軍事學上的戰略和戰術兩概念來處理，一般性的規則是戰略上的運用，針對不同對象所採取的方法是戰術的運用，基本上並非完全割離開來討論。布瑞欽卡認為方法的規準是普遍的，但承認仍有類似戰略與戰術上的區隔。整個教育科學透過上述的方法概念，布瑞欽卡將教育科學領域的知識分為三個類型的教育知識：

㈠教育科學：完成教育的科學解釋和描述的目的。

㈡教育哲學：完成規範性的目的。

㈢實踐教育學：完成實踐性的目的。

　　教育哲學與實踐教育學應用了不同於科學的研究方法。布瑞欽卡對教育科學的討論，分作兩個領域：

㈠建立法則或法則建構的教育科學（Nomothetische Erziehungswissenschaft）。最主要在於尋找對教育現象中的規則提出假設，並進行假設的考驗，是教育科學的核心部分，因為教育問題能進一步解決的先決條件就是要找出法則，找出法則以後，就可以將屬於心理社會事實中的個別現象，用這些法則來加以解釋。

㈡教育的歷史描述學（Historiographie der Erziehung），亦
即教育史。最主要的目的在確立過去在教育領域中發生
的事件，它是科學的一部分，所以研究的方法應合乎科
學方法的規範。從此觀點來看，它和法則建立的教育科
學沒有根本的差異，亦即對以往教育現象的認識應該有
助於找出有關教育現象的法則，從過去發生的事件可以
成立假設、來考驗假設。因此他的想法是追溯過去的現
象有助於教育法則的認識。

在此情況下，既然法則建構的教育科學和教育的歷史描
述學都屬於教育的科學面向，其基本論題便是，教育作為一
個事實來處理，此事實從整個社會構成來看，基本上是一個
目的─手段間的聯結，其背後的基礎是一個因果關係，所以
他又稱教育科學是一種目的論的因果分析的實在科學（Tele-
ologisch-kausalanalytische Realwissenschaft）。他的嚴格的科學
理念觀點是認為，法則的發現、理論的規畫，這兩者皆可作
為解釋、預測和技術問題解決的基礎，我們要進行發現法則
然後建立理論。

布瑞欽卡使用「發現」法則而不是「建構」法則，顯然
的，「發現」這個語詞就已經說明了進行教育研究時，研究
對象已內蘊了一些法則性，亦即法則是內在於教育現象，而
為教育現象既予的事實。布瑞欽卡對法則的說明可使我們對
於整個教育現象有更清楚的認識，即自然法則與教育法則應
該有類推的關係，有恆定性和普遍性。若是自己的描述不同
於他人時，不能歸之於法則，而是一個描述性的問題，任何
人對法則進行描述都會產生一些差異，因而產生了下述問題：
(1)如何進入實在界；(2)知識的等級亦即有關法則的認識──

通常用法則的假設、法則的敘述、用已證驗了的科學法則來表述。布瑞欽卡討論的出發點是將教育作為一種既予的事實，而此事實在任何社會中都會產生。一旦要開始描述教育現象時，必須確認一個事實——教育是交織在一個複雜的社會結構中，只有我們在作一種觀念的重建時，才可能將教育從整個社會現象抽離出來，即使抽離出來，教育現象本身的結構關係也相當複雜，所以要描述教育現象必須從社會的特殊文化的整體中加以抽離。布瑞欽卡顯然仍帶有古典物理學的基本精神——部分與整體間的關係是部分的和會等於整體，認為教育現象應該是可分割開來考量的。問題是他有一部分已受到建構論的影響，其實我們在描述的過程中已隱含了思想、觀念上的建構，布瑞欽卡認為我們進入實在界只是像探照燈一樣，只看到實在界的一部分，所以理論的建構、方法的選擇本身，就已經決定了研究對象只是在理論預設下方法建構的一部分而已，雖然他也承認這樣的事實，但他認為進行教育科學的探究時，仍要對教育科學作一種建構式的處理。

關於教育科學的對象，他仍是用形式和質料的劃分來作說明，他說教育科學的對象可分為實質的對象（Materialobject）和形式的對象（Formalobject）。實質的對象指的是具體的對象，把教育作為整體來看的原原本本的對象；形式的對象指的是教育科學研究的對象，把實質對象用問題提出的方式所確立出來的對象，亦即波柏爾式的處理方式。什麼是問題提出所處理的對象？教育科學的核心對象是一個目的—手段關係的整體，整個教育活動類似英國分析哲學家皮德思（R. S. Peters）所說的工作—成效變項。

目的—手段的模式是思想的模式作用，將之應用在人類的實際生活上，將實際生活作單純化的處理，目的—手段的

模式使吾人的思想、感覺、意義、行為集中於某一些部分，決定了我們在經驗世界中要處理、覺知的部分，也可能用這樣的關係把不是在範圍內的現象排除掉，以便作科學性的處理。所以對於教育意義的掌握是目的—手段以因果關係作先決條件，將原因當作手段，把想達到的結果當作目的。此處必須先假設：世界中存在一種因果次序，世界法則的次序可說是他在知識論上的設準，此設準是任何經驗分析的科學所不能缺乏的，若否定了此設準，整個科學理論皆會為之坍塌。依此設準，是將整個因果關係含括過去的歷史描述與現在的事件，若能找到因果的聯結，他就認為每一個事件都可能由無數的先前事件所決定。因此，以目的—手段的方式來進行思考時，要盡可能將這些先前條件弄清楚。一個教育科學的理想是把所想要導致的教育結果的原初條件作了清楚的描述，法則的運用是布瑞欽卡教育科學的重點。如何確立教育科學的先前條件？教育的先前條件應透過個別現象來加以孤立化，區分自變項和依變項，法則確立後就可確立變項與變項之間的關係，換句話說，他的基本想法是分析剖判的精神，將一個很複雜的現象作分割化的處理，才能確立變項與變項之間的關係，變項與變項所成立的，假設與假設之間不能第一個假設隱含第二個假設。從布瑞欽卡的觀點言之，若假設與假設之間相互含括，則表示未將實際教育現象中的個別分子區分得很清楚，顯然此研究將會失敗。個別變項間他是用法則的敘述來加以敘述，法則的敘述就形成一些分開來的假設，假設證驗後就成為法則，這些法則排列在井然有序的序階下，就是布瑞欽卡心目中的教育科學理論。一個教育的科學理論中，應將每一個個別事件的假設都認識、都驗證，然後就形成一套接近理想的理論。

布瑞欽卡的教育科學理論引發不少批判，批判的重點如下：

(一)教育科學理論的批判

布瑞欽卡的教育科學理論，採取嚴格的經驗科學概念，在科學命題中採取嚴格的事實描述，不帶任何價值判斷，因而訴諸思辨的傳統教育學說也應排除。然而，在論述歷史教育學和實踐教育學時，卻又不自覺的將其所排除的教育學說納進來。尤其在論述教育科學研究時，雖然認為由實然不能導引出應然，但卻可以由具體事例（das Seiende）推衍出應然來（O. F. Bollnow, 1971: 681-703）。顯然其教育科學之立場並未嚴守經驗科學立場。

(二)教育政策之決定屬入世界觀、宗教，甚至意識形態

如前所述，布瑞欽卡認為教育哲學旨在解決教育上的規範問題，教育目的與政策之決定訴諸教育哲學規範性的決定。有關教育政策問題，布瑞欽卡殊少論及，是為其理論之缺失。有關教育目的之決定，可從其對教育的定義看出來（W. Bre-zinka, 1978: 45）：「教育可以理解為一種行動，透過這種行動，試圖持續的改善他人的心理氣質結構（Das Gefüge der Psychischen Dispositionen），或將其判斷有價值的成分保持，或阻止評價為壞的心理氣質的產生。」由此定義可見心理氣質結構及其成分的好壞訴諸價值判斷。然有關價值序階之排列有時訴諸哲學與世界觀（op. cit.: 213f），有時則訴諸經驗論證來討論。

(三)實踐教育學和教育哲學未做嚴格的區分

實踐教育學是屬於自發性的教育反省，將理論轉化為教育實踐，雖然布瑞欽卡劃分教育哲學和實踐教育學，但他也經常兩者相混，例如，他認為實踐教育學建基在教育科學和其他實在科學的研究上，卻又以為也建立在倫理學、邏輯學及教育哲學的思考上（op. cit.：241），實踐教育學的規範性命題可作為教育科學、後設理論及規範哲學研究之對象，可見布瑞欽卡未將實踐教育學和教育哲學作嚴格的區分。

(四)因果分析模式的批評

布瑞欽卡將教育科學視為目的論－因果分析的經驗科學，這種論見係假設了教育現象中隱含嚴格的因果性，將原因作為手段，結果作為目的，以進行嚴格的科學分析，並控制績效。然而教育是屬於人文現象，是否可以用分析自然現象的因果分析來解析，也引發不少批判與省察。來自詮釋學精神傳統之學者，如李特、波爾諾、德波拉夫等，即以為人有自動設定意義、自定目的的基本傾向，因而教育現象不能完全訴諸嚴格的因果分析。

第八節　經驗分析的教育科學理論問題綜合分析

一、教育科學的研究對象與範圍並不明確

　　過去在教育的經驗科學中提出許多概念，有一些沿用了社會學家涂爾幹所說「社會學就是研究社會事實」，而認為教育學就是研究教育事實。「教育事實為何？」有許多爭論，從事實到語句之間仍有一些待解決的問題。一談到教育科學當然要用語句加以描述出來，這些描述要非常準確而不會有歧義產生。從經驗科學的角度來看，過去是沿襲了邏輯經驗論的基本預設而來──所謂科學的語句要有邏輯或經驗的檢證，顯然已將教育作為一種歷史現象的部分排除掉。進行物理科學研究時，對於量子、分子或原子現象的描述，雖也可能描述整個衰變史，但衰變史還是可以像布瑞欽卡所言，將之作為一種──過去是怎麼發生的，你就怎麼呈現出來，這其實也是過去實徵論史學的基本概念。但教育理論在整個發展過程中，一個現象的歷史性不是一個像物理分子的衰變或產生新的物質等的過程，因為歷史總是涉及到人類的歷史過程，因此研究對象如何去確立？在經驗論的教育科學中也面臨相當難的課題，此課題會牽涉到兩方面的攻擊：

　　其一，詮釋學理論會認為語句是詮釋學的建構物，從批

判理論的角度看，描述可能是一種意識形態的建構或上層的建構。這兩種描述何者才是真實的描述？恰如其分的描述？也成為在談教育的經驗研究時一個困難的課題。

其二，從經驗的科學來探討教育的起始點問題，過去的一些歸納法研究會從所謂的事實收集開始，或從波柏爾的理論來看應是問題開始。布瑞欽卡是以問題為開始，從教育制度的探討來看，在當代社會科學方法論的教育制度研究中，貝瑞德（G. Z. F. Bereday）和諾亞及艾克斯坦基本上是強調自事實的歸納開始、由資料的收集開始，經歸納的過程，然後建立法則。霍姆斯則認為教育研究是由問題開始。有沒有一種完全不帶任何研究者價值判斷的事實？其實也是一個有待解決的問題。有一些學者會認為，事實其實就是詮釋學上的建構物，事實是否為真事實，問題是否為真問題，從詮釋學的角度來看，也是值得考量的問題。此處引述一個人格心理學家阿爾波特（G. W. Allport）對於偏見所作的研究為例證：阿爾波特給予一張圖片，此圖片是描述一個警察殺掉一個黑人，讓一個白人看了之後再講述此圖片的內容給另一個白人聽，講述到第十二位時內容變成黑人殺死警察。此處隱含「事實是什麼」、「所描述的是不是事實」，從這個例證中可看出，我們在描述一個事實時經常會受到意識形態的影響，甚至受到種族偏見之影響。教育事實或問題在甲地是問題，在乙地未必是問題，例如面對二十一世紀，對於已開發國家而言，其主要問題是終身學習，但對於非洲等未開發國家最大的問題可能是基本教育。台灣近幾年的發展已逐漸邁向後工業社會、後現代社會，最重要的問題是如何應付知識不斷膨脹。不論是問題或事實的描述都隱含著詮釋學上的先前理解，或意識形態、偏見影響所掌握到的一些現象。

二、假設與概念運作所涉及的語言問題

　　經驗分析的教育科學理論建構，由觀察到假設的形成、語句的描述以至於理論的形成，並未完全透過感覺經驗來掌握。任何陳述都會用普遍符號化來處理，每一個語句都有一種理想性和假設性的性質，這樣的性質並不是完全透過經驗來加以證驗，事實上涉及普遍性的問題。普遍性的問題其實也是一種詮釋學上的建構，或從批判理論的角度看是一種意識形態的建構。哈伯瑪斯即以為建構一些科學語句時就已經預設了溝通的可能性，也就是在某一個科學社群中，他足以用同樣的一些基本語句，以波柏爾的話來說，基本語句本身就已預設了要溝通，這種溝通其實不具超越於社會之上的普遍有效性，特別是在教育的科學研究。也就是，溝通預設了一個溝通社群的存在，溝通社群的存在預設了決定什麼樣的語句是我們在社群中共同確認的或同意的，以哈伯瑪斯的用語就是有效性的宣稱。

三、理論與實踐的關係問題

　　經驗分析的教育科學認為理論與實踐的關係，基本上是技術運用的關係，理論說明了存在於教育現象背後的因果關係，發現後以嚴格的科學語句加以描述，再加以證驗並成立科學法則，有關教育的科學法則是建立在嚴格的因果關係上，這些因果關係應用於教育的實際過程時，是把原因當作手段，將結果當作想達到的目的。從羅斯納、克勞爾，以至於布瑞欽卡等人都有這樣的企圖，欲建立有效的教育行為公式，這

裡實踐化約為技術的話，顯然就會忽略教育過程實際是在很複雜的社會過程中。按照嘉達美的說法，實踐可以追溯到亞里斯多德的實用智慧概念，一個實用智慧須考量到整體的社會情境。教育過程的運作要能有效、順暢，須有技術性的規則，但技術性規則的確立未必能保證教育過程的成功，教育過程的成功還是需要透過整體社會實踐的考量，一方面涉及到整個社會過程的歷史意識，以及可能在整個社會過程中隱含著某一些意識形態的糾葛，或許還是要借助哈伯瑪斯的溝通過程進行意識形態的批判。如此一來，也許能較為容易的建立合理的教育理論和合理的教育過程。

第三章參考書目

楊深坑（1999）。世紀之交教育研究的回顧與前瞻。載於中
正大學教育研究所（主編）**教育學研究方法論文集**（頁
1-14）。高雄：麗文文化公司。

Albert, H. (1971). Kritizismus und Naturalismus- Die Überwindung
des Klassischen Rationalitätsmodells und des Überbrückungs-
problem. In H. Lenk (hrsg.), *Neue Aspekte der Wissenschafts-
theorie*. Braunsweig.

Albert, H., & Seiffert M. (1992). Kritischer Rationalismus. In H.
Seiffert & G. Radnitzky (hrsg.), *Handlexikon zur Wissen-
schaftstheorie* (pp. 172-182). Munchen: Deutscher Tas-
chenbuch Verlag.

Alisch, L. -M. & Rössner L. (1978). Erziehungswissenschaft als
technologische Disziplin. Müchen: E. Reinhardt.

Apel, K.-O. (1973). *Transformation der Philosophie*, Bd. I & II.
Frankfurt am M.: Suhrkamp.

Blaβ, J. L. (1978). *Modelle Pädagogischer Theoriebildung. Bd. I:
von Kant bis Marx*. Stuttgart: Kohlhammer.

Blankertz, M. (1982). *Die Geschichte der Pädagogik: von der
Auflärung bis zur Gegenwart*. Wetzlar: Büchse der Pandora.

Bollnow, O. F. (1971). Empirische Wissenschaft und Hermeneu-
tische Pädagogik. Bemerkungen zu Wolfgang Brezinka: Von
der Pädagogik zur Erziehungswissenschaft. In *Zeitschrift für*

Pädagogik 17. Jg., 683-708.

Brezinka, W. (1978). *Metatheorie der Erziehung.* München: Ernst Reinhardt Verlag.

Carnap, R. (1936). Testability and Meaning. *Philosophy of Science, 3* (4), 419-471; *4* (1), 1-140.

Carnap, R. (1950). *Logical foundations of probability.* Chicago: The University of Chicago Press.

Carnap, R. (1961). *Der logische Aufbau der Welt,* 2. Aufl, Hamburg: Felix Meiner Verlag.

Carnap, R. (1969). The logical syntax of language. In Thomas M. Olshewsky (ed.), *Problems in the philosophy of language.* New York: Holt, Rinehart & Winston.

Drerup, H. (1979). *Wissenschaftstheorie und Wissenschaftspraxis.* Bonn: Bouvier.

Feyerabend, P. K. (1970). Against mehtod : Outline of an anarchistic theory of knowledge. In M. Radner & St. Winokur (eds.), *Analyses of theories and methods of physics and psychology-Minnesota studies in the philosophy of science,* Vol. IV. Minneapolis: University of Minnesota Press.

Feyerabend, P. (1976). *Wider den Methodenzwang.* Frankfurt am M.: Suhrkamp.

Fischer, A. (1914). *Deskriptive Pädagogik.* In von K. Kreitmair (hrsg.), *Leben und Werk* (pp. 5-29). Bde 3/4. München: Bayerischer Schulbuch-Verlag.

Glück, P. & Schmid, M. (1977). The rationality principle and action explanations: Koertge's reconstruction of Popper's logic of action explanations. *Inquiry, 20,* 72-81.

Habermas, J. (1971). *Theorie und Praxis*. Frankfurt am M.: Suhrkamp.

Hanson, N. R. (1970). Is there a logic of scientific discovery?. In B. A. Brody (ed.), *Readings in the philosophy of science* (pp. 620-633). Englewood Cliff: Prentice-Hall.

Hufnagel (1982). *Der Wissenschaftscharakter der Pädagogik Bd. I: von Trapp bis Dilthey*. Frankfurt am M.: Haag + Herchen Verlag.

Jarvie, I. C. (1972). *Concepts and society*. London: Routledge & K. Paul.

Jarvie, I. C. (1984). *Rationality and relativism: In search of a philosophy and history of anthropology*. London: Routledge & K. Paul.

Kant, Imm. (1968). *Immanuel Kant über Pädagogik Kantswerke Bd. IX*. Berlin: Walter de Gruyten.

Klauer, K. J. (1973 a). *Das Experiment in der Pädagogischen Forschung*. Düsseldorf: Schwann.

Klauer, K. J. (1973). *Revision des Erziehungsbegriff*. Düsseldorf: Schwann.

Koertge, N. (1974). On Popper's philosophy of social science. In K. F. Schaffner, & R. S. Cohen (eds.) *PSA*. Dordrecht : Reidel Publishing Company.

Kron, F. W. (1999). *Wissenschaftstheorie für Pädagogen*. München: E. Reinhardt.

Lay, W. A. (1908). *Experimentelle Pädagogik*. Leipzig: Engelmann.

Lochner, R. (1927). *Deskriptive Pädagogik*. Reichenberg: Stiepel.

Lochner, R. (1963). *Deutsche Erziehungswissenschaft*. Meisenheim: Hain.

März, F. (1998). *Personengeschichte der Pädagogik*. Bad Heilbrunn / Obb.: Julius Klinkhardt.

Meumann, E. (1914). *Abriß der experimentellen Pädagogik*. Leipzig: Engelmann.

Petersen, P.(1927). *Der Jena-Plan einer freien allgemeinen Volksschule*. Langensalza: Beltz.

Popper, K. R. (1957). *The poverty of historicism*. London: Routledge & Kegan Paul.

Popper, K. R. (1959). *The logic of scientific discovery*. London: Hutchingson.

Popper, K. R. (1963). *Conjectures and refutations*. London: Routledge & Kegan Paul.

Popper, K. R. (1972). *Objective knowledge*. Oxford: Oxford University Press.

Reble, A. (1964). *Geschichte der Pädagogik*. Stuttgant: Klett.

Rössner, L. (1974). *Erziehungswissenschaft und Kritische Pädagogik*. Stuttgart: Kohlhammer.

Rössner, L. (1975). *Rationalistische Pädagogik*. Stuttgart: Kohlhammer.

Rössner, L. (1976). Pädagogik und empirische Sozialwissenschaften. In J. Speck (hrsg.) *Problemgeschichte der neueren Pädagogik* (pp. 60-106). Bd. 2. Stuttgart: Kohlhammer.

Rössner, L. (1982). Effektivitätsorientierte Erziehungswissenschaft. In E. König & P. Zedler (hrsg.), *Erziehungswissenschaftliche Forschung: Positionen, Perspektiven, Problemen* (pp.

104-124). Paderborn: Ferdinand Schöningh.

Ruprecht, R. (1995). Die modernen empirischen Methoden und die Pädagogik. In Thomas Ellwein, et al. (hrsg.), *Erziehungswissenschaftliches Handbuch, vierter Band, Pädagogik als Wissenschaft* (pp. 275-366). Berlin: Rembrandt Verlag.

Simon, H. A. (1973). Does scientific discovery have a logic?. *Philosophy of science, 40* (3). 471-480.

Stegmüller, W. (1958). Wissenschaftstheorie. In A. Diemer (hrsg.), *Philosophie.* Frankfurt am M.: Suhrkamp.

Steiner, E. (1988). *Methodology of theory building*, Australia: Educology Research Associates.

Trapp, E. Chr.(1780). *Versuch einer Pädagogik*, besorgt von V. Herrmann. Paderborn: Ferdinand Schöningh. (1977).

Tschamler, H. (1983). *Wissenschaftstheorie. Eine Einführung für Pädagogen*. Bad Heilbrunn / Obb.: Julius Klinkardt.

von den Driesch, J. & Esterhues, J. (1952). *Geschichte der Erzie hung und Bildung*. Päderborn: Verlag Ferdinand Schöningh.

Vorländer, K. (1924). *Immanuel Kant. Der Mann und das Werk*, Bde I & II. Leipzig: Verlag von Felix Meiner.

Winters, V. (1990). Die Philanthropisten des ausgehenden 18. Jahrhunderts und ihre Bemühungen um eine empirisch orientierte Pädagogik. In L. Rössner (hrsg.) *Empirische Pädagogik II: Neue Abhandlungen zu ihrer Geschichte*. Braunschweig: Heraugegeber.

批判理論的科學理論及其對教育理論的影響

第一節　批判理論的歷史發展

　　康德的哲學稱為批判主義（Criticism）哲學，惟其所謂的「批判」與批判理論的「批判」有些許不同。批判（Crinein，古希臘字為κρίνειν）的原始意義是「分辨清楚」，原意可以溯源於古代的醫學和法學。外科學的最早發展是在古希臘，透過解剖將有病變的部分和沒有病變的部分加以釐清，就是Crinein。在法庭上的辯論，法官必須就兩方的論辯作一審慎的裁決，將是說成是，將非說成非。此即「批判」的原始意義。康德的《純粹理性批判》（Kritik der reinen Vernunft）、《實踐理性批判》（Kritik der praktischen Vernunft）、《判斷力的批判》（Kritik der Urteilkraft）三大著作中批判的概念，主要來自於文學批評，此所謂的批判是指理性自身的分辨功能，也就是理性自身分辨其認識所及的範疇。康德哲學中將先驗的和超驗的兩個概念分辨得相當清楚。先驗的（Transcendental）：係指在經驗之先，有可能進入經驗而成為認知的對象；超驗的（Transcendent）：不是認識心所能及的範疇。理性須對自身作一個適當的分辨，認識自身的功能及其限制。即超越界非理性所能認識，惟所謂的不可能認識並不意味不是理性的範疇，它仍為理性的事實，但不是透過經驗能夠加以認識的。

　　康德的批判概念中的自我功能之批判到黑格爾哲學中轉而為理性的自我檢查（Prüfung），自我檢查的功能就像康德

的理性分辨功能，只是黑格爾的理性自我反省的功能是將批判更進一步內在化，理性會一層一層的自我反省，這種內在化的功能到了馬克思卻將之指向外在的物質條件，所以馬克思的批判是外向化。

　　基本上，批判理論的批判概念雖然主要承襲馬克思、黑格爾，但針對的特別是二十世紀三〇年代以來的整個世界局勢在戰後新野蠻狀態的反省。反省的焦點在於啟蒙運動以來現代化之偏枯發展。啟蒙的控制慾望導向整個社會的病理式發展，因此早期的批判是一種對社會造成物化、偏枯化、理性的控制橫行的一種反省。

　　由上述說明可知，批判哲學、批判理論和早期的批判概念，並非完全一致。從教育的觀點來看，啟蒙運動以來的教育發展，就像理性發展的弔詭一樣，教育也有弔詭的發展。啟蒙的幾個重要哲學家伏爾泰（Fr. M. A. Voltaire, 1694-1778）、盧梭（J. J. Rousseau, 1712-1778）等人，開展了對於人本身的關懷，亦即對兒童的關懷，對兒童的關懷本身用批判理論的概念來看，應是一個教育的解放運動，也就是過去以成人、教會、國家為觀點的教育，轉而專注到具體而微的、活生生的、個體的兒童，這應是一個相當進步的看法，也因而促進兒童心理學的研究，進而促進了教育學相當大的進展。另一方面是國家基於競爭的考量，必須以國家力量來規畫整體的教育。因為民族國家在啟蒙運動之後紛紛出現，國家與國家之間的競爭勢必要有國家介入。如何在這兩個弔詭的問題中找到一個平衡點，實際上也是在整個教育過程、教育歷史發展中難以解決的問題。本世紀初的幾個重要的教育運動，正如田培林〈西方近代教育思想的派別〉（1987）一文所述，如兒童中心教育運動、藝術教育運動、童子軍運動等，都反

映了時代的弔詭現象。特別是童子軍運動本身是一個相當強烈的國家主義的運動，藝術教育運動是與這個時代整個科技發展以後造成的人格偏孤化發展有很密切的關係，兒童中心的教育運動多多少少反映對於兒童權利重視的抬頭。到底要提升兒童或把教育的重點放在兒童本身，還是重點要由國家來規畫以提升國家的競爭力？不僅在十九世紀末，即使到現在仍為各國教育改革難以解決的課題，國家機器介入教育過程與教育的自主性之間，如何找到一個平衡點？批判理論對於啟蒙運動以來社會病理式的診斷，對於當代教育學的發展，產生了相當重大的影響。

一、批判理論早期的發展：法蘭克福學派的崛起

　　1930 年代的歐洲社會充滿矛盾的現象，第一次世界大戰剛結束，法西斯又在慢慢抬頭，整個歐洲充滿「山雨欲來風滿樓」的緊張氣氛。1931 年霍克海默（M. Horkheimer）就任法蘭克福大學社會哲學的講座教授，同時擔任法蘭克福大學社會研究所的所長，在就任所長後，提出許多科際整合的合作研究計畫，開展了對於他那時之現時代的歷史過程的實徵性與理論研究。這是他在 1932 年《社會研究學報》（Zeitschrift für Sozialforschung）創刊詞中的願望，希望發展現時代的歷史過程理論。在霍克海默所處的時代，社會的經濟生活、個體的心理發展以及文化領域的改變，在在都需要有一種周延的研究來進行深入分析，這幾個領域之間的關係如何進行適切的研究是他關心的重點，特別是社會學研究所以及社會研究學報所關心的問題。在他那時最主要的觀點是採取魯卡奇（G. Lukaćs）和馬克思的異化理論以及韋伯（M. Weber）

的理性化理論來進行研究，當時社會學研究所對於時代感到不安，從 1920 年代到 1930 年代在歐洲有幾個運動值得深入研究：

㈠權威運動的起源：中歐、南歐的法西斯運動到底是怎麼來的？

㈡勞工運動的興起：勞工運動分裂成兩個方向，一個方向是本來勞工運動是要爭取勞工的自由和解放，結果卻和西歐的法西斯運動結合在一起；另一個方向是與俄國大革命結合在一起，勞工運動促進了俄國推翻沙皇，不幸的是後來演變為史達林（J. Stalin, 1879 -1953）的恐怖主義。

㈢新媒體的出現：新媒體的出現促進了「文化工業」的發展，在其《啟蒙的辯證》（Dialektik der Aufklärung）附錄中，阿多諾（T. W. Adorno）和霍克海默就已開始對文化工業提出一些批判和反省。文化工業所造成的社會單面向化到二十世紀末期更是嚴重。

為研究這幾個運動，社會學研究所關心的是社會的權威結構如何透過何種方式，內化到個人的心理機制。他們組織了一些整合型的研究計畫，包括人員以及方法論上的整合，此整合型計畫與我們目前所說的整合型計畫有很大的不同，主要的人員包括經濟學者波洛克（F. Pollock）、奇欣海默（O. Kirchenheimer）、紐曼（F. Neumann），經濟史專家維特福格爾（K. A. Wittfogel）、波肯南（K. A. Borkenan），社會學者拉札斯費爾德（P. Lazarsfeld），心理學者弗洛姆（E. Fromm），文學理論學者羅文塔（L. Löwenthal），文化理論學者馬庫色（H. Marcuse）、班雅明（W. Benjamin）、阿多諾，

而以霍克海默等為領導人，具體成果為發行《社會研究學報》，並有兩個研究計畫在同時進行：《威瑪共和國的工人權威態度》（The German Workers under the Weimar Republic）和《權威與家庭》（Studien über Autorität und Familie）。《權威與家庭》探討權威態度如何透過家庭社會化的過程內化到兒童，可以說是到目前為止的權威著作之一，研究結果在1936年於巴黎出版。其應用了佛洛伊德的理論來解說一個權威的家庭如何將其權威態度透過兒童的倚賴、透過所謂的自卑情結傳遞給下一代的兒童。此計畫還有一個重要的發現是，整個家庭社會化過程特別是在1930年代有一巨大的轉變，也就是其他社會因素的影響力逐漸穿透個人與家庭關係時，使得家庭對抗社會要求之力量逐漸轉弱。不過最重要的應該還不在於他的研究發現，而是在社會研究——特別是對於科學方法論的突破，主要突破性觀點有三：

㈠社會哲學與經驗研究作了辯證式的統合，它不全然是一個經驗性的研究，有別於1930年代奧地利維也納所瀰漫的一股強烈的實證論傾向，以邏輯經驗論為例證，邏輯經驗論最原始的文獻應是1929年維也納學圈《科學的宇宙觀》（Der Wiener Kreis: die wissenschaftliche Weltanschauung），維也納學圈發展出以物理科學為典範的一種徹底的經驗分析的研究導向，稱之為「物理論的科學理論」，而在距離不算遠的法蘭克福卻發展出社會批判理論。同樣是強調整合型研究，維也納學圈完全強調以自然科學為典範的科學理論，法蘭克福學派則強調社會哲學和經驗研究的整合。

㈡真正做到完全科際性的研究，不同領域的專家分別對同一個主題，以其過去使用的方法和其他的領域作一種辯

證式的合作。

㈢反對實徵論的研究方法，也反對完全詮釋學的方法。亦即一方面批判實徵主義，一方面批判精神科學沒有對整個社會實踐過程中的社會條件進行批判、反省的科學理論。

二、批判理論的重要里程碑

批判理論對於當代教育科學的影響相當深遠，惟對其整體性的描述，殊非易事，以下僅就法蘭克福學派的重要著作略作分析，以說明其歷史發展：

㈠霍克海默的〈傳統理論與批判理論〉

若將法蘭克福學派的發展過程作一簡單的分析，第一個重要的文獻應是霍克海默在 1937 年發表的〈傳統理論與批判理論〉（Tranditionelle und Kritische Theorie），此為一篇經典著作。查姆勒（Tschamler, 1983:76）曾為此文內容整理如圖 4-1 來區分傳統理論與批判理論：

	理　　論	
傳統理論	超越社會之上	與社會做緊密聯結
	哲學單一學科	哲學的
	邏輯	辯證
	悟性、理性	叔本華的意志
	再製	再製與創造
	思想與行動 思想與存在 —— 的二元論 理論與實踐	思想與行動 思想與存在 —— 之辯證式的融通 理論與實踐
	不考慮時間	時間作爲歷史——社會過程
		目的：解放，所有個體之幸福
	普遍性	存在和判斷是分殊和普遍的綜合
	精神本身自我完足 （意識、自明）	精神是社會物質關係（生產關係）的上層結構
		工作是社會範疇的基礎過程

（右側直排標籤：批判理論）

圖 4-1

傳統理論與批判理論比較圖（Tschamler, 1983）

　　在此表中傳統理論指的是實徵主義下，特別是啟蒙運動以來的理論概念；在此理論概念中可看到其與社會批判理論的不同如下：

1. 從社會向度來看，傳統理論想要建立一套超越於社會之上的普遍有效性的科學理論來解釋社會的發展，最典型的例證是孔德的實徵主義的社會發展，其發展的概念是適用於任何社會的；霍克海默批判理論的想法是跟社會緊密的結合在一起的一種理論概念。

2. 理論基礎何在：傳統理論是以哲學的單一科學作為其理論基礎，批判理論則是以哲學性的哲學為基礎。

3. 方法：傳統理論強調邏輯的一貫性，批判理論為辯證

式的方法。

4. 從人的認識心結構來看：傳統理論仰賴人的悟性和理性，批判理論重點是用叔本華式的意志概念。

5. 社會再製：傳統理論再製了整個社會的實況，批判理論不只是再製，還進一步開展。

6. 傳統理論是一種思想—行動、思想—存在、理論—實踐的二元劃分，批判理論是兩者之間作了辯證式的融通。

7. 傳統理論的整個理論概念是超越時間的，批判理論是將時間作為一種歷史的社會過程。

8. 從社會學的理論概念，也就是目的概念來看：傳統理論只要作到描述、因果說明、預測，是以一種目的—手段間的聯結作為一個理論的技術應用；批判理論是希望能夠透過理論作啟蒙的功能讓個體都得到解放。

9. 傳統理論追求的是一種普遍的法則概念，批判理論是將存在性的判斷作為普遍性和特殊性之間的綜合。

10. 傳統理論有其自主性的意識或精神的自主性，自我完足；批判理論認為我們所說的精神、意識是社會物質關係的上層建構，社會的基礎結構其實是一種生產的關係。

11. 批判理論對於社會中的工作概念，認為社會上的工作過程其實就是一種社會過程的基礎範疇，如果將工作放到傳統理念概念，工作本身就是希望導向控制。

(二)霍克海默和阿多諾的《啟蒙的辯證》（1944, 1947）

　　前述霍克海默在 1937 年發表的論文，可說是批判理論的一篇宣言式的經典著作，惟學界討論最多的應該是 1947 年霍

克海默和阿多諾合著的《啟蒙的辯證》（英文版在 1944 年就已出版）；討論西方社會從啟蒙運動以來的偏枯發展，雖然從啟蒙以來科學技術與生產方式的開展，帶給了人類無限的可能性，可是這些可能性中卻也隱含了病理式的危機（是一種辯證式的發展），也就是在這些可能性中，卻反而讓人類不幸的走向新的野蠻狀態、新的地獄式的狀態，這應是兩位猶太血統的作者在納粹的迫害下逃至美國有感而發之作。霍克海默探討的是為什麼人類在啟蒙運動下想要要求的是自由和解放，可是卻沒有辦法讓真正的本性解放出來，反而走入新的野蠻狀況呢？他關心的焦點是理性和社會結構的聯結，理性對自然的探究跟宰制的情況，人對自然的宰制的基本慾望決定了我們對社會以及對自然的理解方式。過去我們都會談人定勝天，這基本上是啟蒙運動的想法，在萊布尼茲看來，自然是一個數理化的結構，應該可以透過人的理性的完全發展，來解開世界的數理化結構，而導向完全的控制。控制的基本慾望宰制了幾乎整個啟蒙運動以來西方的思考方式，這也是他在《啟蒙的辯證》中一直關心的焦點，霍克海默和阿多諾就曾言：「科學家要想控制自然，就好像暴君想控制臣民一樣。」暴君要控制臣民的一個最好方式是每一個人都在掌握之下，就像是明朝的錦衣衛。同樣的，科學家要控制自然也必須對自然作深入的研究，以便完全控制。

這本書在整個批判理論發展史而言，應該是最重要的著作，像工具理性的興起以及各種宰制的情況都在此書中進行了相當深入的討論，這個主題的討論應是依照啟蒙運動的哲學，以及啟蒙的各種形式作為參考架構來探討。啟蒙運動是歐洲十八世紀的思想運動，啟蒙並不是意味一個特殊時期，也不指涉一種特殊的知識發展，在此書中將之當作涵蓋性的

原則來處理，這種處理是將各種宰制的情形作了徹底的揭露，他的目的是希望導向解放，在此書中雖然沒有對「宰制」作出明確定義，卻將各種宰制的情況揭露出來、顯示出來。

關於宰制的方式，他認為資本主義的剝削情況不是最主要的，其對資本主義剝削的基本看法是來自馬克思，他說這種宰制情況只是在人類文明發展史中的一種特殊方式而已，更可怕的方式還有三種：(1)對於自我本性的壓抑；(2)一個個體在很嚴格的訓練下，變成了一種勞動力的宰制方式：社會機制下，要在社會過程中賺取所需要的生活資本，就必須受宰制，可從卓別林（Charlie Chaplin, 1889-1977）的「摩登時代」電影中看到，工人只有轉螺絲釘的功能，螺絲釘以外的到底是什麼，生產出來的東西是什麼樣子也不清楚，如此他的工作和成品之間有一大段的距離，所以從工作中就開始疏離，也從工作中自我疏離；(3)最嚴重的是對自然、科學、技術的宰制，造成現代社會的一個新的野蠻狀態：宰制的慾望蔓延到整個社會過程時，此社會就變成上下交征利的野蠻社會，無論是國內或國外，我們還是一直在助長這種宰制的風氣，包括整個市場的機制來調節整個教育過程，其實是延續了霍克海默和阿多諾所批判的宰制力量。此書對我們現今社會而言，仍具有現實性的意義。

㈢阿多諾的《否定的辯證》（1966）

法蘭克福學派第三本重要的著作是 1966 年阿多諾《否定的辯證》（Negative Dialektik），黑格爾式的辯證是一個直線性的同一思想，往絕對的精神，透過正→反→合不斷的開展。否定式的辯證否定了啟蒙運動以來同一性的思想，因為同一性的思想會造成一種物化的現象，所以如果黑格爾的辯證是

直線式的，則阿多諾的辯證是繞一圈再回過頭來的辯證方式。只有在辯證的思想情況下，而且只有在否定同一的思想下，我們才可能避免物化的現象，才可能避免啟蒙以來對於事物的宰制情形，從科學理論的觀點來看，也就是說透過否定式的辯證，作為一個客體也就意味著在很多主體中的一個部分，而不是用主客二分的方式來固定著客體，以進行研究。談否定式的辯證則傳統認知理論或認識論上的符應說就要徹底的瓦解，主體是滲透到客體之中，把社會過程當作一個辯證的過程來處理。

㈣馬庫色的《單面向的人》（1967）

法蘭克福學派第四個重要的里程碑是 1964 年英文版、1967 年德文版馬庫色的《單面向的人》（Der Eindimensionale Mensch）。這本書表達了資本主義生產方式所造成的當代社會的一種偏枯的發展情形，也就是說，在一個資本主義社會中要求最高的生產利潤，因而必須要求規格化的生產，如福特主義（Fordism）是為顯例。由規格化的生產讓我們的消費方式也趨向規格化，整個社會所關心的課題也變成規格化。從外在一直到內在都變成一種單面向化，使得整個社會一個個體的真正興趣在不知不覺當中被壓抑下去，而走向一種機械的控制和意識形態的壓抑。在一個資本主義社會中，物質生產關係決定了對人的宰制形式，生活方式擴充為整體的宰制和控制系統，技術的進步於焉產生，技術的進步從而又強化了社會的非理性宰制力，而大多數的人民也對宰制力甘之如飴，因為他們滿足於社會上所謂的補償性規畫（Ersatzprogrammatik），這種補償性規畫的核心價值在於生活水準的提高及消費的自由，大多數人民本身的興趣及其自我實現

的可能性因而喪失。而這種單面向的生活方式也需單面向的思考方式，借助新形式的假象民主之控制方式，使得社會距離理性愈來愈遠，有待於非理性的宰制邏輯進行批判性的反省。

㈤哈伯瑪斯的作品

　　哈伯瑪斯是法蘭克福學派的集大成者，具有百科全書式的豐富學養，著作等身。早在 1982 年，哥爾琛（R. Görtzen, 1982）為哈伯瑪斯編輯 1952 至 1981 年的著作目錄就高達六十頁，而國際研究哈伯瑪斯的研究書目也高達一百二十餘頁，其著作之多與影響之遠，於此可見端倪。

　　哈伯瑪斯在 1954 年以《絕對者與歷史：謝林思想中的內在矛盾》（Das Absolute und Geschichte: Von der Zwiespältigkeit in Schellings Denken）論文取得波昂大學博士學位。1962 年馬堡大學以《公共領域的結構變遷》（Strukturwandel der Öffentlichkeit）取得教授資格。這本書刊行三十年後才有英譯本出現，儘管如此，德文原版已經出版十八刷仍供不應求，而英文版出版後，更成為討論公共輿論經常被引證的經典之作。這本書的主題是：在什麼樣的社會條件下，公共事務的決定可以訴諸理性批判的論證，而非權威地位？對這個問題的探究，哈伯瑪斯係就公共領域的規範性理想及其實際結構的歷史發展，做探源溯流的歷史分析而歸結出，只有政治運作符應了民主與公共輿論基礎原理，公共意見和公共領域的活動才能透過立法當局對於政府施政產生制度化的影響（楊深坑，2000: 97-98）。

　　對於社會科學方法論影響甚為深遠的是哈伯瑪斯 1964 年就任法蘭克福大學哲學與社會學教授（Professor für Philosophie und Soziologie）的就職演說：〈知識與人類興趣〉（Erkenntnis und Interesse）。這篇論文在 1965 年刊登於《Merkur》雜誌 213 期，後收錄其在 1968 年出版的《技術與科學係意識形態》（Technik und Wissenschaft als > Ideologie <）一書的附錄。這篇論文的主旨在探討批判的社會理論是如何的可能？哈伯瑪斯否定建基在單一興趣的純粹理論之可能，指陳認知的旨趣（Erkenntnisinteresse）係開展不同知識形式的基礎。在技術的（Technisches）興趣導引下形成科技上「有用」（Verwertbarkeit）的知識，知識的效用也在於控制。實踐的（Praktisches）興趣所引導的知識形式係歷史詮釋學的知識，其旨在於導向相互的了解。解放的（Emanzipatorisches）興趣所引導而成的知識形式是批判科學的知識，這種知識結合了理論與實踐，使得主體從意識形態的侷限中解放出來，開展成熟、自主而獨立的人格（楊深坑，1999: 8-9）。這三種知識形式的分析及其對實徵主義的批判在同年出版的《知識與人類興趣》一書中有進一步的開展，成為當代教育與社會科學討論三種研究典範立論的主要依據。

正如葛莉普（H. Gripp, 1984: 7）的分析，哈伯瑪斯的教授就職演說〈知識與人類興趣〉已經開啟了其 1981 年出版的兩鉅冊代表作《溝通行動理論》（Theorie des Kommunikativen Handelens）的重要主題：人類的語言或溝通能力已經內蘊了相互理解的目的。《溝通行動理論》可以說將其二十餘年方法論的省察及社會分析做了總括式的總結（D. Horster, 1991: 92）。這本書的主題主要有四：理性理論、溝通行動理論、社會合理化的辯證，及現代性理論。其中理性理論是核心，其他三者均是由理性理論開展出來的。哈伯瑪斯在 1988 年對批評者的答辯中，自詡其理論規畫可以放射狀的往不同方向

發展（J. Habermas, 1988: 327）。他並舉述 1983 年的《道德意識與溝通行動理論》（Moralbewuβsein und Kommunikatives Handeln），係結合發展心理學進一步開展論辯倫理學的探究，1985 年的《現代性之哲學論辯》（Der philosophische Diskurs der Moderne）則將溝通理性運用於現代性問題之討論。哈伯瑪斯自稱那時正從事法律、道德與倫理生活之間複雜關係與法制化之研究。這項研究的結果具體呈現於 1992 年出版的《事實與有效性》（Faktizität und Geltung），本書係將其溝通理性之理論探討落實於社會實踐，特別是法律、民主政治，以及民主社會中的公民認同等問題之探討。

第二節　批判理論中的重要概念

從第一節批判理論重要著作的分析，可以發現批判理論的核心概念，主要包括了啟蒙、解放（Emanzipation）、物化（Verdinglichung）、批判（Kritik）、社會（Gesellschaft）、理論與實踐的關係（Verhältnis der Theorie zur Praxis）、溝通（Kommunikation）與論辯（Diskurs）等重要概念，這些概念也成為當前批判教育科學理論中的核心概念，以下分別加以分析：

一、啟蒙

正如本書第一章的分析顯示，批判理論之緣起在於對啟

蒙運動以來理性工具化與社會病理化之批判與反省。

康德在〈何謂啟蒙？〉（Beantwortung der Frage: Was heißt Aufklärung？）一文中說：「啟蒙是人類從自我侷限的未成熟狀態中走出來」。所謂「未成熟狀態」（Unmündigkeit），是指沒有他人的引導就不敢運用自己的理性；所謂「自我侷限」，是這一種未成熟的狀態的原因不是缺少悟性，而是在沒有他人引導下就沒有勇氣運用悟性，康德認為：「啟蒙就是勇敢地運用你的理性吧！」啟蒙有兩義，一方面指歷史時期，一方面指導向自由與解放的整個社會過程。對於康德而言，人的自由是人自己本身帶來的成就，除了少數例外，很少有社會條件的限制。

批判理論對啟蒙的基本意涵是一樣的，但有一些修正，強調自由與自我決定是決定於人類的整個社會過程，人透過教育和理性的運用獲得人自己的自由，要先克服社會的某些先決條件，特別是政治力量。啟蒙因此含括了人對於沒有理性支持的權威與宰制的質疑，批判理論者認為當代社會的情況往往會產生導向自我決定、獨立自主的社會負面的條件，有待人透過一種自我抉擇來克服這種組織所加給個體的一些暴力。所以從批判理論的觀點來看啟蒙概念，啟蒙有三個重要的課題：

（一）透過對工具理性的批判才能避免人的物化。在啟蒙的過程中，人應盡量避免物化（Verdinglichung）的危險。物化簡單的說就是把人當作東西看待，借助於啟蒙的批判功能來重構啟蒙的真理。啟蒙的意義一向是指從未成熟的狀態與物化的現象中解放出來，要達此目的就須將工具行為中的理性進行批判性的反省。工具理性過度擴展往往使人物化，使人遠離了啟蒙的目的。

㈡啟蒙的導向使人從感性的物化現象中解放出來，也就是解除社會壓制的情況，特別是馬庫色 1973 年《反革命與革命者》（Konterrevolution und Revolte）中認為，在 1967 年巴黎大學潮學生運動的基本訴求，一方面有其非物質和自然的生理需求，表面上看起來是大學生對於大學體制的反抗，實則為感性的壓制。

㈢啟蒙在導向一種治療式的論辯（Therapeutischer Diskurs）。早期的哈伯瑪斯有一部分是採用精神分析的概念，認為被壓抑到潛意識中的非理性慾望，往往外顯化形成病理式的行為，透過治療的過程把那些被壓抑的東西浮現在意識的層面，也就是在理性控制的層面。針對這一點哈伯瑪斯提出「自我反省」的理念來代替，也就是啟蒙要達到的是一種自我反省，而自我反省就是治療式的論辯內化至個體中，也就是意味著一種自我省察的功夫，來導向對於整個溝通過程所可能產生的扭曲作一種徹底的洞悟，而有助於獨立自主人格的形成，當代的啟蒙概念最終是導向整個溝通過程的合理化。

二、解放

　　「解放」是批判社會科學與批判教育學相當重要的概念，這個概念來源可以追溯到馬克思在 1843 年的〈論猶太問題〉（Zur Judenfrage）一文，在此文中首先區分了兩種方式的解放，認為隨著人類的歷史發展階段的不同而有不同的形式：

㈠政治的解放：是使國家從宗教的束縛中解放出來。在法國大革命之前，歐洲的君王要行使某項命令得經由教皇同意才行，亦即教皇掌握了權柄。亨利八世為何另定英

國國教？便是由於與教皇有嚴重的衝突，英國國教代表
一種宗教解放的過程，使整個政治過程不必受制於教會
的力量。

㈡整體人類的解放，使人類從宗教的束縛中解放。

　　馬克思認為，政治的解放仍舊不是人類解放的最完全形
式。為了從政治解放到人類解放的歷史進程，馬克思的想法
是應解消所有的私有財產，如此就可避免有些人會宰制其他
人，也就是說，如果將私有財產解消，就不會有宰制的情形
出現，亦即宰制便無合法化的理由，人的物化也就不會出現；
馬克思所說取消私有財產仍舊只是一個先前假設，所有的解
放須回歸到人的本身，此處顯示出馬克思的論文充滿了相當
濃厚的人文主義精神。

　　馬克思指出，過去政治解放的結果是將人化約為公民社
會（Civic Society）的一個成員，化約到一個自私自利的獨立
個體，另一方面又將人變成一個國家的公民、道德人格，如
此個人好像變成國家的一員，用科學理論的概念來看，將特
殊性附屬於普遍性，人還是無法獲得真正的解放，真正的解
放是只有當人回歸到屬於真正的人這個種屬的人，在真正的
解放中，自我省察和獨立自主的解放興趣互相結合，而這必
須改變社會條件才能達到，特別須靠教育過程整體的改變。
解放不能單純的當作宰制結構的消除而已，而是有其積極性，
透過自我省察和教育過程的改變，來促進及回歸人的主體性。

　　1960 年代以來，在德國學術界以解放為書名的教育著作
相當多，如莫玲豪爾（K. Mollenhauer, 1928-1998）《教育過
程理論》（Theorien zum Erziehungsprozeβ, 1982）一書，即以
教育的社會條件分析作為「教育過程」的重點，認為只有將

教育的社會條件作徹底的了解，才能知道如何解消教育過程中的一些宰制（參閱楊深坑，1988）。

三、物化

　　前述「啟蒙」與「解放」的核心要求在於使人從「物化」中解放出來。「物化」是把人客體化為物來看待。避免人的物化或消除人的物化為批判理論的重點。物化從批判理論的觀點來看，是由於當代社會中商品交換與商品生產的結果，商品交換擴及人際關係，助長了工具理性，視人為物亦為難以避免的後果。

　　從最近幾年來的教育改革動向來看，整個教育改革在助長批判理論所批判的物化的現象，因為用商品邏輯來主宰教育的過程，商品交換與商品生產主要是希望保存市民社會的秩序，但是卻扭曲了整個教育過程的溝通過程，使得教育過程更為物化，整個教育過程受到嚴重的扭曲，控制人類的意志，影響人類工具行為的理性化，而不是溝通行動的理性化，也就是物化的現象限制了人自我反省的能力，使人的行動和思考空間受到嚴重的控制。雖然人的能力存在著自我客體化的傾向，但自我客體化也是人存在的先決假定，現代社會中整體性的物化使得人的溝通已經無法完全順暢，而阻礙了人與他人的溝通過程，特別是科層體制的行政和經濟導向的教育過程使得物化更為嚴重。更重要的是實證科學的物化，批判理論認為，實證科學想要控制整個知識過程，必然會將觀念作實體化的處理，而個人就附屬於普遍，具體的個體就附屬於抽象的概念，因此整個教育研究過程，特別是在實徵主義下的教育研究過程，更使人性嚴重扭曲，為了減輕這種物

化的現象，只有透過批判性的反省，來使整個溝通過程能夠
導向一個更合理化的過程。

四、批判

　　「批判」是社會批判理論的一個相當重要的構成條件，
特別是霍克海默認為社會的整體帶有二元性的性質，在批判
的行動中主體就會知覺到自己的矛盾，會自覺到在現代社會
中人是被生產關係所決定，所以霍克海默批判的重點在於資
本的批判，資本的形態決定了社會的結構，在批判性的反省
中，才可以發現現代社會中經濟、科學以及教育之運作法則，
如果可以釐清這些運作法則，也就可以釐清個人在現代社會
中的角色和地位，在這種資本批判中，最重要的是達到一種
新的自我理解和對社會的理解。如前所述，早期批判理論的
重點在資本的批判，後來在哈伯瑪斯等人對科學及知識的批
判中也是其強調的重點，特別是實徵主義的批判，不僅批判
實徵主義，也批判了詮釋學和系統理論對當代社會可能造成
的一些扭曲現象，批判的最終目的是透過理性達到解放，所
以在教育科學、社會科學的批判性分析中，將主體與整個社
會當前的意識形態、當前的結構保持適當的距離，而能進一
步轉化整個社會過程。

五、社會

　　批判理論係以建立批判的社會理論為主要目的，對當代
社會體系的分析與解釋也因而成為其工作的重點。對當代社
會的分析與詮釋主要基於馬克思的歷史唯物論的社會發展理

論。社會的發展由社會分工所決定，而社會的分工又取決於生產關係，隨著社會不斷的分工與勞動生產之改善，勞動力、生產工具與資本，及其對生產關係之交互作用，對於社會結構之發展愈來愈具有決定性的作用。

生產關係對於了解社會結構及發展的重要性一直是批判理論的重點。正如前舉霍克海默在 1937 年所發表的〈傳統理論與批判理論〉一文所說的，物質條件對於理論之影響以及理論對於物質的運用，並不是科學內在的過程而已，更是社會過程（H. Horkheimer, 1970: 28）。個體所掌握的社會其實是整個社會實踐的過程，這個實踐過程之社會是社會分工與社會勞動的產物，也因而須從生產關係來了解與解釋。

早期批判理論著眼於以生產關係和交換關係來解釋社會的發展，近年來更擴及於後期資本主義的批判。批判的重點可以分三個層級（cf. Offe, 1972: 172ff; C. Wulf, 1978: 176-177）：

㈠單一資本（Einzelkapitale）批判

專賣化後市場壟斷不斷形成，經濟上取決於市場競爭。

㈡對集體資本（Gesammtkapitale）的反省

當代社會的一個顯著現象是透過科技的進步和技術的發展來作最有利的投資，所謂的「研究與發展」（R & D）就是這種典型的現代社會現象，透過科技的研發，創造投資更有利的利潤。

㈢集體社會的結構（Gesammtgesellschaftliche Struktur）
的批判

典型的例子是跨國公司的形成，跨國公司要求的是對於母公司的絕對忠誠，使得整個企業體主宰整個社會結構的運作。國家機器在這種集體社會結構的運作過程中，扮演何種角色，也是當代批判理論反省的重點之一。

六、理論與實踐的關係

理論與實踐之間關係的思考與反省，係批判理論的核心問題。如前引述，霍克海默在 1937 年所發表的〈傳統理論與批判理論〉一文，早已批判了實徵主義下的傳統理論的理論與實踐二分的理論概念，認為任何批判思考均非純為認知，理論因而必須直接與改善社會狀況的旨趣相互連結，理論須就其緣起條件及運用之關聯進行反省，在反省過程中從意識形態批判的角度探究理論的社會功能，及其對社會實踐的可能影響加以分析，理論因而不可能獨立於社會實踐。

哈伯瑪斯在 1963 年出版的《理論與實踐》就是試圖發展一種實踐觀點的社會理論，而與其他社會理論有所區別（J. Habermas, 1973: 9f）。這種社會觀點的實踐理論有雙重的理論與實踐的關係：一方面向理論探究透過認知活動所屬之認知興趣之歷史構成關係；另一方面，理論也探討了理論可能影響的實踐活動所處的歷史情境脈絡。質言之，哈伯瑪斯係從三個層面來檢討理論與實踐的關係：

(一)經驗理論的層面

探究後期資本主義社會中科學、政治與公共輿論之間的關係。

(二)知識論的層面

探討知識與興趣的關係。

(三)方法論的層面

探討批判在社會理論中所扮演的角色。

根據哈伯瑪斯的分析，批判理論的理論建構應植基於解放的認知興趣，揭露後期資本主義社會中科學與技術在政府決策過程中可能造成的扭曲。理論基本上係在作一種啟蒙解放的工作，改善社會實踐，從而導向一個更合理社會的建立。

七、溝通與論辯

本章前已說明，哈伯瑪斯在 1981 年所出版的《溝通行動理論》，係將其二十餘年來的方法論探討與社會分析做了總括式的總結。溝通行動因而成為哈伯瑪斯批判理論的核心概念。在教育科學中也有相當重大的影響，有些學者甚至以為教育行動就是一種溝通行動。

在溝通行動理論中，哈伯瑪斯將社會行動區分為追求成功導向的策略性行動和以相互理解為導向的溝通行動（J. Habermas, 1981, Bd. I: 384）。為了使人理解，並同意其主張，一個具有說話及行動能力者必須使聽話者相信其主張合乎理性，

並值得加以確認，爾後才能導向相互理解、同意或完成共識（Konsens）。一旦共識未能達致，則必須訴諸論辯。在論辯中隱含在溝通行動中的一個主張是否合理、有效（Geltung）可以作明顯的討論。所謂的「論辯」，哈伯瑪斯在討論兩種形式的溝通時有所說明：「在『行動』這關鍵字下，我引進了溝通範疇，在這個範疇中我們在表述（Äußerungen）中，同時也在一個斷言（Behauptungen）中所隱含的主張之有效性係心照不宣的加以確認，以進行訊息（即和行動有關的經驗）交換。在『論辯』這個關鍵字，我引進了以『論證』（Argument）為特色的溝通形式，在此溝通形式中，一個主張的有效與否引發質疑，成為論證的主題，來探討其確當性問題。執行論辯時，我們必須在某種情況下走出行動與經驗的脈絡；因為我們不是在交換訊息，而是在論證，以便確立（或否定）有效性被質疑的主張。」（J. Habermas, 1984: 30f）。

根據上述所引，可見一個主張的有效被質疑，須訴諸論辯。理論論辯要論證的是有關於實在或自然的斷言的真實性，實踐論辯要論證的是規範、法令、規則或評價的正當性與／或合適性。理論論辯與實踐論辯有相同的邏輯結構，一個主張或規範之建議，要使人信服其具有有效性，必須透過嚴格論證過程，用可以使人信服的理由來讓人相信其主張是否合乎真實的（理論論辯），或具有正當性、合法性的（實踐論辯）。

哈伯瑪斯的論辯理論的提出，也拓展其應用於道德、民主政治、公共輿論、公民資格、法律理論的論述，其教育理論的應用也有相當重大的影響（詳參楊深坑，1997）。

第三節　哈伯瑪斯的科學理論

　　整個批判理論到了哈伯瑪斯可說是一個集大成的工作，哈伯瑪斯是一個真正的百科全書式的學者，本節專就其社會科學理論來討論，特別從哈伯瑪斯與嘉達美的關係、對實徵論的批判以及沿著後期維根斯坦導向對話，然後到溝通行動理論的完成，作一個概要的探討。

　　哈伯瑪斯與其同事阿佩爾一樣是受教於嘉達美的門下，對於詮釋學反省的一種特殊經驗省思有所探討，但哈伯瑪斯不似嘉達美將詮釋學侷限於精神科學面向的先驗形式，哈伯瑪斯也進一步放到自然科學導向的經驗科學的形式來加以討論，此種討論在於將新實徵主義的科學經驗與社會科學的理論建構作一深層的反省。哈伯瑪斯所謂的科學主義的經驗定義，其實就是把知識化約為經驗方法、透過經驗科學方法獲得知識的一種形式。哈伯瑪斯也將嘉達美的「理解」理論加以改變，理解的理論不再是歷史導向的科學，也不再是理解實踐的一種共通感的理論而已；所謂的理解理論更是一種日常語言溝通的理論，在日常語言的溝通中、個體與他人的對話中，使實踐性的行為規範和態度獲得相互的了解。可以這麼說，哈伯瑪斯的主要目的是探討科學理論和日常的實踐，特別是在後來的溝通行動理論非常著眼於生活世界的實踐，如何將科學理論和生活世界的實踐作一個釐清，在此釐清過程，哈伯瑪斯最主要的有三個領域的範疇之討論：

㈠過去資本主義社會中，科學、政治和公共意見之間的關係，如何透過科學的方式獲得比較客觀有效的敘述（此處不是指實徵主義下的客觀有效），用另一個方式來說是一個合法性的經驗。

㈡知識和興趣之間的關係，由三種認知興趣所構作而成的知識省思或科學省思。

㈢社會理論中批判所應承擔的任務。此亦為批判的社會科學的方法論。

一、哈伯瑪斯對新實徵主義或科學邏輯的討論

當哈伯瑪斯用「新實徵主義」時，其實是指波柏爾的批判的理性主義。波柏爾的批判的理性主義，是討論歸納問題、科學的界限問題，最主要的是其由一個理論結構中導引出基本語句的問題，基本語句對於波柏爾而言應該是可以與實際的感覺經驗結合的，亦即可以透過實際的感覺經驗進行檢測。表面上看起來是很客觀、不會再有什麼爭論，但是對於哈伯瑪斯而言，基本語句其實是一個科學社群中，根據社群的期待、制度目標、個人目標，社群所共同參與的互相了解的一種語言社群，而提出來的語句。因此，哈伯瑪斯認為基本語句還不是客觀的科學語句，仍舊需要和語言社群結合討論才能建立合理的科學語句。如果實徵論的方法論基礎是認為感覺經驗有其絕對的明確性，皮爾斯（C. S. Pierce, 1839-1914）基本上認為，語句或知識命題的客觀性實際上已經是科學社群中的科學家們共同參與而形成的一種基本資料，此看法已帶有詮釋學的意味。哈伯瑪斯認為經驗獲得的描述限定在科學邏輯規格上的話，就會發現語句上是過度窄化的，因此必

須採用皮爾斯的語言理論，亦即主張語句的真假取決於語句的使用，亦即在語用學的面向來處理。換句話說，透過語言在日常生活實踐的過程中來進行了解，這一點彷彿又回到狄爾泰的詮釋學。其實不然，狄爾泰的詮釋學是用生命作為最重要的核心概念，哈伯瑪斯將詮釋學轉入生活世界中，生活世界中可能隱含著許多交叉的意識形態。後來在〈知識與人類興趣〉中，結合了佛洛伊德和羅仁琛（Paul Lorenzen, 1915-1994）的深度詮釋學，將被扭曲了的人格的表達形式用一種理性的重建使之符合理性的秩序。從深度詮釋學，哈伯瑪斯又轉了一個面向，轉向語言學，特別是杭士基（N. Chomsky）的語言學理論，來重建交互理解的理論。

另一面向是哈伯瑪斯與後期維根斯坦的關係。維根斯坦在早期的《邏輯哲學論叢》（Tractatus Logico-philosophicus）中，討論語言和實在界之間的關係時，是想建構語言和實在界的同形性，亦即使用一種語言應可恰如其分的描述實在。語言和實在同形性其實也是早期實徵主義的重要立場。

到了後期，維根斯坦放棄了這種語言和實在同形性的觀點，他體認到語言符號也會經常隨時代的情境變遷而變遷，亦即沒有一種獨立於人類語言之上的內涵存在，所以「語言內涵與事實之間的契合」的理念永遠無法成功。語言和所要描述的內涵及事實是不是能夠同一？維根斯坦開始產生了一些動搖。後期的維根斯坦提出了「語言遊戲」的說法，不同的情境脈絡有不同的語言規則，採用不同的語言遊戲規則的話，顯然就會產生整個實在界的紊亂狀態，是語言建構了實在或是語言描述了實在？語言遊戲的規則實際上可說是將語言當作生命形式的一部分，生命形式或語言遊戲中，一個語言社會可以互相了解其語言的遊戲規則，如果對語言的各種

用法進行了解的話，幾乎就可了解各種各類的生命形式。後來溫區（P. Winch, 1958）就使用了維根斯坦的語言遊戲規則，將之應用於社會科學的方法論。

溫區或哈伯瑪斯對維根斯坦都有相同的看法，亦即所謂的交互作用或溝通所交織而成的網絡，可比擬康德的先驗概念。康德的先驗之條件是知識之所以為知識成立的先驗條件，包括感性的先驗形式和悟性的先天十二範疇，以及最高理性的先驗理念所構成的知識體系。但維根斯坦、溫區和哈伯瑪斯都反對康德把對象意識和自我意識同一才是經驗可能性條件的看法，經驗可能性的條件雖然看起來很像康德的先驗條件，但對於維根斯坦而言，經驗可能性的條件是建基在對語言遊戲規則的掌握與控制，亦即如何構作一個對於世界的經驗，必須掌握語言遊戲的規則。對此維根斯坦有這樣的說明：

「世界並不是自身就是如此這般的劃分，也不是在這樣的劃分中透過語言作正確或錯誤的描述，而是這種劃分的可能性是首先透過語言的表述，這個世界有多少種描述的方式，就有多少種方式把世界化分成某一些實際的情況，也就是語言的描述劃分了這個世界。」（L.Wittgenstein, 1967: §33ff）

溫區是將此觀點應用到社會科學的討論，社會科學的討論有其自身的語言遊戲規則，而與自然科學的討論有所不同。哈伯瑪斯將此考慮應用至規範導引的社會行動中，亦即在倫理上規畫的社會秩序永遠是模仿世界的語言遊戲秩序，語言遊戲的規則改變就會改變社會交互作用，也會改變社會成員的倫理秩序，任何倫理或生命形式都有其特殊對應的邏輯，亦即這種特定的邏輯不可能還原到其他的語言遊戲的語法。用倫理語句表達出來的話，有其世界構成的秩序和生命的秩序。哈伯瑪斯認為這種由理論理性到實踐理性以至於溝通行

動的批判，整個批判的過程是試圖借助於維根斯坦所謂的掌握和控制遊戲規則的理念；此理念在溫區的社會科學理念中完成。溫區是將維根斯坦的語言遊戲的先驗關係系統放到社會科學的一些論辯過程中來討論，因此在社會科學的遊戲過程中，已不像嘉達美那樣放到主客體之間或主體與主體間融通的關係，溫區的出發點是觀察者與被觀察者在整個遊戲過程中，應使用相同的一套遊戲規則。此亦為社會科學中的難題。對溫區而言，語言遊戲有多重性、多元性，不可能用一種統一的語言。此看法與早期實徵論有很大的不同。

哈伯瑪斯將知識的興趣與整個語言遊戲規則的延伸，只是將遊戲規則進一步用「準先驗的興趣」來處理，「興趣」是基於什麼樣的角度來考慮、基於什麼利害考量來考慮知識的建構問題。在〈知識與人類興趣〉中，哈伯瑪斯提及，知識興趣是一個準先驗的概念，此概念用什麼樣的角度來建構哪一種類型的知識，這幾種類型的知識，最終都是要導向一個特殊的目的，社會科學的研究沒有為研究而研究的，一個實踐性的研究同時也是一個為了實踐的研究，任何一種社會科學的研究最終都在於導向整個社會成員的「成熟、負責、獨立」（Mündigkeit），最後應該以解放的興趣為依歸，來看科學理論中所要澄清的理論與實踐之間的關係，沒有純粹的理論，也沒有實踐的理論，事實上理論也是為了實踐（für Praxis）的理論。在生命世界的探討中，哈伯瑪斯在〈知識與人類興趣〉一文中指出，生命世界的範疇主要的是工作、語言和交互作用。生命世界對應了幾個經驗的世界：⑴物理事件世界和人與人間表達的世界；⑵感覺經驗與溝通的領域；⑶工具行為與溝通行為的理論。在方法上使用辯證，而有別於因果分析和詮釋學的理解。

二、溝通行動理論

溝通行動對哈伯瑪斯而言，是詮釋學中共通意識的一個重要要素，社會科學方法論與社會實況的構成之先驗基礎的探討，哈伯瑪斯是採用了嘉達美的理解理論，以顯示溫區的回歸語言來說明社會學的對象這種觀點是正確的，溫區特別透過語言的遊戲來說明社會科學中的主客體關係，此點是延伸了嘉達美的詮釋學的理解，而導向後期維根斯坦的說明。但哈伯瑪斯也批評了溫區的不足，認為溫區對於理解的概念似乎有一種倒退的現象，倒退到嘉達美之前的說法，含有一點狄爾泰的觀點在內，誤以為理解的可能性在於體驗的雖未必完全是同一，但至少有某一種程度的同一。

哈伯瑪斯把嘉達美的詮釋學和社會科學的理論建構聯結在一起，討論社會實在的形成，以及如何透過方法導向有關社會實在的經驗。可是在社會科學領域中，哈伯瑪斯卻將詮釋學轉換成一個互動過程的理論，他的來源不限於嘉達美，更把社會行動的語言特性向前推進到黑格爾的哲學理論來加以討論。

在哈伯瑪斯的早期著作，特別是〈知識與人類興趣〉或是〈科學與技術係意識形態〉等論文，就將生活世界的重要範疇分為「工作」（Arbeit）和「互動」（Interaktion）。「工作」是導向控制、導向一種目的的達成、由三個認知興趣理論來看是基於技術控制的興趣，「互動」對哈伯瑪斯早期的理論而言，是一種日常語言的對話過程，將之放到黑格爾的哲學來加以描述。

哈伯瑪斯認為黑格爾是第一位把社會行動當作溝通行動

的哲學家，美國的學者如帕森思（T. Parsons）等使用社會行動的角度，哈伯瑪斯將之轉化為溝通行動來處理，並將其想法追溯到黑格爾的意識哲學。黑格爾是思想史上第一位將人的意識從自我和他人的互動關係，或自我和他人的辯證關係來加以把握的哲學家，過去很少有人將意識放到自我與他人的關係來了解，通常是在意識中自我打轉。哈伯瑪斯認為黑格爾是將意識從自我與他人的關係中開展出來。

　　黑格爾也是第一個提出區分道德性（Moralität）與倫理性（Sittlichkeit）概念的哲學家。在康德，這兩個概念幾乎都是指道德意識內在的問題，黑格爾認為其無法延伸至倫理制度、社會實踐以及各種典章制度的情況，因此對黑格爾而言，這兩個概念應區分開來，精神的內在性便開展出其所謂的“Moralität”，精神的發展過程就會形成各種社會性的規範、制度，這便是此面向的問題。同樣的在意識的層次，黑格爾首先注意到自我與他人之間的關係，此關係哈伯瑪斯認為黑格爾的自我意識的辯證已經超越了純粹的反省，自我意識的經驗不再是最原始的經驗。黑格爾認為自我意識的經驗便是由互動過程中得到，在互動的過程中自我會學習用其他的主體來關照自己，因此與其他主體的互動過程中就形成自我意識。黑格爾反對康德的經驗我和先驗我的劃分，對黑格爾而言，知識上的自我由於和其他人交往而形成精神的主體性，所以自我不是單一的，而是同時具有單一性和普遍性。哈伯瑪斯就說，黑格爾原創性的洞見是在於把自我當作一種自我意識來說的話，只有當它是精神的時候才能夠加以理解，也就是只有由主體性走向普遍客體性才能夠加以理解。在這樣的過程中，在交互作用的基礎上，不同的對象意識與其自身的主體性合而為一，形成一個精神的自我主體。在此哈伯瑪

斯的意思是自我意識只有在互動的關係基礎上才有可能，這也是哈伯瑪斯在討論「互動」概念的一個重要基礎，這種基礎上的主體單一性才能和自己產生關係，因為它和其他的自我已經有了溝通的情況，跟其他自我有溝通才能互相確認、互相保證。按照哈伯瑪斯的解釋，知識的共同性以達到確認的基礎應是在於普遍化的自我意識或自我精神，精神是個體以普遍作為媒介的一種溝通。

哈伯瑪斯認為對黑格爾而言，精神是一個個體用普遍（Universalien）作一個媒介（Medium）和其他自我溝通。哈伯瑪斯將此觀點引伸至其溝通行動理論的建構，認為黑格爾的這種說法，就像是我們在描述一個對象或描述一個有效的規範時，總是要有一些共通的文法。一個個別的主體間有某一種作為溝通的普遍媒介，所以哈伯瑪斯只是將之放到語言的面向來解釋，亦即語言和生活之間的關係。還可以看到語言和生活之間的關係與魯曼的系統理論有很大的不同，對魯曼而言，一個語句、規範的意義不是用在同一性來了解，而是用系統的角度置諸「差異性」（Difference）來解釋，例如「今天很熱」，表示了和昨天在氣溫上有很大的差異。從社會分化的觀點來看，一個社會的意義愈來愈充足，表示此社會愈來愈分化，愈來愈分化就有兩個弔詭的現象，從某一個角度來看，魯曼說是複雜性的化約，從某一個角度來看又是增加了複雜性。因為從系統和環境之間的關係來看是複雜性的化約，也就是環境很複雜，當將之納入系統後就是簡化，但是在系統內卻愈來愈分化，才能讓此系統的功能愈來愈多。

哈伯瑪斯還有很豐富的感情、濃厚的生命情懷。魯曼的意義不是放到意識層面來理解，而是從系統來解釋。對語言的解釋，哈伯瑪斯將之放到日常的溝通中來了解，放到主體

的語言能力將之轉化為溝通能力，在一個溝通過程中如何重建這些語言規則，將此規則延伸至法律、政治制度，這些皆在《事實與有效性》一書中討論，此書主要是說明有效性宣稱如何應用到法律制度的解釋，及特別是民主制度的解釋、公共領域的解釋（詳參楊深坑，2000）。

第四節　批判的教育科學

　　受到批判理論的影響，1970 年代以降，教育學研究也開展教育體制和政、經、社會關係之深入分析，而與精神科學教育學和經驗的教育科學有所不同。經驗—分析的教育科學對於教育過程流於支離破碎，有使全人的人格教育流於阿多諾所稱的半教育（Halbbildung）之危險（T. W. Adorno, 1972: 93-121）。尤有甚者，透過經驗的教育科學研究，可能不當合理化既有的教育成制，鞏固不正當的宰制結構。精神科學教育學則對傳統與歷史不加批判的接受態度，也有流於宰制的危險。因此，兩者必須加以批判，藉以釐清政、經、社會結構對教育過程的影響，從而使教師認清教育所受意識形態之局限，能夠自覺而成為具有改變社會成制的知識分子，而透過教育過程的理性重建，達至社會啟蒙的目標。

　　法蘭克福學派的重要代表中，阿多諾即以馬克思和黑格爾的具體分析方式，分析資本主義下，教育偏枯發展，流於所謂的缺乏自主與自律的「半教育」。克拉夫基（W. Klafki, 1927-）、布蘭克茨 及莫玲豪爾等從精神科學教育學走向批判

教育學，對於教育科學社會歷史條件作深度的批判，以下分別加以說明。

一、阿多諾的半教育理論

阿多諾的半教育理論的核心，係試圖解決針對自由主義內在資本累積及其可能引發的問題。在大眾文化集體涵化的情況下，教育流於助長盲從性格之養成，壓抑人類批判與反省的能力。

(一)阿多諾的分析方法

阿多諾的分析方法，係一種辯證方法。阿多諾將獨立自主和盲從視為自由辯證的兩極。阿多諾的辯證方法係從唯物主義和馬克思主義做出發。但其與粗俗的唯物主義之不同在於並不是獨斷式的強調物質優位原則。其方法是將觀念論（Idealismus）的思考方式做一種內在的轉化。如果觀念論者認為，人類對世界的認知是人類使得世界逐漸符應人類的思考方式，那麼唯物論者就會認為不可能以這種方式認識世界。因此，哲學必須修補觀念論哲學所造成的傷害，為達此目的，必須指陳觀念論對於人對於世界概念形成方式見解之不當，換言之，其方法是否定式，不是用一種同一哲學方式來進行，也就是將批判指向世界構成與世界認知方式之不當。

阿多諾認為黑格爾雖也早已體認到批判的潛能，但其缺失在於認為人的觀念如能控制世界，則人類就可以成為自律性的主體，否定式的批判終極仍舊想要導引到完全能控制自然的情境（Th. W. Adorno, 1993）。同樣的，馬克思有些著作中也認為經濟活動和社會發展可以用類似的方式來加以分析，

質言之，馬克思和黑格爾均贊同一種具體的分析方法，以探討社會構成分子及其關係的整體，而又把所有的情境均視為本身各具有獨特性。對於十九世紀歐洲的政治與經濟情況，依實際的條件來檢視歐洲社會主導的觀念和表象。在分析中，馬克思也未忽略資本在實際歷史進程，與覺知歷史事件的方式所扮演的角色和地位。馬克思認為事物發生的內在及其覺知方式均充滿矛盾，而這些矛盾也表現在人類對於世界表象方式與理解方式的二律背反（Antinomies）。

阿多諾基本上贊同馬克思的自由市場理念，反應了所有觀念思考之觀點，這個觀點可以遠溯至萊布尼茲的單子論。任何一個別事物或觀念均已將其所從屬之社會涵攝其中，哲學觀念亦然；哲學觀念就單子而言，也涵攝了財貨生產與交換的基本原則。然而馬克思反對觀念論哲學，而將此原則轉而為對社會因果說明的公理，如此有陷入科學唯物論的危險，也就是容許自由交換的原則具有普遍有效的解釋力，如此一來，便有透過觀念活動來宰制自然的危險。

阿多諾認為具體的分析不能局限在交換原則，也不能忽略交換原則呈顯在所有情境之中。阿多諾並不忽略市場原則，但也不將具體的情境化約為經濟實踐活動的具體案例。以此方式，阿多諾進行教育博雅理論之分析，將教育視為一種單子論式的結構，內在涵攝了革命的「布爾喬亞」（Bourgeois）的世界觀與概念架構。他追溯自由主義的發展，認其可為通識教育理念與實際情況之間的衝突加以解析，並圖解決。惟過去解決的方式過於強調附從，缺乏自律與自主，以致教育流於半教育。

㈡博雅教育理念與半教育的特質

阿多諾在 1972 年刊布〈Theorie der Halbbildung〉，1993
年英譯為〈Theory of Pseudo-culture〉在《Telos》雜誌發表。
根據馬多克的評論（T. Maddock, 1998: 93），這樣的翻譯並
不適切，因為阿多諾所探討的，並非文化的某一特殊部分，
而是探討人格陶冶的理念在資本主義文化工業的發展下的偏
枯發展，Bildung 的理念較接近於古希臘的 Paideia 概念，含
括了正式的學習、文化的涵育以及自我開展。

阿多諾在探討所謂的「半教育」係置諸廣博的古典博雅
教育理念來分析。具體而言，置諸盧梭和康德的教育理念架
構下，來解析當代資本主義經濟危機下的教育危機。盧梭首
揭社會批判，認為社會壓抑個人的完全發展，教育必須訴諸
自然，訴諸個體的自我約制的自由，從而發展個體之自我覺
知，覺知到社會關係，從而促進個體之善，符應社會之德，
最終以理性的統一取代本能的統一。

康德的教育理論基本上是對盧梭教育理念的直接回應。
在《教育論》的開頭，康德即指出：「人是唯一須受教育的
動物。我們所理解的教育，除了陶冶（Bildung）外，還有撫
育（Wartung, Verpflegung, Unterhaltung）、紀律訓練（Diszi-
plin, Zucht）和教導（Unterweisung）」（I. Kant, 1804: 440）。
其他動物得恃其本能以為用，人類須賴雙親之特別照顧（Ver-
sorge）以維繫生命。紀律則改變人類之動物性本能，使具符
應於人性法則，符應於理性的自律性原則。因而撫育與紀律
在教育上最為重要，須及早為之，而教導則隨時可以發生，
透過教導與文化的涵育，教育才能不斷進步，發展人性趨近
完美，而這也開啟了全人類幸福之未來展望。因而，康德亦

以為「**教育理論是一種有待努力實現的崇高理想，為實現現實理想，須將教育藝術轉化為教育科學**」（ibid: 444）。

正如馬多克的評述，康德和盧梭均以為教育在於使個人學習運用其自身的悟性與了解，而毋須外力之影響，追求自身的目的，完成潛能之實現。在這樣的基礎上，人類可以擺脫動物性本能之機械束縛，建立一個可以容受正義行動之社會次序。然而，這個過程的根源在於康德所謂的非社會性的基本傾向，亦即競爭的能力。競爭是啟蒙的動力，發展自然所涵育的不斷進步的種子，然而，當其受到社會的約制，才能產生有益的效果。國家機器的介入，正是發揮此種約制的功能。

阿多諾的半教育理論也是著眼於資本主義的競爭與國家機器的調節之間的緊張關係。如前所述，阿多諾的分析方法係以馬克思唯物論為基礎，認為經濟危機並非特殊現象，而毋寧是資本主義發展的正常情況。經濟危機是資本累積危機的永續現象。資本危機係促動資本主義發展之動力。為了回應經濟危機，國家的功能必須重組，來促進並使資本累積更為活絡。市場機制的發展代表了最近國家機能的重新調整，鼓動前面康德所述的內在人類的競爭動力。因而，古典人文的博雅教育必須貶抑。當代教育之偏枯發展，即阿多諾所謂的半教育的發展，即是這種資本主義經濟危機所促動，亦即以經濟為主要的考量，使得決策者不得不貶抑全人格陶冶之理想。

在資本主義自由市場經濟的推波助瀾下，助長了消費導向的文化工業之形成，文化成為消費的商品，透過大眾傳播媒體的促銷，使得個人臣服目迷五色的大眾文化，造成了集體的假性認同。正如阿多諾評述：「足球場和電視的權威取

代了聖經的權威。」（Th. W. Adorno, 1972: 99）獨立自主的
人格於焉喪失，隨波逐流附從性格成為社會人格的普遍現象。

　　㈢教育危機及其解決

　　文化商品化、消費社會以及傳統理性凝鍊文化之沒落是
當代半教育的危機的顯著現象。阿多諾認為，任何想要克服
半教育危機的治療處方均難免陷入兩難的困境（Th. W. Adrono,
1972: 120）。大眾文化既無法提供獨立自主人格之發展，傳
統博雅理想又不符大眾社會之需，教育不可能再保存光榮傳
統，加以神聖化，也不可能完全取消文化傳統。質言之，教
育過程與文化傳遞有密不可分的關係。問題是這種文化傳遞
必須置諸當代大眾社會來加以審視。

　　阿多諾認為當前教育的要務在於恢復已經被壓抑了的個
體之反省判斷能力，只有透過批判反省能力的培養，才能再
發展為大眾文化所淹沒的獨立自主的知性文化，因為獨立自
主判斷之培養，才能有更大可能性的自由，一方面進行獨立
於社會之上的自主判斷，一方面也認可其可能實現社會的需
求。質言之，知性文化的發展正足以滿足社會需求，個人統
整，而非盲從社會成制，才是未來教育健全發展之道。

二、克拉夫基的批判建構教育科學

　　克拉夫基生於 1927 年，1946 至 1948 年就讀於漢諾威教
育學院（Pädagogische Hochschule Hannover），1952 至 1957
再入波昂和哥庭根大學就讀，1957 年在精神科學教育學者魏
尼格指導下，以《初等教育問題與範疇教育理論》（Das
pädagogische Problem des Elementaren und die Theorie der Kateg-

orialen Bildung）取得博士學位。1963 年就任馬堡大學教育學教授，1992 年退休。

　　早期克拉夫基受到精神科學教育學的影響，1960 年代末期由於參與霍夫蓋斯馬爾教育社會學論壇（Hofgeismarer Arbeitkreis）之討論，也受到馬堡大學學生運動之影響，開始轉向批判理論，發展克拉夫基本人所稱的批判—建構的教育科學（Kritisch-konstruktiver　Erziehungswissenschaft）（H. -H. Krüger, 1999: 58）。這種理論之輪廓首次見諸 1970 年其與其他學者編輯之廣播教材《教育科學》（Funkkolleg Erziehungswissenschaft），1976 年的《批判建構教育科學的層面》（Aspekte Kritisch-konstruktiver Erziehungswissenschaft）做了系統的發展，其後由於參與赫森（Hessen）、北萊茵—西伐倫（Nordrhein-Westfalen）和不來梅（Bremen）各邦的課程與學校改革，也漸將其理論擴及於課程、教學及學校改革。

（一）方法論的層面

　　如前所述，克拉夫基早期受到精神科學教育學的影響，方法論上採取歷史—詮釋學的方法，厥後，轉向批判—建構論，並未完全放棄詮釋學。正如早期法蘭克福學派方法論兼採經驗、詮釋與意識形態批判一樣，克拉夫基也將歷史詮釋、經驗，及社會批判—意識形態批判做了建構性的綜合（Konstruktive Synthese）（W. Klafki, 1994: 98），三者之間的內涵及其有效性互相檢驗、互相補充。

　　先就歷史詮釋學的層面而言，克拉夫基指出，教育是一種有意義的行動或過程，或產生此種行動或過程的制度，其旨在於使受教者產生有意義的改變行動。教育行動、課程、教學以及學校設施等均為意義導向或意向性的活動，必須從

歷史詮釋的方法來理解其深度的意義（W. Klafki, 1994: 99）。

就經驗方法層面而言，克拉夫基認為，歷史詮釋學方法固可以解釋教育的意向性與意義層面，惟實際教育的運作仍有待於經驗研究的方法來加以解決，舉例而言，課程決定的過程誰主導？用何方法？誰提出何種論證？教師與學生在教室情境中的實際行為？學校的設施？等有待於各經驗研究的方法來探討（W. Klafki, 1994: 103）。

就社會批判與意識形態批判而言，克拉夫基認為，教育理論與實踐和經濟、社會、政治、文化過程與關係息息相關，因而，批判—建構的教育科學必須將社會批判與意識形態批判融入，成為重要的方法導向。揭露教育過程的社會緣起條件，釐清經驗科學方法可能造成不當合理化，判明詮釋學、規範教育學，及在經濟、社會條件下的虛假意識（W. Klafki, 1976: 51）。

有關意識形態與意識形態批判，克拉夫基在《批判建構教育科學的層面》做了下述的說明（W. Klafki, 1976: 50）：

1. 意識形態之錯誤意識（如封建社會秩序是神賜的、資本主義經濟秩序是可以想出來的最正義的社會秩序、女子天生就比較不具政治性等）並非個體的錯誤，而是透過某些社會條件產生。
2. 意識形態保證了現有的權力關係，也使其具有合法化的基礎。
3. 意識形態符應某些社會有力團體的特定利益。
4. 由於意識形態是錯誤意識，因此，透過社會相關的社會關係，也可能使得被忽略或被壓抑的團體誤以為真。

基於上述區分真實與虛假意識，釐清教育過程的社會條

件，整合經驗與詮釋學方法，促進教育實踐過程的合理改變。

（二）教育研究的重要課題

批判─建構的教育科學既以意識形態批判為重要方法論導向，因而教育研究的重要課題可以分為兩方面來加以說明：

1. 教育目的與設施之分析：一方面探究教育目的、理論、設施、課程、教材、教法是否未加反省的表達了特殊團體的利益；另一方面，也檢視是否某些團體的利益被忽略，而有意的在其族群中產生錯誤的意識。

2. 教育制度的意識形態分析：學校與社教機構之設置、教學媒材之選擇是否強化了錯誤的意識。

（三）教育目的的釐定與古典通識教育理念之現代重建

如前所述，克拉夫基的批判─建構教育科學和批判理論在方法論上相互融貫的構想，因此，對於社會上的不公、壓抑、宰制結構、物化與疏離之揭露就顯得相當重要。從批判作出發，也須導向建構，建構規範性的目標，以達成解放和啟蒙，使個體具有自我決定，參與公共決定，增強社會的凝聚力。

自我決定、參與公共決定以及社會凝聚能力三種能力的發展，克拉夫基特別強調古典通識教育理念的重建。他認為古典通識教育理念有三個要素對於當代通識教育相當重要。其一，十八世紀以降通識教育導向全民，對於當代而言，盡可能的使所有的學生有更長的時間接受普通教育。其二，就通識教育應透過一般的涵養而言，通識教育應該透過歷史意識的培養，使所有學生覺知當前以及未來的問題，如和平問題、環境問題、兩性平權問題等，並企圖加以解決。其三，

就通識教育係所有能力的開展而言，通識不只是認知層面廣博知識之培養而已，也應強調批判與論證的能力、社會擬情能力、道德決斷與行動能力之培養（W. Klafki, 1994: 15-41）。透過這些能力的培養也符應了批判理論所要達到的個人的解放與社會的啟蒙。

三、布蘭克茨的解放教育學

布蘭克茨生於 1927 年，在哥庭根大學主修教育、哲學、歷史及國民經濟，1958 年獲哥庭根大學博士學位，1963 年以《職業教育與功利主義》（Berufsausbildung und Utilitarismus）論文在曼漢（Mannheim）大學獲得教授資格。其後任教於漢堡、奧登堡（Oldenburg）、曼漢、柏林等大學。1969 到 1983 年去世為止，均任閔斯特（Münster）大學哲學與教育學教授，其間（1974 至 1978 年）並任德國教育科學學會理事長。

布蘭克茨對於經驗—分析教育科學及精神科學教育學均予以批判，雖然也承認經驗分析與歷史—詮釋的研究方法有互補性的功能，但兩者並不足以建立行動的科學（Begründung einer Handlungswissenschaft），因為兩者雖可以呈現知識科學上的經驗模式（Erfahrungsmodelle），但不足以完成實踐學研究（Praxeologische Forschung）的要求。這種觀點，有如哈伯瑪斯的批判的行動科學理念，因為經驗分析和歷史詮釋的認知興趣不能置諸批判科學的解放興趣來加以衡量。

除了用哈伯瑪斯的認知興趣來說明教育學外，布蘭克茨對於教育學方法論上的爭論也有獨特的解決方式。他指出，如果把教育理論當作和經驗—事實有所區別，而且經驗—事

實是先於教育理論的既予條件，那麼必須基於下述兩個條件：其一，教育問題之提出須具有超越經驗的特質；其二，教育問題之處理必須含括了互為主觀的檢證（H. Blankertz, 1966: 71）。根據本聶爾（D. Benner, 1978: 294）的分析，這兩個條件可以做不同的詮釋。先就超越經驗之特質而言，教育理論兼具批判理性主義及行動科學的意義，因為理論並非經驗歸納所得之敘述，而是因果分析經驗之假設的呈現。再者，理論也並不僅止於恰如其分的描述教育事實而已，也有改變教育實踐的意圖。再就互為主觀檢證而言，不但指經驗主義下互為主觀的檢證，也指批判理論意義下的實踐論辯（Praktischer Diskurs）。

綜言之，布蘭克茨認為教育不只是個人的，更是社會的現象，教育理論必須基於解放與獨立自主的認知興趣，將個體獨立自主和社會功能合併考量，強調理性優位原則。批判理性主義意義下的教育之經驗研究必不可免，然而，經驗研究只是教育理論的武器之一，藉以超越既予的事實（Faktum des Gegebenen），而把經驗的生活提升到更高的層次，這就是進步（H. Blankertz, 1966: 74）。

四、莫玲豪爾的教育過程理論

莫玲豪爾生於 1928 年，1948 至 1950 年就讀哥庭根教育學院，經過兩年任職基礎學校教師後，1952 年起又在漢堡大學、哥庭根大學就讀，而於 1959 年在魏尼格的指導下，以《工業社會中社會教育學之起源》（Die Ursprünge der Sozialpädagogik in der industriellen Gesellschaft）取得博士學位，曾在哥庭根、柏林、基爾、法蘭克福等大學任教。1972 年起至

1998 年去世為止，任哥庭根哲學與教育學教授。

　　1968 年出版《教育與解放》（Erziehung und Emanzipation）即已顯示其轉向批判的教育科學，對此轉向更在 1972 年出版的《教育過程理論》作系統化的處理。

　　《教育過程理論》主要本之於哈伯瑪斯〈溝通能力理論導論〉（J. Habermas, 1971）一文（本文為其《溝通行動理論》之雛形）所劃分的策略行動（Aktion）和論辯之分，以為教育行動是一種溝通行動，而非策略性行動。後者如政治行動，其旨在於現有的宰制架構下試圖互相操縱。教育行動則不然，必須基於對受教者意向的觀點反省教育家的意向，透過理性論辯，以達相互理解與共識（Konsensus），最後導向受教者的成熟、自律與負責（K. Mollenhauer, 1972: 15）。因此，教育本質是一種溝通行動。在導向自主的溝通中，教育場交織在社會場中，而與現有的宰制結構（Herrschaftsstruktur）和利益衝突，造成溝通障礙。這種障礙的解除，莫玲豪爾分為三個面向來加以分析，茲引述其在《教育過程理論》所繪圖表作進一步的說明（見圖 4-2）：

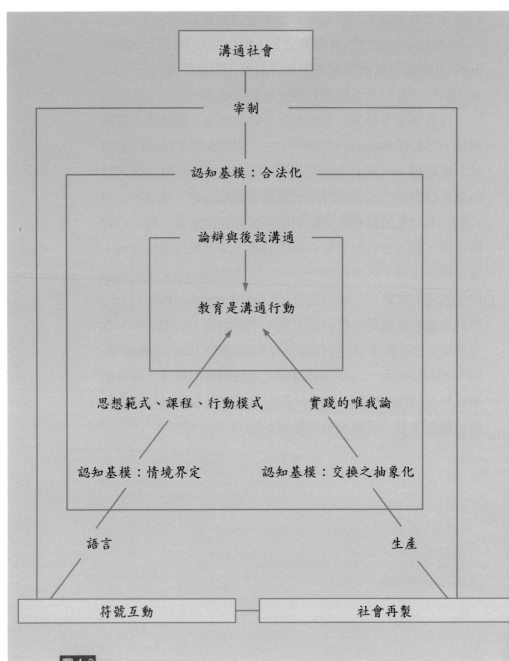

圖 4-2
莫玲豪爾的教育過程結構圖（Mollenhauer, 1972）

先就溝通而言，莫玲豪爾認為溝通的主要問題是語言問題，語言決定社會過程，因此其分析必須考慮其與宰制和意識形態的關係。在溝通中包括了知識必然性和可能性及其行動展望等問題之解決，這些問題之解決乃是為理解意義導向以及參與溝通者本身的行動目的，而非意在控制。然而個體所處之溝通社會（Kommunikationsgemeinschaft）包括合法性的規範要求，溝通嘗試各種各類的宰制形式之影響，而致扭曲。為導向溝通之順暢，必須對溝通的本身再作溝通，即所謂的後設溝通（Metakommunikation）。後設溝通意即哈伯瑪斯所謂的論辯，在論辯中所用的語言並不是單純取其傳統規範性的意義，而是對僵化的制度、規範與規則進行批判性的反省，找尋一種合法性的基礎，以達到解放。就教育科學而言，教育係一種溝通行動，旨在建立一溝通結構，使得受教者能獲得論辯之能力，因而教育研究也就是在溝通過程中，透過自省，揭露阻礙溝通障礙的因素。而這種探討只有置諸具體的互動情境架構來理解。因而溝通與互動有密不可分的關係。

　　所謂的互動，莫玲豪爾採取較廣泛的意義，其所包括情境，不只是強有力者以其意向宰制弱者而已，且也使弱者有表達其意向的可能性（ibid.: 28）。論辯與溝通，正如前述，在沒有局限的情況下，對實在界作理性的協商。因此，互動的過程可以說是溝通的必要條件。莫玲豪爾借用符號互動論來說明教育情境中的互動。教育情境的互動在象徵符號中進行，因此要了解並界定教育情境須借助於象徵符號之運用。此種象徵符號普遍為人所確認，且對不同個體均有同樣的意義，並能表達關係之普遍性。象徵符號分析進一步的目的在於，解釋符號互動的過程中個體認同發展的過程（Prozesse der Identitätsentwicklung）。為達此目的必須界定教育的溝通情境，而此情境又取決不同的制度結構及此結構透過所傳達的宰制關係。因而，對語言符號的形成、宰制結構與互動清楚的認識，是重建真實的生活世界、促進不受扭曲溝通的先決條件。

莫玲豪爾進一步認為，教育的溝通形式與內容並非單純建基在互動的規則，也建基在歷史社會條件下物質的社會再生過程。他借用了宋・瑞特爾的「交換抽象化」（Tauscha-bstraktion），來說明溝通障礙的歷史根源及物質生產與社會再製的基礎（A. Sohn-Rethel, 1970: 38f）。宋・瑞特爾以為：「勞動並不使其自身抽象化，抽象之所在乃在於外於勞動之物質交換關係的某種社會溝通形式。」（A. Sohn-Rethel, 1970）亦即在資本主義社會中，勞動所生產的財貨是為了抽象的市場價值，也就是抽象的交換價值，而非具體勞動價值本身。交換的關係使得勞動的價值抽象化。而這種抽象化的傾向也廣泛的普遍化於各種社會溝通形式。莫玲豪爾以為，交換抽象化的原則也使得人類教育過程的溝通形式物化（Ver-dinglicht），透過溝通社會之理想假設，歷史—社會的教育情境中由於交換性格所產生的扭曲之溝通形式，可以獲得澄清並加以改變。

莫玲豪爾也借用宋・瑞特爾與馬克思的「性格面具」（Charaktermaske）概念，來說明教育溝通關係之生產與再製之聯結。所謂的「性格面具」是一個人經濟關係的人格化（Personifikation）。莫玲豪爾則以之為在一個以交換價值為主的社會與制度中，所有角色客觀行為客觀成分的整體。也就是「性格面具」所要表達的互動過程中，個體行為特質並不只是一個個別性，他也可能是「再製」了社會體系的性格。

因此溝通的扭曲（Verzerrung）不能全然歸罪於個體，而可能是社會體制結構性的失敗，使人際關係趨於浮泛化、物質化。

從前述的分析可以發現，莫玲豪爾依符號互動、社會再製與溝通社會三個要素來建構教育場（Pädagogischer Feld），其間涉及了教育過程的現象學、教育現象的社會根源，以及教育事實的目的層面。從教育實踐的觀點來看，凡此均是事實的觀念形成，亦即教育永遠「是」人際關係和工具行為層面的互動、再生與合法化。「交換抽象化」的三重比較顯示其介乎「再生」與「互動」之間的範疇，就形式特徵的觀點言，它是一種認知基模（Kognitives Schema），這個基模在象徵的符號中作客觀的陳述。交換抽象化與隨之而來的「性格面具」均為觀念，藉之以表示一種認知基模，這些基模在現代社會中透過某種符號系統來表達，而這些符號表達經常以思想範式、行動模式、課程、制度等方式「再製」社會的價值觀念與意識形態。批判的功能在於主體的自我反省，認知其在社會「再生」過程的意識形態侷限，從而突破溝通的扭曲，導向自我啟蒙與合理化社會秩序的重建（上述分析引自楊深坑，1988: 17-20）。

第五節　批判教育科學評析

阿爾維森與斯科德堡（M. Alvesson & K. Sköldberg, 2000: 143-145）曾經指出，批判理論可以視為三重詮釋學（Triple Hermeneutics）。在社會脈絡中，單純的詮釋學關心的是個體

本身、主觀性或互為主觀性的社會文化及其所賦予意義之詮釋。雙重詮釋是詮釋的社會科學家試圖了解並重建有關此實際狀況時，所共同參與建構出來的東西。批判理論除前述雙重詮釋外，還含括了第三種重要的要素：對無意識的過程、意識形態、權力關係，以及某些理解與認知形式之宰制關係等，進行批判性的分析。

本章前已說明，批判理論從早期，以迄於當代批判教育科學之發展，均極強調經驗、詮釋與意識形態批判在方法論上的融通，亦即前述的三重詮釋。在經驗、詮釋與批判的三重方法論論述中，批判的教育科學，特別強調意識形態批判。質言之，批判的教育科學，並不像有些批評者所說的，片面忽略了經驗研究，而是將經驗研究置諸所謂的三重反省，來省察經驗研究是否不當的合法化既有的宰制結構。這樣的方法論重點轉移中，批判的教育科學研究重要的旨趣在於解放與啟蒙，也就是透過研究使得研究者與被研究的對象共同參與了哈伯瑪斯所謂的理想溝通社會，將教育過程建構成足以促進每個個體共同成長、發展、形成成熟、獨立、自主而負責的人格。

就此觀點而論，正如吳爾夫（Ch. Wulf, 1978: 204）的評述，批判的教育學理論不可能發展為封閉的整體理論（Eine Gescholossene Gesamttheorie），因為這不僅違反批判思考旨在進一步開展自我批判意識之旨趣，就當代社會分化複雜性言，一種綜括式的教育理論，吳爾夫也認為不可能。教育理論，正如前舉莫玲豪爾的分析，不只是一種實踐的理論，更是為了實踐的理論。批判的教育科學也因而是一種建構的教育科學，透過教育的科學研究不只是導向建立一種描述性教育實踐的理論，還在於透過科學研究的啟蒙功能，改變社會

實踐與教育實踐過程，使得教育制度進行合理改變，而有利於所有個體完熟人格之完成。

　　為了建構教育之合理制度與社會條件，不僅經驗研究必須重新審視，研究過程所處的意識形態與政治層面尤須注意，阿爾維森和斯科德堡認為這正是所有社會科學的特色（M. Alvessen & K. Sködelberg, 2000: 144）。這個層面中，波普克維茨（Th. S. Popkewitz, 1999: 4-5）特別強調權力關係的批判性分析，他指出美、英、澳洲各國的哲學與教育文獻大都融合了其本身的實用主義、分析哲學和歐洲批判理論的傳統，以進行教育與哲學的論述，1970 年代以降，美國課程政治學的論述尤為顯然。

　　不僅英美，即使法國亦較少用批判理論為名，然其受批判理論之教育與社會科學研究之影響，也至為顯然。莫洛和布朗（R. A. Morrow & D. D. Brown, 1994: 17）指出，如採取較寬鬆的說法，杜倫（A. Touraine）和波笛爾（P. Bourdieu）等人的著作中亦含有批判的社會科學之色彩。

第四章參考書目

田培林（1987）。西方近代教育思想的派別。載於賈馥茗主
　　編，**教育與文化（下）**。頁 415-476。台北：五南。

哈伯瑪斯著（沈力譯）（1990）。**溝通與社會演化**。台北：
　　結構群。

楊深坑（1988）。意識形態批判與教育學研究。**教育研究集
　　刊**，30，1-30。

楊深坑（1997）。**美育與實踐智慧**。論文發表於東吳大學主
　　辦之「第五屆通識教育教師研習營——大學通識教育裡
　　的情意教育」。

楊深坑（1999）。**知識形式與比較教育**。台北：揚智。

楊深坑（2000）。**溝通理性・生命情懷與教育過程——哈伯
　　瑪斯的溝通理性與教育**。台北：師大書苑。

Adorno, Th. W. (1966). *Negative Dialektik*. Frankfurt am M.: Su-
　　hrkamp.

Adorno, Th. W. (hrsg.). *Der Positivismusstreit in der deutschen
　　Soziologie*. Neuwied: Luchterhand.

Adorno, Th. W. (1972). Theorie der Halbbildung. In ders. *Gesam-
　　melte Schriften* 10 (2), 93-121. Frankfurt am M.: Suhrkamp.

Adorno, Th. W. (1993). Theory of Pseudoculture. Telos, 85: 15-38.

Alvesson M. & Sköldberg K. (2000). *Reflexive methodology*.
　　London: Sage Publications.

Benner, Dietrich (1978). *Hauptströmungen der Erziehungswissens-*

chaft, 2 Aufl. München: List.

Blaß, J. L. (1978). *Modelle Pädagogischer Theoriebildung*. Stuttgart: Kohlhammer .

Blankertz, H. (1966). Pädagogische Theorie und Empirische Forschung. In *Neue Folge der Ergäzungshefte zur Vierteljahrsschrift für Wissenschaftliche Padagogik* (pp. 65-78). Heft 5, Bochum.

Blankertz, H. (1980). *Theorien und Modelle der Didaktik*. Müchen: Juventa Verlag.

Böhler, Dietrich (1982). *Kommunikation und Reflexion*. Frankfurt: am M.: Suhrkamp.

Calhoun, Craig (1993). *Habermas and the public sphere*. Cambridge Mass.: MIT Press.

Carspecken, P. F. (1996). *Critical ethnography in education research*. New York: Routledge.

Ewert, Gerry (1991). Habermas and education: A comprehensive overview of the influence of Habermas in educational literature. *Review of education research, 61* (3), 345-378.

Frisby, David (1977). *The positivist dispute in German sociology*. London: Heinemann Educational Books Ltd.

Görtzen, René (1982). *Jürgen Habermas: Eine Bibliographie*. Frankfurt am M.: Suhrkamp.

Gripp, Helga (1984). *Jürgen Habermas*. Paderborn: Ferdinand Schöningh.

Habermas, J. (1968). *Knowledge and human interests*. Cambridge: Polity.

Habermas, J. (1968). *Moralbewußtsein und Kommunikatives Hand-*

elen. Frankfurt: Suhrkamp.

Habermas, J. (1968). *Toward a rational society.* Boston: Beacon.

Habermas, J. (1971). Vorbereitende Bemerkungen zu einer Theorie der Kommunikativen Kompetenz. In J. Habermas & N. Luhmann, *Theorie der Gesellschaft oder Sozialtechnologie.* Frankfurt am M.: Suhrkamp.

Habermas, J. (1973). *Theory and practice.* Cambridge: Polity.

Habermas, J. (1977). *Erkenntnis und Interesse.* Frankfurt am M.: Suhrkamp.

Habermas (1981). *Philosophisch-politische Profile.* Frankfurt am M.: Suhrkamp.

Habermas, J. (1982). *Zur Logik der Socialwissenschaften.* Frankfurt am M.: Suhrkamp.

Habermas, J. (1983). *Moralbewußsein und Kommunikatives Handelen.* Frankfurt am M.: Suhrkamp.

Habermas, J. (1984). *Philosophisch-politische Profile.* Frankfurt am M.: Suhrkamp.

Habermas, J. (1984). *Vorstudien und Ergänzungen zur Theorie des Kommunikativen Handelns.* Frankfurt am M.: Suhrkamp.

Habermas, J. (1985). *Der philosophische Diskurs der Moderne.* Frankfurt am M.: Suhrkamp.

Habermas, J. (1985a). *Philosophical discourse of modernity.* trans. by F. Lawrence. Cambridge: Polity.

Habermas, J. (1985b). *Theorie des Kommunikativen Handelens.* Frankfurt am M.: Suhrkamp.

Habermas, J. (1987). *Legitimation crisis.* Boston: Beacon.

Habermas, J. (1987a). *The theory of communicative action.* Boston:

Beacon.

Habermas, J. (1988). *On the logic of the social science.* trans. by S. W. Nicholsen & J. A. Stark. Cambridge: Polity.

Habermas, J. (1988a). *Nachmetaphysisches Denken.* Frankfurt am M.: Suhrkamp.

Habermas, J. (1989). *The new conservatism.* Cambridge Mass.:MIT Press.

Habermas, J. (1989a). *The Structural Transformation of Public Sphere.* Cambridge Mass.: MIT Press.

Habermas, J. (1990). *Die Moderne ein Unvollendetes Projekt.* Leipzig: Reclam.

Habermas, J. (1990a). *Vergangenheit als Zukunft.* Zürich: Pendo-Verlag.

Habermas, J. (1991). *Erläuterungen zur Diskursethik.* Frankfurt am M.: Suhrkamp.

Habermas, J. (1992). *Faktizität und Geltung.* Frankfurt am M.: Suhrkamp.

Habermas, J. (1992a). *Postmetaphysical thinking.* Mass.: MIT Press.

Habermas, J. (1994). *The past as future.* Oxford: Blackwell Publishers.

Habermas, J. (1997). *Von sinnlichen Eindruck zum Symbolischen Ausdruck.* Frankfurt am M.: Suhrkamp.

Habermas, J. (1998). *Die Postnationale Konstellation Politische Eassays.* Frankfurt am M.: Suhrkamp.

Habermas, J. (1999). *Wahrheit und Rechtfertigung.* Frankfurt am M.: Suhrkamp.

Hall, J. R. (1999). *Culture of inquiry.* Cambridge: Cambridge University Press.

Held, David (1982). *Habermas.* Hong Kong: Illustrated Arts.

Holub, Robert (1991). *Jürgen Habermas.* London: Routledge.

Horkheimer, M. (1970). *Traditionelle und Kritische Theorie.* Frankfurt am M: Suhrkamp.

Horkheimer, M. & Adorno, Th. W. (1971). *Dialektik der Aufklärung.* Frankfurt am M.: Fischer.

Horster, D. (1991). *Jürgen Habermas.* Stuttgart: Metzler.

Horster, Detlef (1988). *Habermas zur Einführung.* Hannover: SOAK GmbH.

How, Alan (1995). *The Habermas-Gadamer debate and the nature of the social.* Suffolk, Great Britain: Ipswich Book Co. Ltd.

Kant, Imm. (1804). Über Pädagogik, hrsg. Fr. Th. Rink, in ders. *Kantswerk.* Bd. IX (pp. 437-499), Berlin: Walter de Gruyter & Co.

Kant, Imm. (1968). Beantwortung der Frage: Was heißt Aufklärung? In ders. *KantsWerke Bd. VIII* (pp. 35-42). Berlin: de Gruyter.

Kelly, Michael (1994). *Critique and power.* Cambridge, Mass.: MIT Press.

Klafki, W. (1976). *Aspekte Kritisch-konstruktiver Erziehungswissenschaft.* Weinheim: Beltz Verlag.

Klafki, W. (1994). *Neue Studien zur Bildungstheorie und Didaktik.* Weinheim: Beltz Verlag.

König, E. & Zedler P. (1988). *Theorien der Erziehungswissenschaft.* Weinheim: Deutscher Studien Verlag.

Krüger, Heinz-H. (1999). *Einführung in Theorien und Methoden der Erziehungswissenschaft.* Opladen: Leske + Budrich.

Maciejewski, Fr. (hrsg.) (1975). *Theorie der Gesellschaft oder Sozialtechnologie.* Frankfurt am M.: Suhrkamp.

Maddock, Trevor (1998). Autonomy and conformity: Adorno's analysis of the liberal theory of education. *Australian journal of education, 42* (1), 90-102.

Marcuse, H. (1967). *Der Eindimensionale Mensch.* Neuwied: Luchterhand.

McLaren, P. L. & Giarelli (1995) (eds.). *Critical theory and educational research.* Albany: State University of New York Press.

Mollenhauer, K. (1972). *Theorien zum Erziehungsprozeß.* München: Juventa.

Morrow, R. A. & Brown, D. D. (1994). *Critical theory and methodology.* Thousand Oaks, Ca: Sage Publications.

Offe, C. (1972). *Strukturprobleme des Kapitalistischen Staates.* Frankfurt am M.: Suhrkamp.

Outhwaite, William (1994). *Habermas.* Oxford: Blackwell.

Popkewitz, Thomas S. (1999). *Changing terrains of knowledge and politics.* New York: Routledge.

Popkewitz, Th. S. (1999a). Introduction: Critical traditions, modernisms, and the post. In Th. W. Popkewitz & L. Fendler (eds.), *Changing terrains of knowledge and politics* (pp. 1-13). New York: Routledge.

Rasmussen, David M. (1990). *Reading Habermas.* Cambridge: Blackwell.

Reese-Schäfer, Walter (1991). *Jürgen Habermas.* Frankfurt am M.: Campus Verlag.

Sohn-Rethel, A. (1970). *Geistige und körperliche Arbeit.* Frankfurt am M.: Suhrkamp.

Steinhöfel, Wolfgang (1990). *Erziehungswissenschaft und Bildungsgeschichte zwishen Engagement und Resignation.* Berlin: Wiesjahn Fotosatz GmbH.

Tschamler, H. (1983). *Wissenschaftstheorie Eine Einführung für Pädagogen.* Bad Heilbrunn / Obb.: Klinkhardt.

Wallulis, Jerald (1990). *The hermeneutics of life history.* Evanston, Illinois: Northwestern University Press.

Winch, P. (1958). *The idea of a sicial science.* London: Routledge & Kegan Paul.

Wittgenstein, L. (1967). *Philosophische Untersuchung.* Frankfurt am M.: Suhrkamp.

Wittgenstein, L.(1973). *Tractatus logico-philosophicus. Logisch-philosophische Abhandlung.* Frankfurt am M.: Suhrkamp.

Wulf, Christoph (1978). *Theorien und Konzepte der Erziehungswissenschaft.* München: Juventa Verlag.

第五章

耶爾蘭格學派之科學建構論及其教育理論

建構論是興起於二十世紀初的科學理論，主旨在為科學建立基礎穩固，又不訴諸循環論證的科學結構。

科學建構論的理論基礎可以追溯到康德的數學理論。康德認為數學知識是一種先驗綜合判斷（A Priori Urteil）的知識，其對象是透過純粹時間和空間兩種感性（Sinnlichkeit）所建構出來的數學對象。

建構論的理論先驅丁格勒（Hugo Dingler, 1881-1954）鑑於十九世紀末葉以降科學所根據的數學基礎產生危機，採取康德思想，以為嚴格確實的科學——特別是物理學，探詢堅實的建構基礎。丁格勒的基本想法是在建立嚴密的科學體系之前，特別是建立物理學體系之前，必須先考慮用來量度物理現象以證驗理論之工具。產生量度工具的理論在邏輯上先於物理理論，稱為原級物理學（Protophysik），它又不能與經過量度工具量度證驗的經驗物理學互相矛盾。物理學的科學理論則又須以原級物理學為基礎。原級物理學最原初的概念又不能脫離日常生活的概念，經由科學建構的過程，加以觀念的建構（Ideation）而形成科學理論。

第二節 耶爾蘭格學派的基本預設

　　耶爾蘭格學派的主要代表人物羅仁琛及卡姆拉（Wilhelm
Kamlah, 1905-1976）均為德國耶爾蘭根（Erlangen）大學教
授。主要採取丁格勒的基本預設，認為經驗科學必須以原級
物理學為先決假設，由原級物理學的原初概念加以建構。同
樣的，羅仁琛及卡姆拉等人也以為科學不能脫離生活世界，
概念與概念之間的聯結應該從生活世界來建構起，由此便產
生了何種語言可以建構科學語言的基礎問題，也就是從日常
語言中可發現語言是聯結人與人之間、人與世界之間的關係；
人類是在語言之中，也透過語言來創造其自身的世界（P. Lor-
enzen, 1974: 162）。人類產生語言，依據建構論的想法是與
詮釋學有一些相同之處，語言是媒介，人透過語言來彰顯自
己，而使自己成為文化的存在，因此語言便具有創造性的性
質，也就是語言使得一個人能夠創造他自己的世界。

　　從日常語言或自然語言來看，在日常的實踐上表達了一
種實踐性的活動，透過高度的塑造成為科學的理論語言，因
此科學建構論者還是本於康德的實踐優位原則，在理論與實
踐之間強調實踐性。實踐性在建構理論中有其最基礎性的意
義，建構論者羅仁琛有一個有趣的比喻，以大海和船之間的
關係來說明科學與生活實踐的關係，他認為如果想在生活世
界之外找到一個科學的絕對起點，就好像在陸地造船一樣，
因為整個科學結構是從生活世界而來，不是脫離生活實踐去

找一個科學起點。他說船永遠是浮在水面上的，造船也就是在水面上完成的，例如船的維修、船的改建永遠在水面上。他的意思是科學實踐也應該像造船，在生活實踐中，用一個造船的比擬來說，造船的第一要件是船板，就好像是科學理論的第一個敘述（P. Lorenzen, 1968: 28）。透過規則將這些敘述聯結成觀念系統，從科學語言本身的建構來看，還是按照邏輯的規則來建構。所以科學建構是從基本的敘述開始，基本的敘述是用基本語句，基本語句是透過一個述詞來約定、規範整個句子的意涵，透過基本敘述然後逐步的建構理論語句，建構的步驟分為以下三個基本步驟：

第三節　科學與語言

步驟一：透過專門術語的確立來提出述詞，此述詞是否可適切的對應到它所關聯的對象，才是一個述詞最重要的科學性的規準。也就是觀念的思考是按照規則的系統將那一些所使用的專門術語作一種操作性的處理。

步驟二：用邏輯的連詞或邏輯的量詞來建構一些可能性的新觀念。

步驟三：用邏輯的連詞將複雜的敘述簡化為簡單的定義，在定義的過程中再重新引進述詞，而把複雜的複合敘述簡化成簡單的敘述，最後用符號將之標示出來。符號應是在基本敘述中當作一個專有名詞來應用，這個符號也就變成整個科學理論潛在的符號表徵，此處還要透過詮釋學才能進一步澄

清符號表徵之間的意義（P. Lorenzen, 1974: 17）。

　　由此可見，羅仁琛在此處結合了日常生活的世界、邏輯
語言及詮釋學方法來建構其科學理論，他認為再進一步可作
科學的分類。理論與實踐的關係在建構論者認為是實踐優先，
才能進行理論與實踐之間的連結。對於自然科學與文化科學
的劃分，建構論者的想法是，自然科學的旨趣是在於導向技
術知識的獲得，技術知識就是在於預備一種達到預期目的的
方法，如果從生活實踐的意義關係中來看，規範性的基礎就
和實踐科學產生關係，科學知識若用技術性知識來處理，就
否定了實踐性的知識，也會有把規範問題排除於科學範圍之
外的危險。文化科學或實踐與規範的科學不同，是在理性的
討論中要涵攝了和行動有關的規範，他說文化是人類所有的
業績的總體，這些業績是經過實踐理性對於人類所應該共同
達到的目的進行一種詮釋的功夫，所以理性的討論就會引進
有關於規範的討論，就必須擴充科學的詞彙，以便成立規則
來指引規範性的論證。對建構論者而言，除了邏輯、詮釋學
以外，倫理學也是相當重要的一環，特別是對於建構實踐科
學而言。作為一種實踐科學，倫理學應該也透過基本語彙的
建構來涵攝進科學的結構之內。

第四節 建構論之規範建構的方法與規則

建構論對於實踐科學的看法是，實踐科學的核心問題在於如何確立一種方法，使得具體的情境有一些文化的基本需求得到一個合理化的解釋。這個方法有兩個一般性的基本規則：

規則一：開放關係規則。每一個具體的情境中都有很多不同的文化需求，這些文化需求交織成複雜的文化關係。

規則二：規範緣起的規則。考慮我們如何對具體的情境進行比較可能性的解釋，這樣必須用批判性的態度來看到底此情境是如何產生的，對「情境如何生成」作一種模式的建構時，才能對具體的情境進行解釋，也因此模式的建構可提出對於情境的改變作一種理性的討論，因為對科學建構論者而言，情境以及情境的起源條件都應該可以放到情境的理性討論之中（P. Lorenzen, 1974: 41-44）。

羅仁琛還依賴黑格爾的辯證，運用黑格爾的辯證概念來探討規範是怎麼產生的，規範的來源基礎是什麼。羅仁琛認為，個別精神陶冶的整個概略的歷史透過反省的過程，能夠澄清精神起源的條件。在此值得注意的是，實踐理性決定了有關於行動的抉擇、意志的抉擇，透過理性的論辯而來的規範過程可使理性的規範獲得一個合法性的基礎。規範的論辯

性討論，與哈伯瑪斯的論辯又有一些聯結。這兩個文化科學的基本規則可以說是，科學建構論在整個生活實踐中透過實踐性的活動能夠慢慢的形成科學理論的建構。我們要建構的規範科學，根據羅仁琛的看法仍舊是以描述性的科學作為起點，因為必須把實踐性的情境作一個清楚的探討及敘述，才談得上規範性的敘述。他認為我們應該借助於技術性的知識來描述情境、建設情境，將情境的可能演化作預測性的敘述。規範性的知識也就在於探究某一個情境中有某一些行動，這些行動如果要能夠有效的發揮作用的話，它應遵守的規範是什麼，而這些規範亦應有一些合法化的理由，才能讓行動有一些規範可遵循。

簡言之，如果處於某一個情境 S 之下，可能要實現的目標是 A，在此情況下當然要對此情境作清楚描述；如果處於 S 情境之下，此行動要有效的話，應有的規則是什麼，而這個規範（Norm）的有效性基礎在哪裡，是科學建構論相當關心的問題，因此羅仁琛將邏輯、倫理學和科學理論作了一個適切的融合。

第五節　正規語言和超越語言

建構思想的基本課題是對於所有的科學，不論是純理的科學或實踐性的科學，都應確立一些共通性的基礎。為達此目的，必須建構一個基本語言成為各種學科的共通的語言基礎（P. Lorenzen, 1974: 138）。就此觀點來看，建構論的科學

理路可以稱之為有方法、有系統的不斷練習、不斷進行建構的過程，這種建構的思考過程對於建構科學而言是以超越語言為基礎來進行。將語言分為兩個層次，一為超越語言（Parasprache），另一為正規語言（Orthosprache）。超越語言是對正規語言進行思考和反省的一種語言，也就是有了超越語言使正規語言之間的溝通成為可能。超越語言就有如數學符號，而正規語言有如數學中量與量之間的連結。在科學理論中，一些超越的語言系統才能導引正確語言系統的建構，所以建構的科學語言也必須透過邏輯語言、邏輯連詞，把這一些科學過程中透過專門術語的確立使得應用這種語言來進行溝通成為可能。建構論關心的焦點還是科學語言的建構，不可能是離開生活世界來建構，一定是從生活世界成立一個最基本的敘述，再慢慢的透過一些邏輯的連詞、透過定義的敘述成為一個理論系統，此理論系統基本上不是把規範排除掉，而是將其融攝其中。

　　建基在建構論的科學理論可在教育領域中找到一些相對應的理論，最重要的代表是柯尼格（E. König）的教育科學理論。柯尼格對教育科學理論的出發點分成三個討論的範疇，來形成教育科學的層級建構：第一個範疇是教育實際是最低層級的對象範疇，可以建立導引一些教育實踐的規範，以及對對象範圍作描述性的掌握。從建構論的角度來看是描述先於規範，但並不把規範排除掉，在科學理論中還是有規範性的敘述在內。教育科學在此情況下對於建構論者而言，是規範描述的科學（Normative-Deskriptive Wissenschaft）。在教育學中不同的對象理論，必須從第三層次的後設理論來加以討論、分析。第二個層次是教育的對象理論；第三個層次是後設理論的問題。

第六節　建構規範的教育實踐理論

　　有關知識導引的一些規範，特別是柯尼格認為教育科學就像其他的科學一樣都有它的價值基礎，也就是某一些適用的後設理論規範。這些基本的後設理論規範（Metatheoretische Normen），使得每一個個別的個體知道在科學的範疇中應用哪一些規範才是合理的，也就是說，具體的規範是按照後設規範（Meta-norm）來建立，在整個教育實踐過程中有很多規範，柯尼格（1978: 3, 107）認為指導教育科學的兩個主要後設理論規範，最終可以依照它所要達到的目的來了解，第一個目的是互為主體性的目的，第二個稱之為生命保存的目的，這兩種目的可稱之為初級的目的（E. König, 1975: 2, 161）。

　　互為主體性的後設規範最主要的是要確保任何一種科學的敘述、描述都能夠是真，是建立在共識上的真，用同意說（Thoery of Concensus）的真理觀來看科學建構論所謂的真敘述有沒有互為主體性、互為主觀性的真，係借助哈伯瑪斯的實踐性論辯而達致。此處與哈伯瑪斯的不同，在於哈伯瑪斯把理論論辯和實踐論辯分開處理，理論論辯是按照一些科學原理和經驗事實來支持論證，最後導向同樣的結論。基本上，科學建構論者按照科學建構論來看教育學時，在論辯過程中一個被認為是真的命題，最後應可轉化為要不要行動的決定（Decision）。

　　生命保存的規範可說是滿足實際需要的規範，換句話說，

對建構論者而言，任何科學研究沒有所謂為科學而科學的，所有的科學都希望能轉化為行動，然後服務於生命，也就是說，滿足實際生活的各種各類的需求。此乃符應了啟蒙以來的理想，所有的科學和技術的發展都在強調它的有用性。柯尼格又將需要分成原級需要和次級需要，例如營養的需求是原級需要，次級需要則是涉及文化情境的需求。實徵論者盡可能的避開規範的討論，認為事實和價值不能混為一談，雖然維根斯坦、溫區、哈伯瑪斯等人已經開啟了規範性問題的語言遊戲規則，也開始注意規範的問題，但較明顯的是建構論者把規範的問題引進科學理論的論述中。

這兩個後設規範根據柯尼格的講法是無法證明對或不對，也不能互相化約或還原。但柯尼格說任何論辯中所用的論證，都以這兩個後設規範作為最終的基礎。最具決定性的意義是此處所建議的實踐論辯上的後設規範，作為一個科學後設規則系統來講，它是依照以下幾個重要的觀點來建立其方法論基礎，也就是原級目的應被當作是建立論辯的必要條件，也應該是目的決定的理性論辯過程的必要條件。此處實踐論辯是用來檢核實踐規範行動，它的主要功能是在於檢討規範和行為是否符應了互為主觀檢證的規準，是不是能夠樹立某些規則是滿重要的，也就是每一個參加論辯的人都應該有自己的論證，最後大家遵循最健全的論證。對哈伯瑪斯而言，論辯不可以完全採用投票的方式，而是完全靠理性的論證，最健全的主張便成為共同的主張。此處柯尼格是要描述論辯的暫時性的一種說法，在實踐論辯中討論目的─手段之間的連結關係，或目的─手段間問題的解決方式，也就是屬於科學理論中的描述性部分。但是在這樣的情境下，能夠指導行動作最好選擇的仍舊是需要作理性的討論。這個理性討論也是

在它的規範性部分，此點與價值理論中的主觀論者不同，並非一碰到規範和價值就只是感情和情緒問題，而是規範仍舊必須透過理性的論辯，這樣才能夠按照情境來調整和指引行動的規範。

柯尼格說，教育科學其實就是一種規範—描述的科學，教育科學從建構論者的角度言之，是教育實踐的理論，同時也是為了教育實踐的理論。所謂的「實踐」也就是根據不同的具體情境，採取適切的教育行動。教育理論的對象範圍是按照規範性的性格來進行選擇，在實踐的過程中所討論的是，在何種情境下所要進行的行動是什麼？如何決定行動的目的？如果把行動作為手段以達到目的，則教育科學可說是在討論實踐過程中的手段—目的關係的科學。因此教育科學不只是在描述實踐，同時也在討論實踐中行為的規範性要求。教育科學從實踐性的科學來看，最高的目的是為了實踐建立行動的導引，教育科學的第一個課題就是在於建立教育目的或是為教育的實踐性活動樹立規範。不只是樹立規範，也應該使這些規範具有合法化的要求。一個行動的目的是對此行動意見的影響與作用，建立行動導引的規畫是結合了一個問題的描述和規範性的層面，一個規範要能夠成立且具有合法性的要求，柯尼格認為有兩個前提，且此二前提要互為主觀的檢證，亦即在論辯中檢證這兩個後設規範互為主觀、互為主體性或生命的維持，二者皆符合了才算是有效的規範。根據柯尼格的想法，教育目的是使兒童或青年獲得某種心理氣質，亦即達到某些能力或態度，某人若在具體的情境中能夠正確的完成相對應的行動，便能獲得某種氣質，如此就是目的的完成。目的與手段之間如何聯結以及目的的合法性，又要符合教育科學的兩個後設規範的合法性，如此教育科學才能成

為嚴謹的且為了實踐的科學。

　　為了建立一個完整且具實踐性的科學，柯尼格認為教育科學的另一課題是要確立屬於教育科學本身的概念系統。在實踐論辯中為了使規範性的行動具有合法性的基礎，教育科學術語的應用必須明確澄清這些混淆的術語，此處使用語意學和語法學之間的討論來樹立教育科學內的專有科學結構。為免混淆，須把有關於教育科學的敘述作明確的界定，界定的過程必須用羅仁琛所談論的科學術語的樹立之觀點，科學術語的樹立才能使教育有明確的定義。柯尼格也體認到在教育科學中要有專門的術語是相當困難的，所以沿用科學建構論者羅仁琛的例證之說法，也就是先舉幾個簡單的例子，如同先前所述先確立術語作為一個最基本的教育術語。

　　教育中是否有基本的術語呢？此處見仁見智而有不同的看法，這是在整個建構教育科學中相當困難的問題，如同實徵論者，建構論者也好用布瑞欽卡的術語 “Disposition” 作為基本術語，此術語是否屬於教育科學中的嚴格敘述？有一些學者如德波拉夫批評布瑞欽卡的說法，認為布瑞欽卡說不可以在科學的敘述中引進那些不明確的、帶有價值的敘述，是將這些敘述從前門趕出去，再從後門偷偷溜進來。因為這個Disposition本身帶有一種強烈的哲學意味，像經驗科學所說，真正的 Disposition 可以化約為不僅是物理的且應是生理神經電流之過程，才算是真正徹底化了的科學概念。 “Disposition” 是整個心理態度和心理傾向的綜合體，是否可以拿來作檢證有相當大的難題。如何確立基本概念再運作化的處理過程？德波拉夫還是引進了實踐論辯來討論，實踐性的論辯包括一個最根源性的問題，就是決定「教育」觀念的語意問題，按照教育目的和教育規範來確定到底什麼是教育，才能真正

屬於教育科學中的教育概念。換言之，此處還是涉及整個建構論的一個嚴肅課題，有它的描述性部分，描述某一情境的各種可能性以後，選擇並採取一種有效行動的有效性。哪一個行動具有效性？用何種規範來證成這個有效性呢？其實是建構的科學理論中滿難的一個課題。

第七節　架構理論和個別理論

建構的科學理論將理論分成兩個層次：

一、架構理論（Rahmenstheorie）

為含括性的理論敘述，超越具體情境之上，理論是超越時空，具有普遍化的功能，理論可以預測未來可能發生的事件。

二、個別理論（Individualtheorie）

指為某種情境才是適用的理論，此種理論敘述專門把某些情境作某種類型的歸類，哪種情境適合哪種行動。

對柯尼格而言，教育科學應含括上述兩種理論的類型，亦即教育科學不能忽略它在整個科學結構中的超越時空之部分，但教育科學又必須連結到具體的社會實踐，因此必須要

有個別的理論。

　　過去在社會科學中，所謂的鉅型理論有一個野心，是希望對於整個人的社會現象作巨細靡遺的、超越時空之上的一種具有預測性的理論。後來社會科學逐漸放棄這種鉅型的理論，改用後現代理論的小型敘述（mininarrative）也是有問題的，像社會學者默頓就提出中型理論，不要把理論架構得太大，但要滿足某種層界的說明。作為一個教育研究者，從科學建構論來說，怎麼樣從實際的教育實踐過程中透過數值的建立、專門術語的確立，到應用邏輯規則來建構命題系統，然後建立科學理論，而此科學理論又要兼備將規範含攝在內。實徵論者認為價值問題根本就不是科學處理的問題，現在的想法則是價值也可以還原。過去認為事實不能夠推演出價值，現在可不可能將價值還原到社會事實，把社會事實再進行分析及研究呢？應該是可能的，否則整個社會科學的規範性基礎，恐怕無法建構。

第五章參考書目

Beck, U. (1974). *Objektivität und Normativität / Die Theorie-Praxis-Debatte in der modernen deutschen und amerikanischen Sozidogie.* Hamburg: Rowohlt.

Brüggen, F. (1980). *Strukturen Pädagogischer Handlungstheorie.* Freiburg: Herder.

Diesbergen, C. (1998). *Radikal-konstruktivistische Pädagogik als Problematische Konstrucktion.* Frankfurt am M.: Peter Lang.

Drerup, H. (1979). Konstruktive Wissenschaftstheorie als Grundlage einer Vermittlungsversuchen. *Pädagogische Rundschau,* H. 33: 23-42.

Janisch, P., Kambartel, F., & Mittelstraß (1974). *Wissenschafttheorie als Wissenschaftskritik.* Frankfurt am M.: Suhrkamp.

Kambartel, F. (1968). *Erfahrung und Struktur.* Frankfurt am M.: Suhrkamp.

Kambartel, F. (hrsg.) (1974). *Praktische Philosophie und Konstrukive Wissenchaftstheorie.* Frankfurt am M.: Suhrkamp.

Kambartel, F. & Mittelstraß (hrsg.) (1973). *Zum Normativen Fundament der Wissenschaft.* Frankfurt am M.: Suhrkamp.

Kamlah, W. (1960). *Wissenschaft, Wahrheit, Existenz.* Stuttgart: Kohlhammer.

König, E. (1975) (1978). *Theorie der Erziehungswissenschaft.* Bd. 1-2 (1975), Bd. 3 (1978). München: Wilhelm Fink.

König, E. & Ramsenhaler, H. (hrsg.) (1999). *Diskussion Padagogische Erkenntnis.* München: Juventa.

Krüger, H. H. (1999). *Einführung in Theorien und Methoden der Erziehungswissenschaft.* Opladen: Leske + Budrich.

Leonhard, H. W., Liebau, E. & Winkler, M. (hrsg.). *Pädagogische Erkenntnis.* München: Juventa.

Lorenzen, P. (1968). *Methodologisches Denken*, Frankfurt am M.: Suhrkamp.

Lorenzen, P. & Schwemmer (1973). *Konstruktive Logik, Ethik und Wissenschaftstheorie.* Mannheim: B. I. -Wissenschaftsverlag.

Lorenzen P. (1974). *Konstruktive Wissenschaftstheorie.* Frankfurt am M.: Suhrkamp.

Lorenzen, P. & Lorenz, K. (1978). *Dialogische Logik.* Darmstadt: Buchgesellschaft.

Otto, H. -U, Rauschenbach, Th., & Vogel, P. (hrsg.). *Erziehungswissenschaft: Professionalität und Kompetenz.* Opladen: Leske + Budrich.

Riedel, M. (1978). *Verstehen oder Erklären?* Stuttgart: Kohlhammer.

Tschamler, H. (1983). *Wissenschaftstheorie Eine Einführung für Pädagogen.* Bad Heilbrunn / Obb.: Klinkhardt.

第六章

教育科學理論建構之回顧與前瞻

科學理論與教育學發展

本書第一章已經說明了十八世紀的科學理論係融貫了笛卡兒、萊布尼茲和牛頓的研究典範，而由康德總其成，為自然科學研究奠定了堅實的形上學基礎。康德對於自然的解釋置諸人類理性的先天結構，突破了啟蒙運動的機械化宇宙觀，在因果解釋之外，融入了目的論、演化觀點的解釋，其影響所及不僅是自然科學，更在人文及社會科學的研究上奠定了承先啟後的基礎，在教育科學理論的建構上，其影響尤屬深遠。

　　康德及其同時代受啟蒙運動影響的教育學者試圖透過類似自然科學的觀察與實驗，探索教育經驗的法則性，以建構嚴密的教育科學理論體系，這種理念到十九世紀末受到實驗心理學的影響，進一步衍生為實驗教育學、描述教育學、心理計量學的發展。1960 年代以降，受到邏輯經驗論、批判的理性主義及統計技術進展的影響，因果分析、量化處理成為教育科學研究的主流。1970 年代受到詮釋學、現象學、批判理論等的激盪，建立了經驗分析，因果解釋之主流傳統面臨嚴厲挑戰，而使得教育研究進入了百家爭鳴的異見時期（Heterodoxous Period）（R. G. Paulston, 1992; 楊深坑，1999: 4）。

　　在這種挑戰下，經驗分析研究之主流傳統也產生內在變化，對於教育研究中的「經驗」重新扣緊生命世界進行詮釋與邏輯的建構。另一方面，後現代主義與後結構主義更將以往方法論上本體論的基礎徹底摧毀，以小型敘述取代理論與體系。1990 年代以降的社會與教育科學研究，可說步入理論多元主義，甚或方法論上的無政府主義（Methodological Anarchism）時期，否定了只有合乎某些既定的方法論規範探究所得的知識才具有合法性的說法，任何研究途徑只要合乎其特殊的利益與需要，均具有合法性的地位，不必追求知識的

普遍有效性規範（R. G. Paulston, 1992; V. Rust, 1996: 32-35; 楊深坑，1999: 5）。1990 年代末葉，隨著新科技的發展，上述方法論上的特殊主義（Methodological particularism）和方法論的普遍主義（Methodological universalism）之間的張力顯得益形尖銳。網路科技、認知的生理機制以及基因定序等新科技的發展，不僅衝擊對教育過程的看法，也對教育研究形成嚴肅的挑戰。新科技所帶來的全球數位資本主義（Digital capitalism）席捲全球，全球化（Globalization）成為一種沛然莫之能禦的趨勢，政、經、文化、科技各層面均不可免的有一種追求休戚與共的普遍化傾向。另一方面，也有一股反全球化的力量出現，認為全球化是一種同質化（Homogenization）、普遍化（Universalization），無異於泯滅地方文化特性，甚至落入西方中心、歐美中心的殖民主義宰制的困境。史密斯（L. T. Smith, 1999）在其《反殖民方法論》（Decolonizing methodologies: Research and Dindigeneous people）一書，就強烈批判西方啟蒙運動以來的科學研究與西方帝國主義、殖民主義有糾結不清的關係，透過科學研究所產生的知識是西方藉著文化優勢強壓非西方國家，因此主張一種建立本土認知方式的研究，才能產生切合本土需要的知識。教育科學研究在這種全球化與本土化、普遍主義與特殊主義的緊張關係中宜何去何從，也是當前教育理論建構亟應面對的問題。為探討這個問題，本章將先就科學理論在教育科學理論建構的地位，檢討過去的科學理論建構的問題，進而分析在全球化趨勢下，未來教育科學研究的前景。

第一節　科學理論在教育科學理論建構中的地位

　　本書導論中已說明了科學理論探討的是科學理論形式、科學方法、有效性與科學應用等問題，有些學者稱為理論的理論（Theorie der Theorie）或後設理論（Metatheorie）（F. W. Kron, 1999; W. Brezinka, 1978）。科學理論係對於人、社會與自然之系統化知識整體，從個人與社會之間的互動關係，論述其產生、傳布與應用的相關活動。這些活動一方面涉及科學探討對象之性質，另一方面也植基於不同的哲學預設，會採取不同的探究活動。達納爾（H. Danner, 1979: 12）就以圖6-1 來說明科學理論在科學研究活動中的地位：

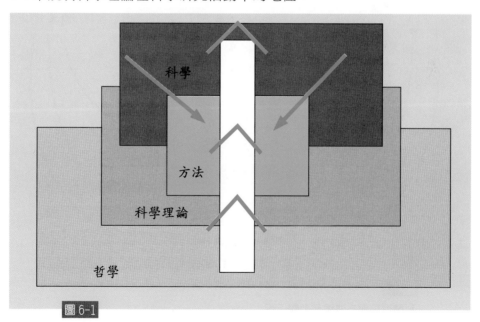

圖 6-1

科學理論與方法論圖（Danner, 1979）

根據圖 6-1，可見科學研究方法問題係科學理論的一部分，科學方法的運用決定了科學探究活動，如前圖小箭頭所示，方法的運用須考量單一學科研究對象之性質。而方法運用之科學理論基礎則最終決定於對人、社會、世界之哲學理念。如圖中間的大箭頭所示，科學理論係以哲學為根基，決定了分殊學科的方法運用。研究方法、思想傳統及其與知識論、科學理論之間的互動關係，克隆（F. W. Kron, 1999）則以圖 6-2 來加以表示：

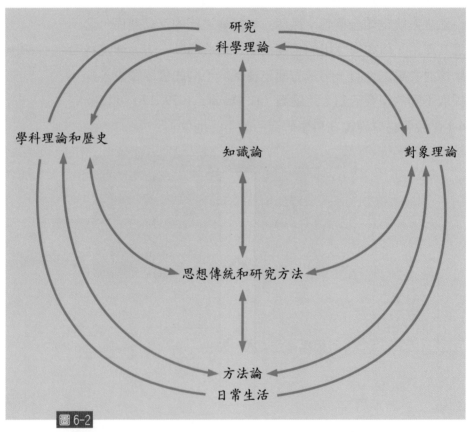

圖 6-2

科學理論與方法論互動關係圖

圖 6-2 顯示，研究是日常生活的基礎活動，方法與對象之間的適切性與思想傳統及其與單一學科的理論與歷史發展均有密切的關係。思想傳統中不同知識論觀點和科學理論之不同發展方向有交互作用的關係，兩者之間的關係影響學科的性質及其歷史發展。

　　本書前已說明了康德、特拉普以降，不同哲學傳統孕育了殊異的科學理論。不同導向的科學理論也對教育這門學術之研究對象、方法、語言運用與理論建構有不同的看法。以下即依這四個層面綜理不同科學理論對於教育科學理論建構的基本觀點。

第二節　教育科學研究對象問題

　　前已說明科學理論須面對的是學科所探討的對象內容。十八世紀以降，學科開始慢慢分化為各個獨特的領域，而以學科本身的獨特規準界定本身的研究內容與問題提出方式（R. Stichweh, 1984: 12-20）。物理學、化學、數學等各有明確的對象範圍。

　　至於教育學是否為獨立自主的學科，學者之間論見不一，惟如前述各章所述，教育學研究的對象係以教育家、受教者及兩者之間作為媒介的課程、教材、教法所交織而成的溝通社會或情境作為研究對象。查姆勒（H. Tschamler, 1983: 95）將此關係圖繪為圖 6-3：

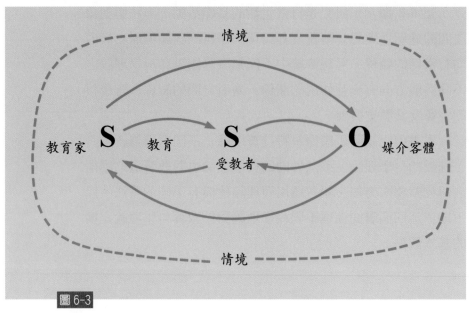

情境

教育家 **S** 教育 **S** **O** 媒介客體

受教者

情境

圖 6-3

教育情境關係圖（Tschamler, 1983）

　　圖 6-3 說明了教育之發生恆在於某一情境所產生的人際關係互動，師與生均視之為主體，透過媒介客體產生了對受教者的影響與改善。從研究的觀點來看，查姆勒進而以圖 6-4 來表示：

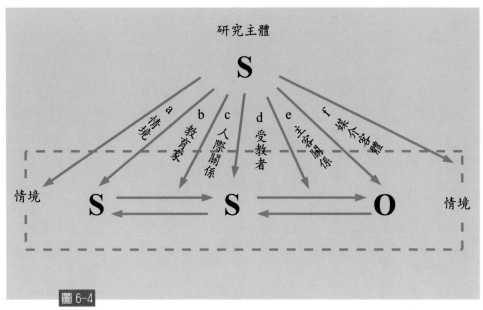

研究主體

S

a 情境　b 教育家　c 人際關係　d 受教者　e 生活關係　f 全人格體

情境　S ⟶ ⟵ S ⟶ ⟵ O　情境

圖 6-4

教育研究與教育研究對象關係圖（Tschamler, 1983）

　　圖 6-4 說明了研究主體可因研究旨趣之不同而對教育情境、教育家、師生關係、受教者、課程、教材、教法本身及其與師生的關係進行研究。

　　查姆勒這兩個圖係以教育情境為核心，未考慮政策的影響，也對教育研究所處的學術思潮環境及本土資料情境未作深入考慮，教育研究的對象範圍可以用圖 6-5 來加以表示：

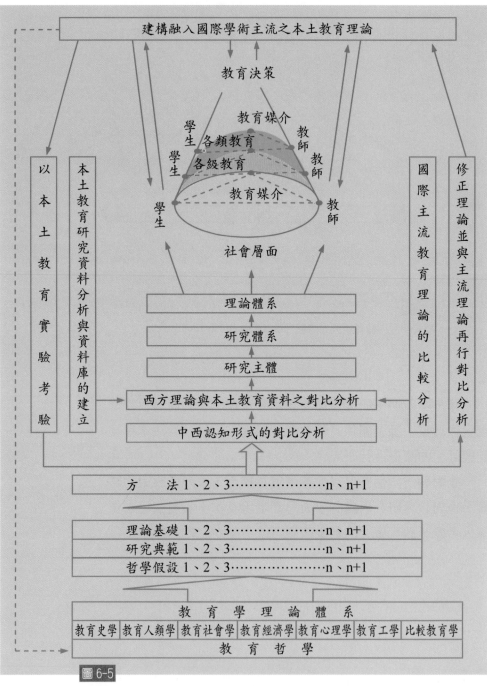

圖 6-5

教育研究、教育學科與教育理論形成關係圖

圖 6-5 顯示教育研究對象將精神科學教育學重點置諸圖中圓錐底的師生關係，由此關係擴而充之，成為一個意義關係。經驗分析的教育科學則以之為可以分析為原子論式的單位，以進行量化處理。批判教育學強調教育場域是一個透過教育媒材來造就成熟獨立自主的溝通社會。這個溝通社會中的規範建構與描述是柯尼格建構論教育科學的重點內容。而隨著新科技的發展，全球化與本土化兩元對立，教育科學研究單位與場域也有了新的變化，教育科學的研究對象也在全球化的趨勢中，由於國際不同學術思潮的激盪與本土化需求之辯證下，而有新的調整。

第三節　教育科學研究方法問題

　　方法之運用須先考慮研究對象之性質，才不致陷入查姆勒（H. Tschamler, 1983: 96）所說的方法拜物主義（Methodenfetischismus），把方法視為獨立自主，未考量依對象之不同，而有不同的知識獲取或建構方式。

　　正如前述，教育研究對象之性質，依不同科學理論而有殊異的觀點，方法之運用亦然。經驗分析的教育科學既認為教育研究對象可以做原子論式的分析，對於對象之感覺經驗又為建構教育知識的主要來源，觀察、實驗、調查等成為主要探究方法，建立有關於教育現象之因果法則。精神科學教育學則以教育係生命表現之一環，教育過程交織在歷史社會過程之意義整體，不能進行原子論式的肢解，而須置諸歷史

社會脈絡來進行意義的理解，歷史詮釋學方法成為探索教育過程意義，進而開展新意義的重要方法。受到批判理論影響的批判教育科學則在經驗研究、詮釋之外，特別強調意識形態的批判，布蘭克茨的教育科學理論即以教育是一種社會現象，對於教育現象之研究也本乎哈伯瑪斯所謂的解放的知識興趣，認為知識構成之先決條件須就社會過程所隱含的意識形態進行批判，從而建構足以導向受教者獨立自主人格之形成與整體社會的啟蒙。

正如阿爾維森和斯科德堡（M. Alvesson & K. Sköldberg, 2000: 144-145）的分析，批判的研究可以說是一種三重詮釋學。社會脈絡中的單純詮釋學關心的是個體及其主體和互為主體的教育與文化事實，即意義的詮釋與理解。雙重詮釋是指社會科學家在詮釋與發展有關教育與文化事實新的知識時，本身即參與其中。換言之，人文與社會科學和自然科學不同，在於自然科學在進行資料解釋時，自然科學研究者並不涉入，人文研究者則不然，主體性的涉入為不可免。以嘉達美的詮釋學觀點而言，研究者的歷史視野和研究對象的歷史視野產生融合，即是真正的理解與詮釋。批判理論的教育與社會研究則在此雙重詮釋之外，尚有第三重要的要素，即對無意識過程、意識形態、權力關係和其他各種可能的宰制情形進行批判性的省察，研究本身即是一種自我啟蒙與社會啟蒙的過程。建基在科學建構論之規範建構的教育科學認為，科學探究不能脫離生活世界，從生活世界中透過詮釋，形成教育科學的術語，透過邏輯規則建立教育命題系統，至於規範之形成仍有賴於溝通與論辯，以達共識。

第四節　教育科學的語言

　　正如默頓（R. K. Merton, 1942: 271）的分析，共享性
（Communism）是科學精神特質不可或缺的要素。科學研究
植基於社會，成果亦須分享社會，因此，科學研究就已預設
了溝通的要求，在這種需求下，科學研究之語言運用就須審
慎考慮。用何種精準的語言方足以表述透過適切的方法對研
究對象所探索出來的結果，以作為研究社群溝通，甚至對社
會大眾說明的媒介，便成為科學理論相當重要的課題。

　　教育科學研究也同樣面臨科學語言的運用問題。不同科
學理論導向對於教育研究對象性質及研究方法，看法不同，
語言運用也有所不同。經驗分析的教育科學研究遠溯啟蒙運
動的精神傳統，特別是笛卡兒和萊布尼茲的普遍符號學傳統，
認為世界可以分割為最細小的單位，並以明確的符號表徵表
述出來，以進行數學演算。邏輯經驗論者卡納普的物理論即
沿此傳統，認為物理語言是所有科學的普遍語言，科學的其
他領域語言均可以不改變意義而翻譯為物理語言（參閱楊深
坑，1988: 243）。經驗分析的教育科學即試圖建立邏輯一貫
可以訴諸經驗檢證的命題系統，以對教育現象作因果說明與
預測。

　　雖然經驗分析的教育科學想要建立明確無誤的科學語言
系統，然而為了考驗教育科學理論的有效性，仍須建立可以
訴諸經驗檢核的基本語句（Basissatz）或草案語句（Protokoll-

satz）。這些經驗語句，用嘉達美（1986: 177）的話來說，實即為人類開展整體世界經驗的中介（Mitte）。質言之，人類語言的運用並不是一個中性的工具，語言本身表達了某種世界觀。波爾諾更以為人類生活於語言之中，透過語言把握了世界，也形塑其自我（O. F. Bollnow, 1966: 16）。教育學因而是一種存有的分析學，詮釋學的研究也因而在教育研究中顯得相當重要。科學建構論雖也是以生活世界作出發，建構科學術語，然科學理論之建構仍須透過邏輯量詞與邏輯規則之運用。就教育科學而言，屬於教育事實之描述須以生活世界作出發建立描述系統，就規範實踐的層面而言，仍須有一種語言系統可以連接通則與特殊情境。柯尼格即提出架構理論的構想，以之包含通則的敘述以及特殊的敘述，而以個別理論導引實踐者在特殊具體情境中所應採取的教育實踐活動。

　　不管經驗分析、詮釋的科學或建構論，均未考慮語言背後所糾結的意識形態。哈伯瑪斯（1985: 284-305）即以為語言本身是一種後設制度，所有制度均是由語言所決定的，語言因而也成為宰制和社會權力的媒介，其本身即為意識形態。教育研究也就在強調反省與意識形態的批判，釐清教育過程與教育研究語言的意識形態糾結，建構一個無宰制的理想說話情境。研究本身實即為無宰制說話情境下的理論論辯與實踐論辯，以導向一個更合理的教育實踐。

第五節　教育科學理論建構的問題

　　教育科學不管其理論導向為何，其研究探討的結果總是希望透過語言的適當運用，建立一個可以說明教育情境或現象的理論體系。

　　經驗分析的教育科學係建基在古典物理學的基本預設，視教育實在和物理實在同樣具有獨立自存性，因果和時空具有連續性，實在界可以分析為最小的單位。而以數理語言加以表述，透過觀察與實驗來考驗，以建立可以因果說明、預測與應用的因果分析之理論體系。布瑞欽卡（1978: 31-38）在其《教育後設理論》中即指出，教育科學的研究對象係實在界和教育相關的片段（die erzieherisch relevanten Ausschnitte der Wirklichkeit），對這些片段建立可以互為主觀檢證的命題系統。教育實踐則為教育理論的技術運用。艾利希和羅斯納（1978）更是試圖建立可以涵括各種情境、決定教育行為的教育技術公式。

　　然則，教育實踐的過程並不能脫離生命世界。精神科學教育學即本於生命與世界均為意義之整體作出發，否定有一種獨立於實踐之上的教育理論。精神科學的教育理論係從實踐作為意義整體作出發，幫助實踐者澄清教育情境，而有助於實踐者做適當的教育決定，理論與實踐的關係形成了強調實踐優先的循環辯證圈。科學建構論的教育理論亦從教育實踐作出發，惟仍訴諸邏輯解析，建立一個涵括較廣的架構理

論及可以進行具體情境分析的個別理論。

　　批判教育科學也強調實踐優先性，但不像精神科學教育學那樣，把教育所處的文化傳統視為理所當然，也不像經驗分析的教育科學，將實踐視為理性的技術。批判的教育科學強調應徹底檢討教育實踐所處的政治、經濟、社會、科技條件之可能的錯誤發展，而思有以矯正，因此，意識形態、科技、主體的批判成為批判的教育科學理論建構的先決條件。透過隱含在批判背後的規範，試圖改善教育實踐。

　　綜言之，教育科學係一門實踐性的學術，透過不同研究途徑所形成的教育經驗，均是一種問題的提出與解決的結果，經由前述所分析的不同途徑形成各種理論，對實踐過程作進一步的批判與質疑，形成進一步的探究以改善教育實踐。本聶爾（D. Benner, 1978: 337）即以圖 6-6 說明教育理論、教育實踐與教育經驗的辯證循環關係。

　　本聶爾的教育理論、實踐與經驗關係圖顯示了其以實踐學（Praxeologie）為主軸，試圖融攝經驗分析教育科學與精神科學教育學傳統，將教育研究視為對教育實踐永續不斷的質疑，透過理論導引，形成暫時性的假設，有如波柏爾的假設演繹法，透過實踐性的經驗，進一步檢核或修正教育理論。其缺失在於較忽略教育理論與實踐所處之社會條件、意識形態及物質生產關係之分析批判（參閱本書頁 242 莫玲豪爾教育過程結構圖）。

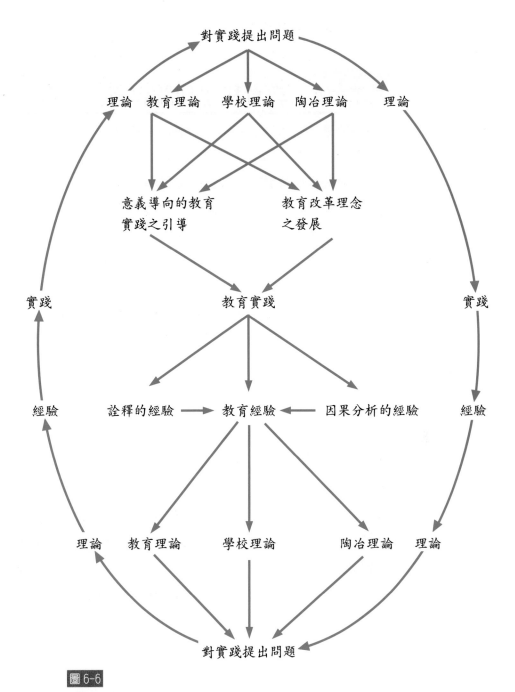

圖 6-6

教育理論、教育實踐與教育經驗之關係圖（Benner, 1978）

第六節　教育科學理論建構之前瞻

　　上述教育科學理論對教育研究對象、方法、語言運用以及理論建構等觀點，雖然經驗分析的教育科學、精神科學教育學、批判教育學以及科學建構論見解不一，惟基本上均認為教育科學理論建構植根於某種基礎之上。

　　1980 年代以降，在後現代主義思潮的衝擊下，前述教育科學理論建構之基礎產生根本動搖。根據伊佛斯（C. W. Evers, 1999: 270）的分析，在後現代主義的影響下，科學理論中有三種非常顯著的信念：其一，反基礎主義（Anti-foundationalism），知識再也沒有穩固的基礎，也因此所謂理論的驗證問題失其意義；其二，反本質主義（Anti-essentialism），概念再也沒有確定的本質特徵，或事物沒有相對應的本質；其三，反再現主義（Anti-representationalism），理論或心靈內容不再反映世界或再現世界的存在方式。

　　在這些信念下的方法論，真理與證據失其意義，研究不再是對真理的探索，也非對世界建構一種可靠的表象方式，研究毋寧說是故事的敘說，產生一些敘述（Narratives），讓各種不同的觀點發出聲音。科學的知識亦因而喪失其合法性的地位。正如李歐塔（J. -F. Lyotard, 1984: 40）所云，在後現代社會中，科學只是語言遊戲之一而已，不能合法化其他語言遊戲。知識的合法性取決於不同區域局部化的需求（Shen-Keng Yang, 1998a: 7）。教育科學有流於李歐塔所批判的後設

敘述（Meta-narrative）之危險，應予以摒棄，教育實踐所應考慮的是，不同認知方式所獲得的知識在實作上是否行得通，不必考慮其是否具有普遍有效性（Shen-Keng Yang, 1998b: 212-213）。

　　就在後現代主義反對普遍有效性的科學理論建構時，腦科學（Brain Science）和認知科學（Cognitive Science）的快速發展，卻試圖以腦神經生理的運算系統來解釋人類的認知過程，甚至感情過程（J. H. Fetzer, 2001; G. A. Cory, Jr., 2000）。這些過程運算系統的解讀，加上電腦科學的快速發展，將人類的認知與情感加以電腦模擬，十八世紀拉・梅特葉所提出的「人是機器」之構想幾將實現，本書第三章所論述的普遍有效性的教育技術公式，幾乎有實現的可能，教育理論家也將成為羅斯納（1982: 122）所說的教育工程師（Erziehungs-Ingenieur），提供實際教育工作者最佳的技術諮詢，教育行動淪為技術行動，可以完全控制，傳統的心靈陶冶（Bildung）理念，正如李歐塔（J. F. Lyotard, 1984: 4）所說，在資訊化社會中已經過時。

　　尤有進者，資訊科技的快速發展，全球網路的形成，助長席勒（Dan Schiller, 2000）所謂的數位資本主義席捲全球，連教育過程也臣服於全球數位化資本主義的市場邏輯（Market logic）。在市場邏輯主導下，全球經貿障礙盡可能解除，民族國家的角色逐漸消弱，全球政、經、文化整合而為一種以西方消費文化為主軸的全球社會，世界在時間與空間的壓縮下，地方文化相互滲透，全球休戚與共的地球村理念逐漸形成。

　　在這種全球化趨勢下，教育研究對象、性質、方法與模式或理論體系之建構也產生極大的變化。德爾（R. Dale,

2000）就舉述了全球化下的兩種教育分析模式，其一為「共同世界教育文化」（Common world education culture）模式；其二為「全球結構化教育議題」（Globally structured educational agenda）模式。前者是由史丹福大學教授麥爾（J. Meyer）及其同事與學生所發展出來，認為國家教育制度和課程發展不宜由個別的國家因素來加以解釋，而宜由一種普同性的教育、國家與社會解釋模式來解釋。質言之，這種解釋模式建立在一種世界制度理論（World Institutionalism），認為國家制度，包括教育制度，是由超越國家之上的普遍規範與文化價值所制約。這些規範與文化價值實即為西方現代化理論的核心價值，主要包括理性、進步與正義，成為形塑國家與個人的核心動力，世界性的文化亦均朝此理想邁進。

德爾本人所提出的「全球結構化教育議題」解釋模式，則以世界資本主義性質的變遷為一種全球化的推動力，這種推動力對於各地的教育均有重大的影響。因而，這種解釋模式是把教育當作一種議題（Topic），來解釋世界資本主義對於教育的衝擊，其與「共同世界教育文化」解釋模式之不同在於，後者認為世界各國教育發展有一個普同性的文化價值根源，前者則將教育作為一個課題，討論超越國家之上的政、經、科技、文化動力對於教育的影響。

雖然，前述兩者探究途徑強調重點不同，但其共同點在於共同文化價值均難免於政、經、文化全球化的影響。教育體制與教育文獻（Scripts）、課程等均在全球化的浪潮下流於同質化，有步入只傳遞西方主流文化價值，泯滅地區文化特殊性之危險，反全球化的聲音於焉出現。本章前舉史密斯的《反殖民方法論》也是這種反全球化思潮的一環。

面對這種反全球化的思潮，羅伯森（R. Robertson, 1992）

提出了「全球場域」（Global field）模式來加以解決。他認為全球性（Globality）不是和地方性（Locality）相對立，也不致流於以西方文化為主流、全球文化一致性的文化帝國主義（Cultural imperialism）。區域性的特殊性也不會在普遍化中消逝。他提出全球地方化（Glocalization）這個概念來解消全球與地方、普遍與特殊之間的對立。在這個概念下，他認為全球性之形成以地方性為基礎，全球性和地方性是相對的，也是互相呼應的關係，全球化是各種各類不同生活形式比較性互動的動態過程。普遍主義和特殊主義在這個過程中是互相融貫的，即特殊主義普遍化，普遍主義特殊化，以建構全球文化形式。這個全球文化的形式的建構過程中有四個基本參照點：國家社會（National societies）、社會的世界體系（World system of societies）、自我（Selves）及全人類（Humankind）。這四個參照點之間的相對化互動過程，即形成全球化的動態過程與現象。羅伯森（1992: 27）以圖 6-7 來表示全球化的過程：

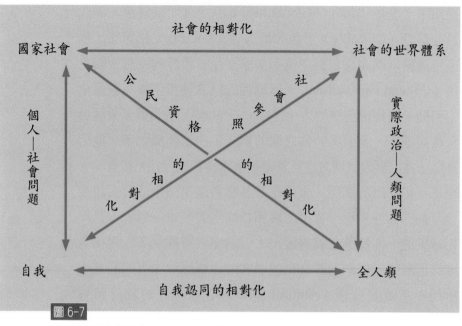

社會的相對化

國家社會 ←——————————————→ 社會的世界體系

公民資格的相對化

社會參照的相對化

個人─社會問題

實際政治─人類問題

自我 ←——————————————→ 全人類

自我認同的相對化

圖 6-7

全球場域模式圖（Roberson, 1992）

　　羅伯森運用圖 6-7 來說明全球性的四個基本參照點或主要要素的相對化關係，形成全球─人類情境（Global-human condition）。從教育的觀點來看，個人自我認同（Self identity）的形成，隨著其與國家社會、國際關係及全人類不同參照點而有相對性的認同，公民資格也不侷限於某一固定的社群，更應以全人類的凝聚與團結為考量。認同形成的過程，正如哈伯瑪斯所主張的，是一種教育過程。這個過程涵括了兩個互補的過程：其一為導向普遍化，另一為導向特殊化。前者指在理想化的情境下，個體被教養成會在普遍化的架構下採取自律的行動；後者指學習用此自律性來發展自己的主體性與個別性（參閱楊深坑，1997: 43）。在此全球化的相對性過程中，每一個個體和不同階層的群體均參與一個休戚與

共的全球社會之建構。正如聯合國教科文組織（UNESCO）在《學習：財富內蘊其中》（Learning: The Treasure Within）報告書所述，在一個全球化的社會中，教育應使個體覺知其自身的根源，以便使其有參照點用以了解其在世界的地位，自尊而外，應該尊重其他文化價值的差異，所有文化價值均為建構相互依存、相互扶持之全球社會所不可或缺（J. Delors, et al., 1996: 49-51）。

從教育科學理論建構觀點來看，教育科學的研究宜隨著不同參照點而採取不同的方法論進路，茲再引本章圖 6-5 來加以說明（參閱本書 282 頁）：

以往的教育研究的主軸為圖中圓錐體下的三角形，即師、生及課程、教材教法之間的互動關係，精神科學教育學即以教育關係的探討為核心，厥後擴展及於圓錐體上方之教育決策。在一個全球化的社會中，決策的考量不僅止於國家社會層次，更應及於羅伯森所謂的世界社會及人類層次。因而，圖中外圍所謂的國際主流教育理論比較分析，未來不僅止於教育理論層次而已，更應涉及不同生活形式比較互動（Comparative interaction）（R. Robertson, 1992: 27）之探討。如此，才能與本土的認知方式與生活形式相互參照，建構一個兼容本土性與全球性、特殊性與普遍性的教育科學理論。

即就過去教育科學研究的主軸，即師生關係與課程、教材、教法的互動之研究而言，未來也可能因新科技的發展，而產生革命性的變化。認知過程生理機制的研究，電腦模擬技術的突破，將使教的過程與學的過程可以進行電腦演算，課程、教材、教法亦將隨之翻新，影響所及不只是教育組織結構的改變，也是整個教育所處之社會國家、世界社會出現新風貌。以往教育實踐所植基的知識論上基礎假設及理論根

基，均將遭強烈的質疑（參閱 C. Lankshear, M. Peter, & M. Knobel, 2000: 43）。

綜言之，從本體論觀點言，新科技的發展將使教育研究對象，不管是教師、學生、課程、教法或其所處的社會與世界情境，均將產生革命性的變化，不變的核心是教育研究的焦點應著眼於人性與人類整體的關懷。從知識論觀點來看，由於教育研究對象性質之改變，從探究方法、語言表述方式，以至於系統或理論的形成，均會隨之改變。然而，萬變不離其宗，基於對人性及人類整體關懷，宜有亙古不變的核心教育知識，至於導向人性關懷之過程性的知識，可能隨著時空改變，而與時俱變，這些不斷變化的教育知識表面看起來互相矛盾，就深層結構而言，卻是互補的。這些互補的教育知識共同形成了兼顧個體與世界、本土與全球、特殊與普遍的動態發展之教育科學理論。

第六章 參考書目

楊深坑（1988）。理論・詮釋與實踐。台北：師大書苑。

楊深坑（1997）。溝通理性・生命情懷與教育過程──哈伯瑪斯的溝通理性與教育。台北：師大書苑。

楊深坑（1999）。世紀之交教育研究的回顧與前瞻。中正大學教育研究所主編，教育學研究方法論文集。高雄：麗文。

Alvesson M. & Sköldberg, K. (2000). *Reflexive methodology.* London: Sage.

Benner, D. (1978). *Hauptströmmung der Erziehungswissenschaft.* 2. Auf. München: List Verlag.

Bollnow, O. F. (1966). *Sprache und Erziehung.* Stuttgart: Kohlhammer.

Brezinka, W. (1978). *Metatheorie der Erziehung.* München: Ernst Reinhardt Verlag.

Cory, Jr., G. A. (2000). *Toward consilience: The bioneurological basis of behavior, thought, experience and language.* New York: Kluwer / Plenum Academic Publishers.

Dale, R. (2000). Globalization and education: Demostrating a "common world educational culture" or locating a "globally structured educational agenda"?. *Educational theory,* 50 (4), 427-448.

Danner, H. (1979). *Methoden geisteswissenschaftlicher Pädagogik.*

München: Ernst Reinhardt Verlag.

Delors, J. et al. (1996). *Learning : The treasure within.* Paris: UN-ESCO Publishing.

Evers, C. W. (1999). From foundations to coherence in educational research. In J. P. Keeves & G. Lakomski (eds.), *Issues in educational research.* Oxford: Pergamon.

Fetzer, J. H. (2001). *Computers and cognition : Why mind are not machines.* Dordrecht: Kluwer Academic Publisher.

Gadamer, H. G. (1986). *Wahrheit und Methode.* Tübingen: J. C. B. Mohr.

Habermas, J. (1985). *Der philosophische Diskurs der Moderne.* Frankfurt am M.: Suhrkamp.

Hall. J. R. (1999). *Cultures of inquiry.* Cambridge: Cambridge Press.

Keeves, J. P. & Lakomski, G. (1999). *Issue in educational research.* Oxford: Pergamon.

Kron, F. W. (1999). *Wissenschaftstheorie für Pädagogen.* München: Ernst Reinhardt Verlag.

Krüger, H. -H., & Helsper, W. (1995). *Einführung in Grundbegriffe und Grundfragen der Erziehungswissenschaft.* Opladen: Leske + Budrich.

Krüger, H. -H. (1999). *Einführung in Theorien und Methoden der Erziehungswissenschaft.* Opladen: Leske + Budrich.

Lankshear, C., Peter, M., & Knobel, M. (2000). Information, knowledge and learning: Some issue facing epistemology and education in a digital age. In N. Blake & P. Standish (eds.), *Enquiries at the interface: Philosophical problems of online edu-*

cation (pp. 19-43). Oxford: Blackwell.

Lyotard, J. -F. (1984). *The postmodern condition: A report on edu-
cation* (trans by G. Bennington & Massumi). Minnesota: Uni-
versity of Minnesota Press.

Merton, R. K. (1942). The ethos of science. In R. K. Merton, *On so-
cial structure and sciece* (pp. 267-276), ed. & with an intro-
duction by P. Sztompka. Chicago: The University of Chicago
Press, 1996.

Otto, H. -U., Rauschenbach, T., & Vogel, P. (hrsg.) (2002). *Erziehu-
ngswissenschaft: Professionalität und Kompetenz.* Opladen:
Leske + Budrich.

Otto, H. -U., Rauschenbach, T., & Vogel, P. (hrsg.) (2002). *Erziehu-
ngswissenschaft: Politik und Gesellschaft.* Opladen: Leske +
Budrich.

Paulston, R. G. (1992). Comparative education as an intellectual fi-
eld: Mapping the thoeretical landscape. Paper presented at the
8th world congress of comparative education, July 8-14, Prag-
ue, Czechoslovkia.

Robertson, R. (1992). *Globulization: Social theory and glabal cul-
ture.* London: Sage.

Rössner, L. (1982). Effektivitätsorientierte Erziehungswissens-
chaft. In E. König & P. Zedler (hrsg.), *Er-
ziehungswissenschaftliche Forschung: Positionen, Perspekti-
ven, Problemen* (pp. 104-124). Paderborn: Ferdinand Schö
nigh.

Rössner, L. (hrsg.) (1990). Empirische Pädagogik II: Neue Abha-
ndlungen zu ihrer Geschichte. Brauschweig: Herausgegeber.

Rust, V. (1996). From modern to postmodern ways of seeing social and educational change. In R. G. Paulston (eds.), *Social cartography*. New York: Garland Publishing Inc.

Schiller, D. (2000). *Digital capitalism*. Cambridge, Massachusetts: MIT Press.

Smith, L. T. (1999). *Decolonizing methodologies: Research and indigenous people*. New York: Zed Books.

Stichweh, R. (1984). *Zur Entstehung des Modernen System Wissenschaftlicher Disziplinen*. Frankfurt am M.: Suhrkamp.

Tschamler, H. (1983). *Wissenschaftstheorie*. Bad Heilbrunn / Obb.: Julius Klinkhardt.

Yang, Shen-Keng (1998a). Universalization or localization? Issues of knowledge legitimation in comparative education. *Tertium comparationis, 4* (1), 1-9.

Yang, Shen-Keng (1998b). *Comparison, understanding and teacher education in international perspective*. Frankfurt am M.: Peter Lang.

人名索引

W

Wald, S. G. 華德 139

Weber, E. H. 韋伯 5, 60

Weber, M. 韋伯 201

Weizsäcker, C. F. von 懷茨謝克 33

Weniger, E. 魏尼格 69, 90, 235, 240

Wiener, N. 維納 6

Winch, P. 溫區 225~227, 265

Windelband, W. 溫德爾班 60

Winters, V. 溫特斯 142

Wittfogel, K. A. 維特福格爾 202

Wittgenstein, L. 維根斯坦 100, 222, 224~227, 265

Wohlgenannt, R. 渥格蘭特 180

Wulf, Ch. 吳爾夫 246

Wundt, W. 馮德 5, 149, 150, 152, 156, 158

X

Xenocrates 色諾克拉帝斯 44, 55, 56

Z

Zedler, J. H. 徹得勒 47

田培林 200, 248

陳康 19, 36

【漢英對照】

二劃

丁格勒 Dingler, H. 257, 258

四劃

孔恩 Kuhn T. 9, 113, 126, 170, 175~178

孔德 Comte, A. 5, 45, 63, 205

巴門尼德斯 Parmenides 18

巴斯鐸 Basedow, J. B. 139

牛頓 Newton, I. 25~28, 31, 136, 275

包爾生 Paulsen, Fr. 75

五劃

卡姆拉 Kamlah, W. 258

卡納普 Carnap, R. 9, 60, 99, 106~111, 113, 174, 285

史金納 Skinner, B. F. 169

史達林 Stalin, J. 202

史密斯 Smith, L. T. 276, 292

史密斯 Smith, R. 22, 23

史帝希威 Stichweh, R. 54, 55, 63

史賓諾莎 Spinoza, B. 18, 49

尼古拉斯 Nicholas of Cusa 20

尼采 Nietzsche, Fr. 5

布里吉斯 Bridges, J. H. 21

布拉斯 Blaβ, J. L. 138, 140, 142

布倫坦諾 Brentano, Fr. 5

布朗 Brown, D. D. 247

名詞索引

【英漢對照】

A

Äußerungen　表述　17, 109, 177, 178, 183, 221, 225, 285, 287, 296

Académie des Science Morales et Politique　政治與道德科學院　45

Ad hoc Hypothesis　特設假設　126

Aktion　策略行動　241

Anti-essentialism　反本質主義　290

Anti-foundationalism　反基礎主義　290

Antinomies　二律背反　232

Anti-representationalism　反再現主義　290

Antithesis　反　84

Application　應用　5, 7, 8, 52, 65~68, 81, 89, 120, 127, 128, 131~134, 149, 154, 157, 158, 160~162, 170, 171, 173, 174, 177, 178, 181, 183, 189, 203, 206, 221, 225, 230, 259, 263, 264, 267, 269, 277, 287

Applikation　運用　9, 10, 21, 29, 52, 58, 60, 65, 87, 108, 123, 129, 130, 136, 142, 151, 158, 170, 172, 176~179, 181, 184, 189, 212, 213, 218, 219, 234, 243, 261, 278, 279, 283, 285~287, 290, 294

Arbeit　工作　227

Architektonike Episteme　主導的科學　46

Argument　論證　3, 120, 124, 135, 143, 154, 170, 185, 210, 221, 237, 239, 257, 260, 264, 265

Artes Liberales　自由七藝　46, 48, 56, 57

Artifical Construction　人為的建購　109

Artificial Language　人工語言　107

Artistenfakultät　文學院　46

Aufgabe　問題　5~12, 17, 19, 27, 28, 30, 34, 44, 47, 49, 50, 53~55, 63, 64, 68, 69, 71, 81, 83, 84, 86, 103, 105~123, 125~130, 132, 143~145, 150, 152~155, 157, 159~161, 164, 165, 167~176, 178, 181~183, 185, 187~189, 200, 201, 210, 212, 214, 219, 221, 223, 226, 228, 231, 235, 238, 240, 243, 258, 260~263, 265~267, 269, 276~279, 283, 285, 287, 288, 290

Aufklärung　啟蒙　3, 4, 26, 30, 31, 49, 53, 55, 57~59, 136~138, 142~144, 148, 200~202, 205~209, 212~214, 216, 220, 230, 234, 238, 239, 245, 246, 265, 275, 276, 284, 285

Ausdifferenzierung　外在分化　63

Axiomatische Gestalt　完形結構　177

名家講座 3

科學理論與教育學發展

作　　者：楊深坑
執行編輯：陳文玲
發 行 人：邱維城
出 版 者：心理出版社股份有限公司
社　　址：台北市和平東路二段 163 號 4 樓
總　　機：(02) 27069505
傳　　真：(02) 23254014
郵　　撥：19293172
　E-mail：psychoco@ms15.hinet.net
網　　址：www.psy.com.tw
駐美代表：LisaWu
　　　　Tel：973 546-5845　Fax：973 546-7651
登 記 證：局版北市業字第 1372 號
電腦排版：臻圓打字印刷有限公司
印 刷 者：博創印藝文化事業有限公司
初版一刷：2002 年 11 月
初版二刷：2003 年 11 月

定價：新台幣 450 元

ISBN 957-702-543-9

國家圖書館出版品預行編目資料

科學理論與教育學發展 / 楊深坑著.
—— 初版.—— 臺北市：心理, 2002（民 91）
　　　面；　　公分.——（名家講座；3）
含索引
ISBN 957-702-543-9（平裝）

1. 教育—哲學，原理

520.1　　　　　　　　　　　　　　　　91018839